Christian E. Weißgerber

# Mein Vaterland!

## Warum ich ein Neonazi war

orell füssli Verlag

Orell Füssli Verlag, www.ofv.ch


Umschlaggestaltung: Hauptmann & Kompanie Werbeagentur, Zürich
Druck und Bindung: CPI books GmbH, Leck

ISBN 978-3-280-05696-7

Die Deutsche Nationalbibliothek verzeichnet diese Publikation in der Deutschen Nationalbibliografie; detaillierte bibliografische Daten sind im Internet unter www.dnb.de abrufbar.

FSC www.fsc.org
MIX
Papier aus verantwortungsvollen Quellen
FSC® C083411

# Inhalt

# Vorwort

Ein Buch entsteht nicht von allein. Ich bin dankbar für die Unterstützung und Inspiration, die mir während seines Entstehungsprozesses zuteilwurde. Freundinnen, Freunde und das Lektorat des Verlages hatten einen nicht unerheblichen Anteil an seiner Realisierung. Obwohl mir dies bewusst ist, verzichte ich auf eine namentliche Danksagung, um diese Menschen nicht zu gefährden.

Im Folgenden sind von mir aus dem Gedächtnis zitierte O-Töne kursiv geschrieben, Originalzitate in doppelten Anführungszeichen.

Christian E. Weißgerber, im Herbst 2018

*Am klarsten erinnert man sich an ein Früher,*
*das man gar nicht gekannt hat.*
*P. F. Thomése*

# Ich bin kein Nazi, aber …

… ich war mal einer. So würde das Ende jenes Satzes bei mir lauten, der derzeit von so vielen selbst ernannten Patrioten und Vaterlandsverteidigern geäußert wird. Man könnte meinen, damit sei schon klar, was in den einzelnen Kapiteln dieses Buches geschildert werden wird: Noch ein ›Ex-Nazi‹, der im Büßergewand seine Vergangenheit rechtfertigt und im moralisierenden Singsang auf die Gefahren rechtsextremer Weltanschauungen hinweist.

Nichts liegt mir ferner. Ich glaube, dass ich nur dann Verantwortung übernehmen kann, wenn ich mich nicht auf das Mantra von Moral und Reue zurückziehe, das vielerorts von Aussteigern aus der Naziszene erwartet und oft auch geliefert wird: Sozialromantik, die in einer TV-Reportage auf die Tränendrüse drückt – wieder ein verlorenes Schäfchen gerettet … Ich glaube, die aufrichtigste Entschuldigung bewirkt bei den betroffenen Parteien nicht mehr als ein wohliges Gefühl. Damit ist nicht gesagt, dass dies nicht ein wichtiger Schritt im Verarbeitungsprozess für Opfer wie Täter oder Täterin sein kann. Entschuldigungen allein machen jedoch nichts ungeschehen, sie befreien nicht von der Verantwortung für die eigenen Taten. Wirklich auszusteigen bedeutet deshalb mehr, als sich aus der Szene zurückzuziehen und öffentlich um Vergebung zu bitten. Ohnehin ist nie klar, inwiefern und durch wen überhaupt ein Freispruch von den ›Sünden‹ der Vergangenheit erfolgen kann.

Ich *kann* nicht rückgängig machen, was ich früher getan habe. Ich kann mich nicht darauf berufen, dass ich keine andere Wahl hatte, heute aber alles anders machen würde, wenn ich nur könnte. Jeder Moment ist unwiederbringlich. All diese »Was-wäre-wenn-Spielchen« führen zu nichts anderem, als sich der eigentlichen Verantwortlichkeit zu entziehen, indem man sich eine neue Opferrolle andichtet: schwere Kindheit, Perspektivlosigkeit, die Juden sind schuld ... Gerade aus solchen Entschuldigungsmechanismen muss ich ausbrechen, wenn ich nicht auf der Stelle treten will.

Natürlich gibt es gesellschaftliche Voraussetzungen, die Einfluss auf die Wahl der politischen Orientierung haben. Diese Umstände zu beschreiben, hilft dabei, Entscheidungen für Menschen mit anderen Lebensrealitäten nachvollziehbar zu machen. Andererseits können Entscheidungen gerade nicht vollständig aus diesen Umständen abgeleitet werden. Ansonsten gäbe es ja überhaupt keine Verantwortung. *Ich* bin es, der sich in diesen Umständen für etwas und gegen andere Möglichkeiten, die mir offenstanden, entschieden hat. *Ich* bin der kleine Spalt zwischen meiner Herkunft, all meinen Möglichkeiten und meinen Entscheidungen. *Ich* selbst verantworte mein Handeln. Deshalb ist dieses Buch weder ein Akt bloßer Selbstdarstellung noch eine verschleierte Bitte um Absolution oder um Aufnahme in die große Familie der politisch Anerkannten. Vielmehr möchte ich mit diesem Buch für eine andere Gesellschaft eintreten als diejenige, in der ich aufwachsen musste. Ich bin der Überzeugung, dass ich aufgrund meiner politischen Vergangenheit einen wichtigen Beitrag in der Auseinandersetzung mit den unzähligen Varianten nationalistischer und rassistischer Weltanschauungen der Gegenwart leisten kann.

Ein gelungener Ausstieg beinhaltet meiner Ansicht nach nicht nur den endgültigen Rückzug aus der Szene und die umfassende Distanzierung von ihren Weltanschauungen, also eine grundlegende Umorientierung des Denkens und Fühlens. Ein gelungener Ausstieg bedeutet vor allem zu begreifen, dass die Strukturen, die ich in meiner Zeit als Agitator aufgebaut, und die Kameraden, denen ich technisches, organisatorisches oder anderes Know-how vermittelt habe, über meinen Rückzug aus der Szene hinaus weiterwirken. Deshalb bedeutet Verantwortung zu übernehmen für mich, aktiv gegen das vorzugehen, woran ich jahrelang mitgewirkt habe.

Aber warum wird man im 21. Jahrhundert, mehr als siebzig Jahre nach dem Ende des Zweiten Weltkrieges, überhaupt (Neo-)Nazi? Warum ist die Faszination für eine Ideologie, die Millionen Menschen das Leben kostete, noch immer nicht abgerissen? Warum erhalten derzeit mit dem Nationalpopulismus oder der sogenannten Neuen Rechten Strömungen regen Zulauf, die viele Ähnlichkeiten zu historischen Faschismen aufweisen? Das sind einige der Fragen, die mir immer wieder gestellt werden, wenn ich in Schulen, an Universitäten, im Radio und Fernsehen und in anderen Medien auftrete, um über den historischen Nationalsozialismus und seine zeitgenössischen Ableger aufzuklären. Sie werden in diesem Buch ebenfalls Beachtung finden.

Während die in den Medien immer häufigere Verwendung des Wortes »Radikalisierung« zunehmend aus dem Ruder laufende gesellschaftspolitische Entwicklungen meint, versteht die Forschung darunter zumeist Prozesse, in denen z. B. eine ›mündige‹ Bürgerin zu einer rechtsextremistischen Terroristin wird. Dieser Prozess fände ›im Kopf‹ statt – Vorurteile, ›Ideologie(n)‹, Ressentiments seien Kopfgeburten eines Hasses, der nach legitimierenden Rationalisierungen Ausschau hält. Radikalisierung verstehe ich jedoch nicht als reine Kopfsache oder als ein primär kognitives Phänomen. Vielmehr ergreift sie die Körper ebenso wie die Köpfe. Eine komplexere, zutreffendere Beschreibung von Radikalisierungsprozessen umfasst auch Veränderungen des Aussehens und der Kleidung, die Anpassung der Ernährung sowie die Militarisierung des Körpers mittels Kampfausbildung. Freilich gibt es dabei eine Wechselwirkung zwischen Kopf und Körper, schon weil sich der Kopf bekanntlich nicht ohne irreparable Schäden vom Körper trennen lässt. Jeder Radikalisierungsprozess verläuft ›verkörpert‹.

Mit ihrem Fokus auf kognitive Prozesse greifen die meisten gegenwärtigen Radikalisierungstheorien deshalb zu kurz. Gewiss kommt dem Denken eine zentrale Rolle in den sprachlich-symbolischen Ideologiesphären zu. Aber Ideologie ist mehr als bloße Weltanschauung oder notwendig falsches Bewusstsein. Ideologie durchdringt die Strukturen und Verhältnisse, in denen wir alle leben, unsere Wahrnehmungs- und Denkgewohnheiten, unsere Beziehungsmodi zu uns selbst und zu anderen. Ideologien machen dumm, könnte man sagen. Zumindest sind sie Dummheiten. Sie enden aber nicht in den Köpfen, sondern sie erstrecken sich über alle Aspekte der Selbstverwirklichung.

Die Beschreibung dieser affektiv-körperlichen Dimensionen von Ideologien ermöglicht ein besseres Verständnis von Deradikalisierungsprozessen: Ehemalige Neonazis, Rassistinnen und Rassisten beschreiben ähnliche körperliche Reaktionen, wenn sie während ihres Ausstiegsprozesses etwa zwei Menschen, die sie früher verschiedenen

Kulturen oder ›Rassen‹ zugeordnet hätten, Hand in Hand oder sich küssend sehen: Trotz des Wissens um die Dummheit rassistischer Weltbeschreibungen verspüren sie überraschend ein stechendes Gefühl im Magen. Hass lässt sich offenbar nicht einfach wegdenken – genauso wenig wie Denken vor Dummheit schützt.

Das vorliegende Buch spürt in meiner Lebensgeschichte die für Radikalisierungsprozesse prägenden Männlichkeitskonstruktionen auf. Es sind überwiegend Männer, die *richtige Deutsche* sein und ihr Vaterland verteidigen wollen, auf das sie als *legitime Erben* Besitzansprüche erheben – das Land des Vaters und seiner Väter, *das Erbe der Ahnen,* das um jeden Preis erhalten werden muss. Ich war einer dieser Männer. Wenngleich ich damals noch ein halbes Kind gewesen bin, wollte ich, was ich als mein Eigen verstanden habe, gegen alles Fremde verteidigen. Gewalt ist dabei ein zentrales Thema und spielt eine buchstäblich einschlägige Rolle.

*Ein Schlag auf den Hinterkopf erhöht das Denkvermögen,* wie mein Vater ungeniert von der vermeintlich pädagogisch wertvollen Schelle schwärmte. Er nahm die Volksweisheit beim Wort und ließ Taten sprechen. Und in meinem Fall liegt die Gewalt des Vaters und die Gewalt im Namen des Vaterlandes nur wenig mehr als eine Faust breit auseinander.

Aber Gewalt lässt sich nicht auf physische Übergriffe reduzieren. Legte man diese Definition zugrunde, wäre ich in meiner gesamten Karriere als Neonazi nicht gewalttätig gewesen. Hauptsächlich gehen Sachbeschädigungen und Hausfriedensbruch auf mein Konto. Ich habe mir die Hände schmutzig gemacht, aber eben nur mit Glasscherben, Sprühfarbe und Kleister, nicht mit Blut. Das haben andere getan, die durch mich ›politisiert‹ bzw. radikalisiert wurden. Menschen also, die ich ›nur‹ durch Worte dazu gebracht habe.

*Im Kampf gegen die Feinde Deutschlands müssen Opfer gebracht werden!,* habe ich einmal auf einer Demo in das Mikrofon eines Lautsprecherwagens gebrüllt. Der Satz ist mehrdeutig: einerseits werden sich die selbst ernannten ›politischen Soldaten‹ ›aufopfern‹ und große Mühen auf sich nehmen, ja vielleicht sogar ihr Leben *im Kampf für Deutschland opfern* müssen. Aber zugleich wird angedeutet, dass auch andere, nämlich die vermeintlichen *Feinde des Vaterlands* als Opfer dargebracht, schlicht getötet werden müssen. Am

Ende aller historischen Episoden rassistisch-nationalistischen (Auf-)Opferungswillens stand man stets vor einem kolossalen Trümmerhaufen, umringt von Leichenbergen.

Auch Worte sind Mordwerkzeuge. Sie können töten, indem sie Feindbilder erzeugen; Symbole des Hasses, die es dann auszumerzen gilt: ›die‹ Juden, ›die‹ Ausländer, ›den‹ Islam, ›die‹ Muslime, ›die‹ Gutmenschen und viele andere mehr – die Liste ist beliebig erweiterbar. Es gibt niemanden, der davor gefeit wäre, auf ihr zu landen. Jede ist eine potenzielle Feindin, jeder ein potenzieller Feind. Jede und jeder kann mit jenem Stigma belegt werden, das für Unzählige in der Vergangenheit ein Leben in Schikane und Angst und für viele sogar das Todesurteil bedeutete. Daran hat sich bis heute nicht viel verändert. Daher ist es sinnvoll, neben physischer Gewalt auch die Gewalt der Sprache und Symbole, die Macht von Wörtern und Bildern, von Gesten und Handlungen zu untersuchen, die »symbolische Gewalt« genannt werden kann. Sie war mein ›Arbeitsbereich‹: In der Schule gehörte ich zu denjenigen, die andere mit Worten tyrannisierten; bei den Nazis war ich ein Ideologe, der bestimmte, wer als zu vernichtender Feind gilt.

Radikalisierungsprozesse finden nicht im luftleeren Raum statt, sondern knüpfen an die vermeintlich ganz ›normalen‹ Zustände im Alltag an, sei es in Deutschland, Österreich oder der Schweiz, sei es im Rest Europas oder der Welt: Alltagsrassismen, männlich-dominantes Verhalten, Konkurrenz- und Leistungsideologien oder die häufig auftretende Verwechslung von demokratischem Verfassungspatriotismus mit mehr oder weniger offensichtlichen Formen von Nationalchauvinismus. All dies ist weiterhin an der Tagesordnung.

Das Mantra von der gelungenen Vergangenheitsbewältigung ist vielerorts selten mehr als ein frommer Wunsch um des eigenen Absolutionsbedürfnisses willen. Nicht nur die Nazigeschichte, sondern auch die Menschheitsverbrechen in der Zeit des Kolonialismus können keinesfalls im europäischen Maßstab als aufgearbeitet gelten. Ihre Folgen und Kontinuitäten wirken bis in die Gegenwart. Der diagnostizierte Rechtsruck kann als ein Beleg hierfür gelten. Ein weiterer sind die rassistischen und nationalistischen Politiken in vielen Ländern Europas. Es gilt, diese strukturellen Kontinuitäten als begünstigende Auslöser und Verstärker für heutige Radikalisierungsprozesse kritisch zu analysieren, sowohl in meiner eigenen Biografie als auch an anderen Stellen.

Ich wuchs zur Nachwendezeit in Eisenach auf. Eine ostdeutsche Provinzstadt, die bis heute damit wirbt, über das größte zusammenhängende Villenviertel Deutschlands zu verfügen. Zu DDR-Zeiten war Eisenach die Grenzstadt am äußersten westlichen Saum des Eisernen Vorhangs, quasi einen Granatwurf vom Territorium des Klassenfeinds entfernt. Mit dem Fall der Mauer und der Wiedervereinigung wurde es ein ›Tor zum Westen‹ oder zum ›Einfallstor‹ in den Osten. So erlebte mein Vater wohl die Wende. Als die Grenzen zum ›Wilden Westen‹ aufgestoßen wurden, hofften viele auf ein besseres Leben nach der Überwindung des realsozialistischen Unrechtsstaates. Einige suchten ihr Glück sogleich im ›Kapitalismus mit menschlichem Antlitz‹ und wurden so zu ›Wirtschaftsflüchtlingen‹. Wieder andere wurden vom fortschreitenden Zerfall der Wirtschaftsstandorte zum Abwandern bewegt. Dumm nur, dass auch die Solidarität und Arbeitssicherheit offenbar mit den ›Flüchtlingen‹ *nach drüben gemacht haben.* Zumindest waren sie, meinem Vater zufolge, Mitte der 90er im Osten nicht mehr auffindbar. Was blieb, war bei nicht wenigen das Gefühl, von den Politikerinnen und Politikern erneut verraten worden zu sein. Kohl und Co.: Eben noch Erlöser aus größter Not und Helden der wiedervereinten Nation, galten sie bereits kurz darauf als falsche Propheten, die ihr Versprechen vom Aufbau Ost nicht eingehalten hatten.

Für meinen Vater funktionierten Versprechen wie Vorgaben, die um jeden Preis einzuhalten waren, ohne Möglichkeit zur Neuaushandlung, ohne Spielraum für eine Veränderung der Lage und Anpassung an neue Situationen. Pläne und Ansätze, die eingehalten werden müssen – soziale Interaktion als vulgäre Planwirtschaft. Schon die Mitglieder des Zentralkomitees zu DDR-Zeiten waren korrupt, und daran habe sich auch im Bundestag der BRD nichts geändert. *Die ganzen Politiker sind immer daran interessiert, sich selbst die Taschen vollzumachen, während sie anderen die ganze Zeit die Taschen vollhauen.* So der O-Ton meines Vaters. Das unzureichende Einschreiten der politisch Verantwortlichen aus Bonn in den Abbau Ost, zu dem der versprochene Aufbau vielerorts verkommen war, ließ in Menschen wie meinem Vater das Gefühl wachsen, dass man eine Kaste parasitärer Taugenichtse gegen eine andere ausgetauscht habe. Eine aus seiner Perspektive zutreffende Einschätzung, die er mit vielen Menschen im Osten teilt und die nun seit einiger Zeit propagandistische Schützenhilfe aus West, Süd und Nord erhält.

Mein Vater wäre, wie sich zeigen wird, der prädestinierte Wähler der Partei wütender Protestmännlichkeit: der AfD. Deren Klientel ist hauptsächlich weiß, relativ gut situiert, aber durch die Nichtverwirklichung der eigenen überzogenen Wunschvorstellungen enttäuscht. Zwischen Menschen wie meinem Vater, den nationalpopulistischen Agitatoren dieser Tage und Neonazis, wie ich einer war, verläuft ein schmaler Grat: Brauntöne in sanften Abstufungen. Strukturell gleichen sich ihre Weltanschauungen in zu vielen Punkten, als dass man ernsthaft glauben könnte, die selbst ernannten *vaterlandstreuen Patrioten* hätten nichts mit den *bösen Neonazis* zu tun. Letztere sind schlicht ehrlicher, wenn es um Nationalismus und Rassismus geht.

Meine persönliche Geschichte mag an manchen Stellen außergewöhnlich erscheinen. Leider ist sie aber gewöhnlicher, als die meisten denken, und viel alltäglicher, als vielen lieb sein wird, und zwar überall in Deutschland, im Osten wie im Westen. Ich halte es daher für durchaus möglich, auf Basis meiner eigenen Erfahrungen teilweise verallgemeinerbare Aussagen abzuleiten. Inwieweit sie dann für andere zutreffen, müssen die Lesenden freilich für sich selbst entscheiden.

Wenngleich es heute viele Menschen nicht mehr wahrhaben wollen: Die Bundesrepublik Deutschland *hat* auf jeden Fall *Klasse* – und nicht nur eine. In der Schule war ich als ›der arme Kerl‹ markiert. Das hieß zum einen von Lehrerinnen und Lehrern und einigen Mitschülerinnen und Mitschülern wohlmeinend bemitleidet und unterschätzt zu werden. Zum anderen und vor allem bedeutete es, offen dafür erniedrigt zu werden, arm zu sein. Das Erste half mir nicht, weil es nichts änderte. Der verstohlen auf mir ruhende, mitleidsvolle Ausdruck in den Augen der mich Bedauernden fühlte sich nicht weniger verletzend an als die vielen hämischen Verunglimpfungen. Auf die offenen Beschimpfungen konnte ich immerhin reagieren, mich wehren oder rächen. Dann musste ich wenigstens nicht das Mitleid in mich hineinfressen – ein wütendes Zähneknirschen mit leerem Mund, aber den Bauch voller Wut.

Sicherlich ist Armut nichts, wofür man sich schämen müsste. Es sind erst die Ressentiments, die sagen, wer arm ist, sei schlechter, fauler oder dümmer als andere. Mit meinem tschechischen Adidas-Anorak mit vier Streifen war ich so lange gegen Wind und Wetter gewappnet, bis eine Meute Teenies sich darüber lustig machte – erst dann stand ich da wie ein begossener Pudel.

Dennoch bleibt festzuhalten: Ich hatte andere Möglichkeiten, aber ich *wollte* Nazi werden. Ich bin nicht *in einen falschen Freundeskreis abgedriftet.* Ich habe aktiv entschieden, diese Form der Politik als die für mich und alle Menschen richtige anzunehmen und öffentlich zu vertreten. Ebenso bewusst und unbewusst, wie sich andere Menschen dafür entscheiden, in die SPD oder CDU, die Caritas oder einen Sportverein einzutreten. Aber natürlich hat das Eintreten in eine Partei nicht die gleichen Konsequenzen wie meine damalige Entscheidung. Mit Ausnahme des Eintritts in eine völkisch-nationalistische Partei wie die AfD oder die NPD natürlich, die ihre Polit-Propaganda gezielt mit rassistischen und nationalistischen Vorstellungen aufladen. Ob diese Parteien dabei selber wahrhaben wollen, dass sie rassistische und nationalistische Propaganda verbreiten, oder nicht, ist irrelevant. Die Wirkung eines Wahlplakats muss von der Intention seiner Urheberinnen oder Urheber unterschieden werden. Ich selbst wollte damals vorwärtsgewandter Naziaktivist sein. Ich wollte nicht als Rassist bezeichnet werden, sondern als »Ethnopluralist«, der sich für die historische Tradition der deutschen Kultur an ihrem *angestammten Platz* einsetzt. Genauso wie dies die AfD heute macht – ich bin daher oft irritiert, wenn man ihre Mitglieder nicht als Nazis oder zumindest als ›rechtsextrem‹ bezeichnen möchte, obwohl sie sich der gleichen Propaganda bedienen wie wir damals.

Mein Stil mag auf manche möglicherweise distanziert und analytisch wirken – selbst wenn ich in der ersten Person Singular von mir selbst und meinen Erlebnissen erzähle. Die ›Gesellschaftsanalyse‹ ist Teil meiner Ich-Erzählung, damals wie heute. Ich habe die Angewohnheit, Alltagserlebnisse in ›größere Zusammenhänge‹ stellen zu wollen. Vielleicht ist das in Teilen ein Relikt des pseudo-intellektuellen Größenwahns meiner Jugendzeit, der für alles die ›wahren Ursachen‹ zu kennen glaubte. Aus dieser Art, sich in der Welt zu orientieren, erwächst leicht ein Hang dazu, überall weltumspannende Komplotte zu sehen. Einstieg wie Ausstieg waren bei mir mit solchen (pseudo-)intellektuellen Denk- und Gefühlswirren verbunden – Welterklärungsbemühungen mit Absolutheitsanspruch, die ich jetzt als verführerischen Irrweg erkannt habe. Doch abgesehen von der Unbrauchbarkeit solcher Großerzählungen betrachte ich heute meine Geschichte in gewissem Grad als exemplarisch: Sie wirft nicht nur ein Licht auf die extremen Ränder, sondern auch auf ›deutsche Zustände‹ in der radikalen Mitte.

Dabei habe ich nicht den Anspruch, ein formvollendetes Porträt meiner Vergangenheit zu zeichnen, indem alles konturgetreu abgebildet wird, *wie es eigentlich gewesen ist.* Deshalb sind manche Abschnitte aphoristisch und damit den Erinnerungen an eine zum Teil ferne Vergangenheit angemessener als eine begradigte Lebenserzählung. Und doch ergibt sich aus den Bruchstücken meiner Kindheit und Jugendzeit ein Mosaik aus Erinnerungen. Es ist ein von der Zeit rissiges Bild aus Fragmenten meiner Politisierung und Radikalisierung, ein Bild (m)eines Erwachsenwerdens und all der Abwehrmechanismen dagegen – Letztere sind zum Teil (und vielleicht auch zum Glück) bis heute erfolgreich …

Obwohl ich eine aufdringliche Selbstzentrierung entschieden ablehne, hat das Schreiben über meine Vergangenheit etwas von einer Beichte. Handlungen werden zu Vergehen, die ich zur Tatzeit noch für heroisch hielt. Zugleich haben die damals von mir als *Verbrechen gegen mein Vaterland und das deutsche Volk* eingestuften Fantasiegebilde ihre vermeintliche Realität für mich gänzlich eingebüßt. All die angeblichen Weltverschwörungen von superreichen, fast immer jüdischen Bankern *gegen die Welt der freien Völker* sind für mich heute erledigt. Für mich ist bewiesen, dass solche Verschwörungserzählungen nicht im Stande sind, komplexe Vorgänge in der Welt hinreichend zu erklären. Es mag reichere und mächtigere Menschen geben als beispielsweise mich, aber ich muss mir deshalb keine pseudo-intellektuelle Geschichte zurechtlegen, mit der ich dann die Weltgeschichte erklären zu können glaube. Tatsächlich macht man dadurch keinen einzigen Schritt hin zur Verbesserung der Lebensverhältnisse unzähliger Menschen. Das Gegenteil ist der Fall. Das Palaver aller ›Propheten‹ der Geschichte hatte auch immer etwas Zynisches: Sie erzählen von einer glorreichen Zeit, die kommen würde, wenn man nur dieses täte oder jene töte. Denn Schuld und Sünde sind das Unreine, das Unnatürliche, das es in solchen Erzählungen mit *Stumpf und Stiel auszumerzen* gilt. Erst dann würde das Reich der Freiheit und Reinheit erreicht. Ganz so, wie Gott, die Natur oder eben der Führer es gewollt haben. Aber solche Heilsversprechen sind eine quasi-religiöse Mogelpackung: Sie lösen niemals lebensweltliche Probleme, mit denen die Menschen unserer Gesellschaft im Alltag konfrontiert sind. Stattdessen verschieben sie alle Lösungen in ein Paradies. Jede Prophezeiung enthält wie jede andere Ideologie auch das implizite Universalversprechen, dass die Wünsche und Träume ihrer Anhänger auch verwirklicht werden, vielleicht nicht heute oder morgen, aber irgendwann in ferner Zukunft. Doch solche Prophetie bietet niemals wirkliche Antworten, nur falsche Probleme und unsinnige Lösungen. Es ist einfach nur dumm. Denn Dummheit ist für mich die Fähigkeit, falsche Probleme zu erzeugen.

All das heute anzuerkennen, ist befreiend und beklemmend zugleich. Denn es heißt einerseits, dass ich mich tatsächlich von Verschwörungserzählungen befreit habe. Zumindest in dem Sinne, dass ich heute keiner Weltverschwörungsvorstellung mehr anhänge und jegliche (pseudo-)biologische Rassismen oder den in verschiedenen Gewändern auftretenden Antisemitismus ablehne. Ja mehr noch: Ich habe mir vorgenommen, sie zu entlarven und zu kritisieren, wo immer sie mir begegnen. Zugleich heißt das aber auch, dass mein früheres Leben im wahrsten Sinne des Wortes einer illusorischen Dummheit gewidmet war. Es galt immer das, was ich gerade als Wahrheit proklamiert hatte und unter Einsatz meines gestählten Körpers bis zum bitteren Ende zu verteidigen gewillt war.

Die Beichte über meine Vergangenheit ist zugleich ein Aufbruch in eine andere Zukunft.

# I. Auf der Suche nach der verlorenen Zärtlichkeit

Unzählige Sonntage meiner Kindheit habe ich damit verbracht, auf den Druck eines Ölgemäldes zu starren, der in einem billigen, schon etwas abgeblätterten Holzrahmen über dem Sofa im Wohnzimmer hing. Ich kannte weder den Titel des Bildes noch den Namen des Künstlers. Während ich für dieses Buch recherchierte, stieß ich erneut auf dieses Bild aus den Tagen meiner Kindheit. Seine Botschaft war mir in den zahllosen Momenten verschlossen geblieben, in denen mein Blick auf ihm ruhte, während ich versuchte, meine Gedanken schweifen zu lassen. Das gelang mir meist nur sehr kurz, oft überhaupt nicht. Denn ich sollte meinem Vater in die Augen schauen, wenn er mit mir sprach. Nicht dem mir freundlich zuprostenden bärtigen Mann, dessen üppiger Federhut ihm Hasenohren verlieh. *Überleg, was du besser machen kannst!,* forderte mich mein Vater wieder und wieder auf und erwartete von mir Vorschläge.

Ich bin damals vielleicht sechs oder sieben Jahre alt. Es ist ein Verhör, und meine drei Jahre ältere Schwester ist die einzige Zeugin. Aber sie hat, wie ich, eine Doppelrolle inne: Sie ist zugleich Angeklagte und Zeugin. In einem Augenblick bin ich es, der sich im Kreuzverhör befindet. Aber das kann sich jede Sekunde ändern. Ich weiß das und sie weiß es auch. Die Erinnerung an die Szenerie treibt mir noch heute die Tränen in die Augen. Meine Aufmerksamkeit wendet sich wieder von den verhärteten Gesichtszügen meines Vaters ab und in Richtung des Bildes – Fluchtlinien in eine andere Welt. Meine Schwester sitzt links unter dem Bild auf dem Sofa, und ich kann die Verzweiflung in ihrem Blick erkennen. Es gibt keine richtigen Antworten. Nur die sich wiederholenden Floskeln von Reue und den Bemühungen, alles anders, alles besser machen zu wollen. In Zukunft wird wirklich alles besser werden, gelobe ich, *gleich heute noch.* Aber das reicht meinem Vater nicht.

Er antwortet auf meine Beteuerungen schlicht, ich hätte das Gleiche schon die letzten Male gesagt und es habe sich nichts verbessert. *Den Worten müssen auch Taten folgen!* Ein Dekret, das aus seinem Mund zugleich moralische Aufforderung und subtile Drohung ist. Der Satz weckt die Erinnerung an vergangene Sonntage und zugleich düstere Vorahnungen. Auch meine Schwester scheint die unterschwellige Aggression der Aussage zu spüren. Ihre Mundwinkel beginnen jetzt leicht im Takt ihrer bibbernden Unterlippe zu vibrieren – ein Zeichen ohnmächtiger Wut. Sie presst ihre Lippen fest zusammen und versucht ihre Bemühungen, die Fassung zu bewahren, zu kaschieren. Denn wer weint, hat etwas zu verbergen. Wer weint, wird immer gefragt, warum er weint, und muss Rede und Antwort stehen. Deshalb muss meine Schwester die Tränen unterdrücken, das Schluchzen abwürgen und das Schlottern der Lippen bannen.

Aber es gibt für uns kein Entkommen, weder für sie noch für mich. Egal wie sehr wir beteuern, uns ab sofort mehr bemühen zu wollen, täglich besser staubzusaugen oder unsere Zimmer nach dem Spielen aufzuräumen – unser Vater beendet das Gespräch nicht. Es gibt nur einen Ausweg: Irgendjemand muss den Mut der Verzweifelten aufbringen und meinen Vater provozieren, damit er endlich zum Strafvollzug übergeht und wir ›befreit‹ werden, zumindest für diesen Sonntag. Eskalation als Selbstschutz. Das Urteil war ohnehin schon klar, als wir uns zum ›Familiengespräch‹ einfanden: schuldig in allen Anklagepunkten. Die Anklage führt mein Vater. Die Vollstreckung erfolgt ebenfalls durch ihn. Jede Verteidigung wird abgewiesen. Die Urteilsverkündung wird mit Schlägen beschlossen, ohne dass es hierfür einen Richterhammer gebraucht hätte. Das trotzige Verteidigungsplädoyer erstickt im Gebrüll meines Vaters, im dumpfen Klatschen von Handflächen auf Gesichtshälften, und wer die eine Backe hinhalten muss, kann mit ziemlicher Sicherheit schon mal die anderen drei bereithalten. Als allein richtender Erzieher und alleinerziehender Richter in einem hat er uneingeschränkte Macht über uns, unsere Körper, unsere kindliche Verletzlichkeit. Widerstand ist zwecklos.

Mein Vater war Elektriker und oft stand er auch nach der Arbeit noch unter Strom. In unserer etwa 90-Quadratmeter-Wohnung war er der absolute Regent. Vollstrecker der eigenen Urteile, natürlich ganz zum Wohle der Bestraften. Zweifelsohne hatte er nur die besten Absichten für uns im Hinterkopf, wann immer seine Hand auf meinen schlug. Es herrschte das Recht des Stärkeren und die Macht der flachen Hand.

Der Strafvollzug ist zugleich ein handfester Beweis für die pädagogische Unfähigkeit meines Vaters. Als Strafmaß wählte er meist mindestens drei Schläge – die hätten ja noch niemandem geschadet, witzelte er oft bei passender Gelegenheit gegenüber seinen Geschwistern, während er aus den Augenwinkeln mahnend in unsere Richtung lugte. Unsere Onkel und Tanten hielten das offenbar für einen Scherz – niemand widersprach. Unsere Blicke senkten sich zu Boden aus Furcht, böser Vorahnung und Fassungslosigkeit über die Zustände in unserem ›Schutzraum Familie‹. Und wenn wir ihnen erzählten, dass wir daheim wie Sklaven behandelt werden, nahm uns niemand ernst. Sklaverei: das Erzwingen von Arbeit durch die Androhung und Anwendung von Gewalt. Eine gängige Definition, die unserer Empfindung nach auf unsere Lebenssituation zutraf. Wir waren Haushaltshilfen zum Nulltarif. Stets motiviert durch die Furcht vor Schlägen, die Hilflosigkeit, sich nicht zur Wehr setzen zu können und niemanden zu haben, der sich für uns einsetzt oder uns überhaupt glaubt. Durch ihr angestrengtes Überhören sind unsere Tanten und Onkel in meinen Augen zu Mittäterinnen und Mittätern geworden.

Je nach Tageslaune gab es zum faustdicken ›Denkanstoß‹ noch Festungshaft, eingeleitet durch das Verdikt *Ich will dich heute nicht mehr sehen!* Wer auf diese Art verurteilt wurde, musste in sein Zimmer und manchmal auch ohne Abendessen ins Bett gehen. Mein Zimmer war der einzige Durchgang vom Flur zum Zimmer meiner Schwester. Manchmal schob sie dann aus der Einzelhaft Zettel durch das Schlüsselloch zu mir herüber. »Ich habe Hunger«, stand darauf oder die Frage »Ist Papa noch da?« – wahrscheinlich aus Furcht, auf dem Weg zum Klo einer Schreitirade oder doch zumindest den stechenden Schlitzen ausgesetzt zu sein, zu denen sich die Augen meines Vaters immer verengten, wenn er jemanden voller Verachtung und Wut ins Visier nahm.

Zugleich wurden die Schlüssellöcher der Altbautüren Ausblicke in einen ersehnten Raum der Ruhe und Geborgenheit, denn Eingesperrtsein bedeutete auf zweifache Weise Erlösung: Es bot zum einen Momente der Stille, wie sie sonst nur während der Arbeitszeiten meines Vaters existierten, zum anderen war auf diese Weise wenigstens wieder ein Wochenende überstanden. Ein kleiner Trost in großer Not, die meine Schwester häufig härter traf als mich. Und doch ging sie souveräner mit all dem um und wirkte weniger verängstigt als ich, weil sie es musste: Als Tochter und Schwester oblag ihr die unausgesprochene Pflicht, den Großteil der Sorgearbeit für uns zu verrichten. Obgleich wir oft erbitterte Feinde in geteilter Not gewesen sind, war sie für mich oft ein Anker in den rauen Wogen unserer Kinderstube.

## Provinzielle Nestwärme

Jeden Abend gab es pünktlich um 18 Uhr Abendessen. Ein alltägliches Ritual, auf das nur im sogenannten Ausnahmefall per Sondergenehmigung ›von ganz oben‹ verzichtet werden durfte. Gesprochen wurde dabei selten. Aus dem Hintergrund ertönte das Radio, um das Schmatzen zu übertönen. Vor allem mein Vater kaute manche Speisen derart geräuschvoll, dass ich noch heute aggressiv werde, wenn ein Mensch in meiner Umgebung auf die gleiche Art und Weise schmatzt. Am Abendbrottisch sollten wir von der Schule und unserem Tag erzählen. Was für andere ein harmloses Familienritual sein mag, kam für uns einer weiteren Verhörsituation gleich. Vielleicht verabscheue ich es deshalb noch heute, Menschen ausführlich von meinem Alltag zu berichten, weil ich das Gefühl nicht loswerde, dabei Bericht erstatten zu müssen. Das hat schon so manche Freundschaft oder Beziehung ruiniert. Am Abendbrottisch redete mein Vater mich mit »mein Freund« und meine Schwester mit »Madame« an, wenn er uns die Bedrohlichkeit einer Situation mit gespielter Freundlichkeit verdeutlichen wollte. Seine Wutausbrüche konnte er auch dann nicht immer zügeln.

Noch durch das geschlossene Fenster zum Hinterhof wurde der Schall von den umliegenden Hauswänden verstärkt – eine architektonische Flüstertüte. Die Nachbarn hätten dann *alles mithören* können. Die paranoide Vorstellung meines Vaters, jemand könnte hören, wie er schäumt und tobt, und daraufhin einschreiten, hat sich leider nie bewahrheitet. Was für mich im Rückblick nur heißt, dass es niemanden wirklich interessierte. Vielleicht war der paranoide Verfolgungswahn meines Vaters Ausdruck von Gewissensbissen, ein unausgesprochenes Schuldbewusstsein über das Unrecht seiner schwarzen Pädagogik? Oder war es ein Relikt aus der Zeit totaler Überwachung in der DDR? Wann immer abends das Licht anging, mussten die *Jalousien,* wie mein Vater weltmännisch die schäbigen Vorhänge in unseren Kinderzimmern nannte, zugezogen werden, damit *niemand reinglotzt, wie's bei euch aussieht.*

Eisenach gilt als Kulturstadt. Etwa hundert Meter von meiner Kindheitswohnung entfernt steht das Bach-Haus. Unweit dieser musikalischen Wirkungsstätte war mein Vater unangefochtener Virtuose des improvisierten Schreis. Wiederholt wohnten Freunde aus der Nachbarschaft, die zufällig an unserem Haus vorbeiliefen, einer solchen Sinfonie bei, in der meine Schwester und ich Plätze in der ersten Reihe hatten. Ihre unfreiwillige Zuhörerschaft bei den Schreikonzerten war ihnen sichtlich unangenehm, wenn sie diese später eingestanden. Der verbale Jähzorn des Wüterichs drang noch aus dem zweiten Stock bis auf die Straße hinunter – unliebsame Transparenz ohne Folgen. Denn nicht ein einziges Mal klingelte die Polizei, und auch das Jugendamt schritt erst ein, nachdem meine Schwester dort um Hilfe gebeten hatte. Nichts hören, nichts sehen: Zustände in der deutschen Provinz.

Meine Freundinnen und Freunde versuchten mir Trost zu spenden. Dies half in den seltensten Fällen. Ohne an ihren Umständen auch nur das Geringste zu ändern, werden die Bemitleideten noch der Interpretationshoheit über die eigene Lebenssituation beraubt. Ich habe es immer als eine weitere schamvolle Erniedrigung empfunden, bemitleidet zu werden, bis ich verstanden hatte, dass Mitleid auch als eine emotionale Währung fungieren kann. Sie lässt sich oft in finanzielle Unterstützung umwandeln, vor allem wenn sich erwachsene Menschen ein gutes Gewissen erkaufen wollen. Fromme Mitleidsbekundungen, betretenes Schweigen, Ratlosigkeit und Resignation: Das ist alles, was Kinder in einer von Erwachsenen regierten Welt tun können, in der das Leben für einige kein Wunschkonzert ist.

Das war also meine Familie: ein Alleinernährer und Patriarch als Vater in den Wirren der Nachwendezeit, eine Mutter, die ihm entkam, und eine Schwester, die alles in einem sein musste – Muttersersatz und Spielgefährtin für mich, Haushaltshilfe und verlässliche Tochter für ihn. Wenn wir verstehen wollen, warum Menschen zu Nazis werden, müssen wir hinter die verschlossenen Türen und Jalousien des ›ganz normalen‹ deutschen Familienalltags blicken.

*Deine Mutter hat sich halt aus der Verantwortung gezogen, als Du noch ein Baby warst,* antwortete mein Vater auf die wiederholte Frage, *warum Mama weg ist.* Meine Eltern haben sich getrennt, als ich etwas mehr als ein Jahr alt war. Später scheiterten beide Seiten in ihrem Versuch, mich davon zu überzeugen, dass die Schuld allein bei der jeweils anderen Partei zu finden sei. Meine Schwester und ich fragten meinen Vater oft, warum er sich keine neue Frau suche, die bei unseren schulischen wie heimischen Aufgaben helfen könnte, die ihm vor allem aber, wie wir insgeheim dachten, Milde abverlangen würde, da er uns nie vor den Augen anderer Leute schlug. Er antwortete auf seine typisch charmante Art: *So wie ihr euch benehmt, würde die ja eh nicht lange bleiben.* Die Schuld am eigenen Versagen müssen immer die anderen tragen. Das ist die Logik des kleinen Mannes – zumindest von dem, der mit meiner Erziehung betraut war.

Mein Vater hatte das Sorgerecht wohl unter der Bedingung erhalten, keinen Unterhalt einzufordern. Er schaffe das auch ganz alleine, wie er immer mit fester Stimme betonte. Aber auf legalem Wege ging es nicht: Er arbeitete ›schwarz‹, wie er selbst sagte. Später zürnte er meiner Mutter, der er es selbst erlassen hatte, uns finanziell zu unterstützen. Wenn wir ihn fragten, warum wir nur so wenig Geld hätten und als einzige in unserem Bekanntenkreis über kein Auto verfügten, antwortete mein Vater lapidar, *das Geld wächst nicht auf den Bäumen, und selbst wenn es so wäre, hätte eure Mutter keins, weil sie den ganzen Tag nur auf der faulen Haut liegt. Wäre ich nicht so barmherzig gewesen, könnten wir uns jetzt ein Auto kaufen, aber eins mit Sternchen.* Mein Vater hatte ohnehin nur einen Motorradführerschein, weshalb uns die Edelkarosse herzlich wenig gebracht hätte. In diesem Dokument findet sich das einzige Bild, auf dem ich meinen Vater im zarten Jugendalter zu Gesicht bekommen habe, mit schulterlangen, schwarzen Haaren und 70er-Jahre-Schnauzer.

Im Erfurt der DDR 1961 geboren, wuchs mein Vater meines Wissens in Neudietendorf, später in Schnellmannshausen bei Eisenach auf. Sein Vater war Offizier in der Nationalen Volksarmee und lebte deshalb unter der Woche auf dem Kasernengelände der NVA. Ob er von seinem Vater geschlagen worden sei, fragte ich einmal nebenbei in einem Gespräch eine seiner Schwestern. *Vom Vater nicht, bei dem reichte ein böser Blick.* Aber die Mutter musste sich manchmal handfest Gehör verschaffen. *Aber nur ganz selten, wenn überhaupt,* stammelte meine Tante damals. Eigentlich sei er sehr gut umsorgt aufgewachsen. Das Nesthäkchen – als Jüngstes von vier Geschwistern –, das noch von der Mutter bekocht wurde, während die älteren Schwestern an der Uni in Moskau und anderen Städten des Bruderstaates studierten. Er selbst entschied sich für eine Ausbildung.

Elektroinstallateur sollte mein Vater werden und auf der Arbeit meine Mutter kennenlernen. Sie arbeitete in den 80er-Jahren als Verkäuferin in einem Konsum, wie die Lebensmittelgeschäfte der DDR-Genossenschaften hießen. Er reparierte dort die Elektrik. Angeblich stand er gerade auf einer Leiter, als er zum ersten Mal auf meine Mutter herabblickte. So zumindest lautete die Legende meines Vaters – seine Sicht der Dinge eben. Erzählt hat er sie, nachdem meine Schwester vom Jugendamt ins betreute Wohnen *entführt* worden war, wie er es nannte.

Damals verstanden wir uns für kurze Zeit etwas besser. Wir wuchsen ein wenig zusammen. Ich traute mich, ihn Dinge über sich zu fragen. Ich hatte Nein gesagt, als sie mich fragten, ob ich daheim raus wolle. Ich hatte Mitleid mit meinem Vater gehabt, als er da weinend in der Küche saß – vor dem Scherbenhaufen *unserer Familie,* für die er nur *die besten Absichten* hatte. Ich weiß nicht, ob meinem Vater bewusst war, was er mit seinen *besten Absichten* anrichtete. Ob er ›tief in sich drin‹ wusste, dass das, was er da im Namen seiner pädagogischen Mission machte, mehr zerstört als genützt hat? Ob er nachts nicht schlafen konnte, weil ihm dämmerte, was er uns antat? Ob er sich selbst einredete, was man einmal angefangen hat, muss man auch zu Ende bringen? Dachte er vielleicht, *ich kann jetzt auf halber Strecke nicht einfach anfangen, mit den Schlägen aufzuhö-*

*ren?* Es ist egal. Aber eines scheint mir heute deutlich: Gute Absichten sind außerhalb des Ethikunterrichts nicht allzu viel wert.

Die Familie mütterlicherseits war meinem Vater verhasst und es bedurfte eines Bluffs meiner Mutter, dass ich diesen Teil meiner Verwandtschaft überhaupt kennenlernte. Ich muss etwa zehn Jahre alt gewesen sein. Da wagte es meine Mutter, mich nach Nordhausen zu *entführen,* wie mein Vater gesagt hätte. Sie hatte ihm und mir mitgeteilt, sie würde mich über das Wochenende mit zu sich nach Bebra nehmen, wo sie bei ihrem neuen Freund lebte. Am Bahnhof angekommen eröffnete sie mir, es ginge nach Nordhausen. Dort sollte ich ihre Mutter, ihren Vater, einige Tanten und Onkel sowie meinen Bruder aus der geschiedenen Ehe meiner Mutter kennenlernen.

Mein Vater wollte aus mir unbekannten Gründen nicht, dass ich Kontakt zu *dieser ganzen Sippe* hatte. Noch bevor wir den Zug bestiegen, rief meine Mutter meinen Vater von einem Münztelefon am Bahnhof an, um ihn von ihrem Plan in Kenntnis zu setzen. *Der Junge hat ein Recht darauf, seine Familie kennenzulernen,* sagte sie in unerwartet selbstbewusstem Ton und hängte auf. Sie hatte meinem Vater die Kontrolle über mich für wenige Tage entrissen. Mein Vater sah darin einen *hinterhältigen Vertrauensmissbrauch.* Er sei meiner Mutter gegenüber ohnehin *immer zu gutgläubig und gnädig* gewesen.

In Nordhausen lernte ich meine Großeltern, einige Tanten und Onkel, vor allem aber meinen deutlich älteren sogenannten Halbbruder kennen. Trotzdem sei er mein *richtiger Bruder,* hieß es dann wieder – nichts Halbes und nichts Ganzes.

*Dein Bruder tut mir leid. Der ist ein anständiger Kerl. Aber deine Mutter ist ein Mensch, pfui Teufel: Kinder in die Welt setzen und sich dann nicht um sie kümmern* – so lautete wiederholt die Anklage meines Vaters gegen meine Mutter. Deine Mutter war schon immer eine Lebefrau. Und darunter musste vor euch vor allem dein Bruder leiden. Da haben sie ihn einfach ins Heim gesteckt, damit sie ihre Ruhe hatten. Mein Vater gab zu bedenken: *Überleg dir mal, wie schwierig du bist, und trotzdem stecke ich dich nicht ins Heim.* Obwohl er mehrfach damit drohte, unsere Spielsachen dorthin zu geben, wenn wir diese nicht aufräumten. *Euch geht's viel zu gut!,* rief er dann aus. *Die Kinder in Afrika oder im Heim, die würden sich die Finger nach all dem lecken, was ihr hier habt!* Ich steckte daraufhin einmal einen Finger in meinen Mund – er schmeckte nach nichts. Weniger noch: Es war der Geschmack der Enttäuschung.

## Was du nicht willst, das man dir tu'…

Einen *zärtlichen Liebhaber* nannte meine Mutter meinen Vater bei einem Gespräch, das ich mit ihr in meiner Pubertät hatte. Als *äußerst sanft und unheimlich liebevoll* beschrieb sie ihn. Ich erinnere mich noch genau an ihre Wortwahl, weil diese Worte allem widersprachen, was ich über meinen Vater wusste. Sie hatte damals offenbar einen anderen Mann kennengelernt. Irgendwo zwischen dem ersten Leiterblick meines Vaters auf meine Mutter im Konsum und dem leidvollen Blick meiner Mutter auf dem Bett in meinem Zimmer musste er verloren gegangen sein – der zärtliche Mann, der mein Vater einmal gewesen sein soll. Meine Schwester und ich haben diesen sanften und liebevollen Menschen niemals kennengelernt. Das wollten wir auch gar nicht. Schon allein deshalb nicht, weil der Ausspruch *Da lernt ihr mich aber richtig kennen!* eine seiner beliebtesten Drohungen war.

Aber wo war er hin? Der zärtliche Mann, von dem meine Mutter sprach. In den sie sich verliebt hatte und bei dem sie jahrelang blieb. Zu dem sie sogar trotz heftiger Streitgespräche und Gewalt gegen ihre Tochter aus früherer Ehe zurückkehrte. Meine (Halb-)Schwester hat ihm das niemals verziehen. Ebenso wie ich es ihm niemals verzeihen werde. Manche Dinge lassen sich nicht ungeschehen machen, sie lassen sich durch nichts vergeben oder verzeihen. Ich habe den Hass ihm gegenüber verloren, aber nicht in der überheblich pseudo-versöhnlichen Art, dass er es ja nicht so gemeint habe. Kein falscher Harmoniewunsch überzeugt mich, dass ich mich mit ihm aussöhnen sollte, *weil es doch das Richtige* wäre, *weil er doch mein Vater ist und immer bleiben wird* – der Klügere gibt dem Affen Zucker.

Jeden Abend vor dem Schlafen gab es noch den rituellen Gutenachtkuss, den wir auf der Wange unseres Vaters platzieren mussten. Der intimste Moment mit ihm, an den ich mich erinnere, ist mein auf seinem Bauch abgelegter Kopf – ich hörte die Verdauungsgeräusche seines Magens –, ohne dass er jemals meinen Kopf gestreichelt hätte.

Beklagte ich mich einmal über meine Mutter, weil sie uns mit ihm *im Stich gelassen* hatte, schützte mein Vater sie: *Blut ist dicker als Wasser.* So argumentierte er immer wieder für die angebliche Natürlichkeit von Familienverhältnissen, dicht gefolgt von einem *Deine Mutter wird immer deine Mutter bleiben.* Aber was das eigentlich heißen soll, war mir damals schon unklar: Was nützt mir eine ›biologische‹ Mutter, die sich hauptsächlich durch ihre Abwesenheit auszeichnet? Ich brauchte weder meinen Vater noch meine Mutter, um zu lernen, wer ich bin.

Mag sein, dass mein Vater die Enttäuschung über die Trennung von unserer Mutter niemals überwunden hat. Aber das darf nicht dazu verleiten, ihn zum Opfer zu verklären. Er war ein Täter. Ein Gewalttäter, wie es viele Väter sind. Das muss ausgesprochen werden, damit darüber gesprochen werden kann.

Meine Schwester wurde magersüchtig und hat sich als Jugendliche geritzt. Ich bin Neonazi geworden. Beides sind Formen autodestruktiver Selbstermächtigung – ich selbst bestimme, wie ich meinen Körper zurichte, und bin zumindest der eigenen Wahrnehmung nach nicht mehr bloß jemand, der von anderen zugerichtet wird.

Als ich achtzehn war, fragten mich Nazi-Kameraden aus Eisenach, ob sie meinem Vater mal einen Besuch abstatten sollten, damit er mich in Zukunft in Ruhe lassen würde. Ich lehnte ab, obwohl ich meinem Vater mehrfach in schlaflosen Nächten und unter Tränen den Tod gewünscht habe. In unserer Kindheit fehlten meiner Schwester und mir die Worte. Aber was wir öfter dachten und einander anvertrauten, ließe sich mit Worten nicht anders ausdrücken als: *Papa muss sterben, damit wir leben können.* Besser als wir selbst verstand er dies, als wir ihm halb in unwissendem Spaß, halb in kindlich-unschuldigem Ernst während der Milzbrandhysterie um die Jahrtausendwende in den Umschlag seiner Geburtstagskarte Vanillemilchpulver streuten. Er hielt uns noch Jahre später vor, dass wir *undankbare Gören* seien, die ihm zum Geburtstag den Tod wünschten. Aber wenn ich eines aus meiner Kindheit gelernt habe, so ist es der gravierende Unterschied zwischen Wunsch und Realität.

Trotz alledem buhlten meine Schwester und ich um die Anerkennung unseres Vaters, der einzigen erwachsenen Bezugsperson. So entstand eine gewisse Konkurrenz zwischen uns, die zusätzlich zu den ohnehin vorhandenen Formen von Futterneid und Geltungsbedürfnis zu Zankereien führte. Diese mehr oder weniger bewusste Teile-und-herrsche-Strategie meines Vaters funktionierte, vor allem, weil das solidarische Band immer wieder von mir im wahrsten Sinne des Wortes zerschlagen wurde. Einige deutlich sichtbare Narben auf meinen Handrücken erinnern noch heute an die bis aufs Blut geführten Duelle zwischen meiner Schwester und mir. Als Kind hatte sie wegen ihrer drei Jahre Altersvorsprung auch körperlich einen Vorteil. Ich wusste mir jedoch mit den faulen Tricks des Unterlegenen zu helfen – denn warum sollte ich fair kämpfen, wenn ich vorher wusste, dass ich den Kampf dann verlieren würde?

Diese Grundeinstellung zum Kampf mit allen Mitteln forderte schon früh ihren Tribut. Einmal musste meine Schwester nach einer Auseinandersetzung ins Krankenhaus eingeliefert werden. Sie hatte mich geschubst, und ich war mit dem Kopf gegen die Kante eines Schrankes geflogen, was ich zum Anlass nahm, *völlig freizudrehen.* Ich ergriff eine Spielzeugpistole aus Metall, die ich in Abwesenheit unseres Vaters damals bei mir trug, um mich stärker zu fühlen. In diesem Moment verfehlte dies seine Wirkung nicht. Ich benutzte sie als Schlagwaffe und hieb wie eine Furie auf den Hinterkopf meiner Schwester ein. Als ich wieder zu mir kam, stand sie in ihrem blutüberströmten Kleidchen vor mir und sagte in geistiger Gegenwärtigkeit zu mir, ich solle einen Krankenwagen rufen, aber sagen, dass wir gespielt hätten und sie mit dem Kopf gegen den Heizkörper gefallen sei.

Eine Lüge, die den Frieden im Haus erhält, ist besser als eine Wahrheit, die noch mehr Gewalt in Aussicht stellt. Ich rannte sofort zum Bäcker zwei Häuser weiter, weil wir damals noch kein Telefon besaßen. Meine Schwester wurde mit dem Notarzt ins Krankenhaus eingeliefert. Ich musste dann zu der Firma gehen, in der mein Vater arbeitete. Dort versuchte ich ihm zunächst unsere Geschichte aufzutischen. Aber meine Aufregung über das Erlebte, sein schneidender Blick und die Angst, die Lüge könnte anderweitig auffliegen, ließen mich meine Untat unter Tränen gestehen. In Anwesenheit seiner Kollegen schaute er nur streng und sagte, *darüber sprechen wir später noch.* Meine Schwester blieb eine Nacht im Krankenhaus. Sie hatte zum Glück nur eine Platzwunde am Hinterkopf und eine leichte

Gehirnerschütterung von meinem Angriff davongetragen. Mein Vater beschlagnahmte die Tatwaffe, nachdem wir aus dem Krankenhaus zurückgekehrt waren. Er benutzte sie sogleich als Utensil, um mir seine Lieblingsmoral auf unverwechselbare Weise näherzubringen: Er gab mir die Pistole und ließ mich ihre Schwere kurz in meiner Hand wiegen und die Kälte des Metalls spüren. Dann entriss er sie mir mit seiner rechten Hand, ergriff meinen Arm mit der Linken und schlug mit der Tatwaffe einige Male zu, während ich schreiend versuchte, mich aus seinem Griff zu lösen. *Was du nicht willst, das man dir tu', das füg auch keinem anderen zu.* Hier schloss sich ein unheilvoller Zirkel.

Mein Vater betonte häufig, er wolle nicht, dass ich wie er Elektriker werde. Trotzdem sollte ich lernen, was es bedeutet, *mit seiner eigenen Hände Arbeit Geld zu verdienen.* Rollende Schicht, Zeitarbeit – diese Erfahrungen sind für mich heute deshalb besonders prägend, weil ich seit meiner Zeit an der Universität eine andere Welt kennengelernt habe: In ihr verdienen Menschen mit ihren über Tastaturen sausenden Fingerspitzen legal deutlich mehr Geld. Dabei erforderte auch die Arbeit meines Vaters beim Einziehen der vieladrigen Kabel in den Stromkasten Fingerspitzengefühl. Und für das Überprüfen des Stromkreislaufs benutzte er ein Amperemeter. Es bestand aus zwei über ein Kabel miteinander verbundenen Messstäben mit gummierten Griffflächen. Einer der Stäbc hatte ein Lämpchen. Wenn es nach dem Einführen der beiden Messstäbe je in ein Loch der Steckdose aufleuchtete, verkündete mein Vater stolz: *Es fließt Strom.* Ein Werkzeug, das offenbar etwas Unsichtbares für jeden sichtbar machen konnte – gegen die Gewalt zu Hause hätte ich genau so etwas gebraucht.

Den Sprung ins digitale Zeitalter erlebte die Werkzeugkiste meines Vaters durch einen Multimeter, eine digitalisierte Variante des Amperemeters, die neben dem Stromfluss und ohmschen Widerstand auch Gleich- und Wechselstrom messen konnte. *Hochempfindlich* nannte es mein Vater und las zufrieden die Voltzahlen von der Anzeige ab. Das sensible Werkzeug war die modernste Technologie, die mein Vater zum Arbeiten benutzte. Hammer, Schraubenzieher und Zange wirkten dagegen auf mich veraltet und in ihrer Verwendungsweise plump. Sie alle erforderten nicht den behutsamen, fast schon grazilen Umgang, den mein Vater bei der Handhabung des Multimeters offenbarte.

Obwohl ich nicht Elektriker werden sollte, absolvierte ich mein Schulpraktikum 2003 bei der Firma meines Vaters auf Montagebaustellen *drüben in Frankfurt.* Einige der handwerklichen Grundlagen kannte ich von meiner vorherigen Mitarbeit auf Wochenendbaustellen. Um mir meine erste E-Gitarre zu verdienen, musste ich mit etwa dreizehn Jahren vierzig Stunden auf den Schwarzbaustellen meines Vaters arbeiten. Kabelkanäle fräsen, Kabel einziehen, mit Spachtelmasse verputzen und danach alles saubermachen. Ich konnte mir pro Stunde etwa fünf Euro verdienen – angesichts des damaligen Booms der Ein-Euro-Jobs durfte ich mich da *noch glücklich schätzen,* wie mein Vater wiederholt betonte. Arbeiten musste ich, wenn es nach ihm ging, *früher oder später eh lernen,* weil ich *in Zukunft nichts geschenkt kriegen* würde.

Während ich lernte, wie ein Mann im Schweiße seines Angesichts zu schuften hatte, erledigte meine Schwester daheim ihre Schulaufgaben. Sie wollte Ärztin werden. Am Ende reichten ihre Noten nicht. Studiert hat sie trotzdem.

Im Rückblick verstört mich am meisten, dass mein Vater niemals allein trank. Niemals war Alkohol im Spiel. Er schlug uns vollkommen nüchtern – in vollster Überzeugung und in der Hoffnung, jeder Schlag möge uns ein kleines Stück auf den richtigen Weg zurückkatapultieren. Manche Menschen müssen dazu gezwungen werden, dass *etwas Richtiges* aus ihnen wird.

Wenn ich heute darüber nachdenke, warum wir nicht dem Streit aus dem Weg gegangen sind, warum wir nicht einfach gehorchten und taten, was unser Vater sagte, so fällt mir auf, dass diese Fragen von einer internalisierten Schuldempfindung der Opfer zeugen. In der Übernahme der Perspektive des Peinigers wenden sich die Gepeinigten gegen sich selbst, indem sie sich die Schuld für die erlittene Gewalt geben.

Ich schildere Anekdoten aus meiner Kindheit und Jugendzeit nicht deshalb so ausführlich, weil ich daran glaube, dass sich damit alles weitere erklären oder gar rechtfertigen lässt. Vielmehr bin ich der Überzeugung, dass wir stark in dieser Zeit geprägt werden. Gewohnheiten und Routinen stellen sich in unserem Verhalten ein. Sie sind für das Gefühlsleben Jugendlicher prägend und können im Erwachsenenalter auch unter großem Aufwand meist nur teilweise verändert werden.

Andere zu schikanieren gab mir in der Schule für einen Augenblick das Gefühl, dass mich zumindest diejenigen anerkannten und cool fanden, die mit mir zusammen andere auslachten. Es gab mir ein Gefühl von Souveränität über mich selbst und andere. Ein Gefühl, das mir zu Hause fremd war. Ich war ein »Bully«. So werden im englischsprachigen Raum Jugendliche genannt, die meist sozial oder körperlich Schwächere schikanieren. Jungs, die »Jungskram« machen, hätte man dort gesagt, wo ich aufgewachsen bin.

Diese Abstumpfung durch verschiedene Formen von Gewalt zeigt bis heute ihre Folgen: Noch vor wenigen Jahren ließ es mich im wahrsten Sinne des Wortes kalt, wenn Menschen in meiner Umgebung weinten. *Ich bin halt abgehärtet, was das aktive Mitfühlen mit anderen betrifft,* dachte ich. Eine Ex-Freundin musste mir beibringen, dass es selbstverständlich sein sollte, sie in den Arm zu nehmen, wenn sie zu weinen beginnt.

Die Erfahrungen in meiner Kindheit haben etwas in mir getötet, das ich vielleicht nie werde wiederbeleben können: eine Zärtlichkeit, ein grundsätzliches Vertrauen im Umgang mit anderen Menschen. Wenn es mir heute ab und an gelingt, dieses Abgestorbene wiederzubeleben, fühlt es sich zum Teil wie gewollt und nicht gekonnt an. Es sind zaghaft-abgehackte Bewegungen eines Gefühlszombies – eine Art plumper Zärtlichkeit, die noch im Streicheln vor der Berührung zurückschreckt, die sie vollführt.

## Selbstbildnis des verlorenen Sohnes

Heute weiß ich, dass das Gemälde, auf das ich so oft gestarrt hatte, von Rembrandt stammt. Sein Titel lautet »Selbstbildnis als der verlorene Sohn im Wirtshaus«. Rembrandt hat es mehrfach überarbeitet und an den Seiten beschnitten. Es war zunächst wohl als typische Wirtshausszene gemalt. Später versuchte Rembrandt dann die Spuren der etwas verfänglichen Szenerie zu verwischen. Eine nackte Flötenspielerin und eine Anschreibetafel, die typisch für gewisse

Etablissements waren, übermalte er – sie lassen sich heute noch mit technischen Methoden unter der obersten Malschicht nachweisen. In der Kunstwissenschaft spricht man bei solchen Umarbeitungen an Kunstwerken von Pentimenten (»pentimenti«, Plural von italienisch »pentimento«: Reue). Die Künstlerin oder der Künstler zeigt ›Reue‹ für eine frühere Entscheidung.

In der Kunst heilt die Zeit nicht alle Wunden, sondern lässt sie wieder zum Vorschein kommen. Reue lässt frühere Verfehlungen nicht vergehen, macht sie nicht ungeschehen, verdrängt mehr, als dass sie verantwortet. Verantwortung hingegen zwingt, ohne etwas ungeschehen machen zu können, dazu, mit der Vergangenheit umzugehen. Aber, und das ist die Schwierigkeit, ohne in eine heroische Ersatzerzählung verfehlter Pflichterfüllung zu verfallen. Verantwortung heißt, aus den Fehlern der Vergangenheit nicht nur zu lernen und Besserung zu geloben, sondern tatsächlich etwas aus dem zu machen, was man gemacht hat.

Im Kindergarten zählte ich zu den Stärksten. Wenn einer meiner Freunde Probleme hatte, etwa ein entwendetes Spielzeug oder eine entglittene Meinungsverschiedenheit, kam er zu mir. Meine Versuche, als Streitschlichter aufzutreten, eskalierten nicht selten in handgreifliche Auseinandersetzungen, als deren Hauptverantwortlicher ich dann den Rest des Hofaufenthalts neben der Erzieherin verbringen musste. Wenn die Erzieherinnen dann meinem Vater von meinem Fehlverhalten berichteten, war der Ärger zu Hause vorprogrammiert.

Eindrückliche Erinnerungen an meine Kindheit habe ich viele, Fotografien jedoch keine. Denn mein Vater besitzt bis heute alle meine Zeugnisse und Urkunden, alle Fotos meiner Kindergeburtstage im Wohnzimmer unter dem Lächeln Rembrandts. Die hasenohrenartigen Hutfedern seiner Kopfbedeckung erinnern mich an die Kaninchen meiner Kindheit.

Aufrichtige Zärtlichkeit kannte ich eigentlich nur im Austausch mit den kleinen Fellknäuln, die, seit ich fünf Jahre alt war, in einem kleinen Stall in unserem Innenhof lebten. Sie wurden mir jeweils mehr oder weniger gewaltvoll entrissen. Das erste Kaninchen lag eines Morgens tot im Stall. Ich war gerade erst in die Schule gekommen. Die schwarzen Flecken, die sein schneeweißes Fell zierten, hatten eine unverwechselbare Ähnlichkeit mit den von Tintenklecksen übersäten Händen, mit denen ich es behutsam gestreichelt hatte. Das gefleckte Fell war auch an jenem Morgen noch so weich wie eh und je. Aber der leblose Körper selbst war starr und kalt. Fliegen umkreisten ihn wie winzig kleine Geier. Ich hatte bis dahin noch nie ein größeres totes Tier gesehen, das nicht schon für Ernährungszwecke zubereitet gewesen war. Gemeinsam mit meinem Vater und meiner Schwester, der das Kaninchen wenige Jahre zuvor geschenkt worden war, gingen wir in den Wald. Dort begrub es mein Vater außerhalb unserer Sichtweite.

Das zweite Mal war ich etwa dreizehn Jahre alt. Etwa ein Jahr davor hatte ich von einer Klassenkameradin zwei graue Zwergkaninchen aus einem großen Wurf bekommen, die für einige Zeit mein Ein und Alles waren. Sie wurden in unserer alten Badewanne, die als Regentonne im Innenhof stand, von irgendjemandem ertränkt. Ich habe sie mit eigenen Händen aus der Wanne gefischt, bevor ich weinend zur Schule lief. Nie zuvor hatte ich einem anderen Lebewesen gegenüber so viel Liebe empfunden, nie zuvor war ich so von der Grausamkeit dieser Welt überwältigt und von Hass erfüllt gewesen wie an diesem Morgen.

Für die dritte Kaninchengeneration fehlte mir dann die aufrichtige Liebe. Sie war im feuchten Grab ihrer Vorgänger versunken. Die Tiere blieben zurück, als mich mein Vater kurz vor meinem Abitur zum ersten Mal rauswarf. Ich sah damals keine Möglichkeit, mich weiter um sie zu kümmern, und hatte sie zuvor bereits vernachlässigt, weil mir Freunde, Schule, Freundin oder Politik wichtiger schienen. Ihr Tod wurde von mir in Auftrag gegeben. Der Schatzmeister und der Stellvertreter meiner neonazistischen Jugendorganisation haben sie *aus dem Weg geräumt.* Sie machten Meldung: angeblich in einen Sack gepackt und vor die Wand geschleudert. Das ließ mich nicht kalt, aber *es war notwendig,* dachte ich. Dabei konnte ich mich freilich nur auf das Wort meiner Kameraden verlassen. Denn als ich die sinnlose und zutiefst zynische Frage stellte, ob es *schnell gegangen* sei, schauten sich beide kurz an, nickten dann in Einigkeit und einer stammelte beklommen ein *Ja.* Bis heute habe ich Albträume von verwahrlosten Kaninchen, nicht nur ein oder zwei, sondern unzählige, die im Hof in einem kleinen Stall eingepfercht sind.

Die akustische Untermalung aller Albträume meiner frühen Kindheit waren schwere Schritte auf der Treppe. Heute ahne ich, dass es der in meinem Gehörgang vibrierende Pulsschlag meines eigenen Herzens war, der in meinen Träumen zum Vorboten des Grauens wurde. Mir scheint heute klar, vor wessen Schritten auf der Treppe ich mich eigentlich fürchtete. Als ich etwa fünf Jahre alt war, verbanden sich diese angsteinflößenden Schritte mit einer zentralen Monsterfigur aus dem Bestiarium deutscher Märchen: dem *bösen Wolf.* Im Grimmschen Märchen »Rotkäppchen« im Nachthemd der Großmutter als vertraute Familienangehörige getarnt, um auf diese Weise das appetitliche Mädchen in Greifweite zu locken – der Wolf im Schlafpelz. Heute sehe ich darin einen frühkindlichen Verarbeitungsversuch meines Alltags: Jemand ist plötzlich wie ausgetauscht, wird etwas anderes, und dieses andere Etwas nimmt die Rolle einer Person ein, von der man eigentlich Schutz und Zuneigung erwartet; dann attackiert sie plötzlich ohne Vorwarnung.

Die Angst vor dem bösen Wolf ging mit etwa sieben oder acht Jahren in eine Angst vor Werwölfen über. Ein Monster also, dessen Schrecken sich erneut darauf stützt, dass Bekannte, Freunde oder Familienmitglieder sich unerwartet zu rasenden Bestien verwandeln, die kein Flehen erhören und keine Gnade mehr kennen.

Solche Verwandlungsvorstellungen, in denen der Mensch zum bedrohlichen Naturwesen wird – »Werwolf« meinte ursprünglich Mann-Wolf oder Wolfsmensch –, veranschaulichen einen psychologischen Abwehrmechanismus, um Gewalttaten nicht der sie ausübenden Person zuschreiben zu müssen. In den meisten Fällen hängt man emotional an ihr oder ist, wie in meinem Fall, gar von ihr abhängig. Dann findet sich auf die Frage *Warum hat er mir das angetan?* die versöhnliche Verleugnungsfloskel: *Er hat es nicht so gemeint. Etwas hat ihn ergriffen und er konnte nicht anders. Aber er meinte es nur gut mit mir.* Die Suche eines Fehlers auf der falschen Seite – das Problem liegt nie bei der Person, die geschlagen, erniedrigt und gedemütigt wird, sondern bei der, die schlägt, erniedrigt und demütigt.

Das habe ich früher höchstens geahnt, jedoch nie wirklich verstanden. *Es gehören ja immer zwei dazu,* wurde mir früh eingetrichtert. Beide hätten gleichermaßen ›Schuld‹ und trügen Verantwortung für die Eskalation. Die lapidare Aussage löst Handlungszuschreibungen in Beliebigkeit auf. Dadurch verwischt die Grenze zwischen Leiderzeugenden und Leidtragenden.

Beides kann als Legitimationsversuch der Betroffenen verstanden werden, häusliche Gewalt gegen(-über) sich selbst zu rechtfertigen. Und zu oft wird das auch als Ausredeangebot von der ›anderen Seite‹ angenommen. Dann beginnt der Gewalttäter damit, die Last seiner Verwandlung zu beklagen: *Ich hab gar nicht mehr gewusst, was ich getan habe. Ich war nicht mehr Herr über meine Handlungen, meine Sinne, nicht mehr Herr meiner selbst.* Verselbstständigung des Selbst – dieses Ich ist ein anderer. Eine der eindrücklichen Drohungen meines Vaters aus jenem Repertoire war das gezischte *Hör auf damit, sonst vergess' ich mich!*

Die Figur des Werwolfs war auch in der Zeit meiner Radikalisierung von Bedeutung. Das Bestiarium der Nazis hat hat ihm eine herausragende Rolle zugewiesen: Der Reichsführer SS, Heinrich Himmler, hatte diesen Namen für die Freischärler-Verbände des Deutschen Volkssturms gewählt. Dieses letzte Aufgebot war angeblich absolut furchtlos, historisch betrachtet aber vor allem fruchtlos. Dennoch ranken sich heute um die »Werwolf«-Einheiten bei Neonazis unzählige Mythen. Es ist eine Legende, dass es nach der Kapitulation 1945 noch einen nationalsozialistischen Untergrund einiger Unverbesserlicher gegeben habe, die tagsüber beim Wiederaufbau halfen und sich nachts in die Büsche schlugen, um mit Gewehr und Panzerfaust bewaffnet das vor seiner Zeit dahingeschiedene »Tausendjährige Reich« am Leben zu erhalten. Ein propagandistischer Mythos, der zahllose Lieder, Bücher, Musikgruppen und sogar die rechtsterroristische Gruppe »Werwolf« hervorbrachte.

Werwolf werden, meine Ideen, meine Rasse bis aufs Blut verteidigen, auch das hat meine Verwandlung angetrieben. Dafür muss man hart werden und diszipliniert sein. In einem Moment freundlich und zuvorkommend und im nächsten ein eiskalter Killer. Es dauerte noch einige Jahre, aber als *ich eines Morgens aus unruhigen Träumen erwachte, fand ich mich in meinem Bett zu einem ungeheuren Ungetüm verwandelt.* Ich war ein Nazi geworden, mit einem Körperpanzer, der mich emotional und kognitiv gegen alles Feindliche und Fremde in der Welt abschirmen sollte. Und für eine ganze Weile tat er das auch besser, als mir heute lieb ist …

# II. Bildung einer autoritären Persönlichkeit

Auf den nachfolgenden Seiten zeichne ich die Stufen meiner Verwandlung und ihre Entstehungsbedingungen nach. Episoden aus meiner Schul- und frühen Jugendzeit, Szenen der Formierung einer autoritären Persönlichkeit durch geistige Bildung und die Ausbildung körperlicher Härte und Disziplin. Alltägliche Ereignisse in der thüringischen Provinz enthüllen dabei ihren ideologischen Kern. Viele Denk- und Verhaltensweisen, die ich später als Neonazi vertrat, habe ich zuerst im ›ganz normalen Alltag‹ in Eisenach kennengelernt und meiner damaligen Überzeugung gemäß *einfach nur konsequent zu Ende gedacht.*

## Die Wut kontrollieren lernen

Meine Verhaltensauffälligkeiten in der Kindergartenzeit, die besondere Aggressivität und Gewaltbereitschaft, wurden zeitgleich mit meiner Einschulung durch den Eintritt in eine Karateschule *in die richtigen Bahnen gelenkt,* wie mein Vater selbstgewiss behauptete: *Der Junge braucht Disziplin und muss sich körperlich austoben. Dann bekommt man den auch unter Kontrolle.* Tatsächlich lernte ich schon im ersten Schuljahr eine Lektion in Sachen Selbstkontrolle und erlitt sowohl beim Karate als auch auf dem Schulhof herbe Niederlagen durch stärkere Gegner. Solch eine Erfahrung, von der ich mich im wahrsten Sinne des Wortes niedergeschlagen fühlte, hatte ich außerhalb der eigenen vier Wände noch nicht gemacht. Die Grundschule und ihre Nachmittagsbetreuung im Hort wurden für mich weitere Räume, in denen ich jederzeit kampfbereit sein musste, um mich gegen mögliche Angriffe zu wappnen. Meine einstige körperliche Vormachtstellung aus dem Kindergarten hatte ich inzwischen eingebüßt. Das Gefühl körperlicher Unterlegenheit – es ging einher mit dem schon zuvor erworbenen Wissen, im Fall der Fälle allein dazustehen – war die erste Lehre, die ich aus dem deutschen Bildungssystem zog.

Eine wichtige Binsenweisheit aus dem Sprichwortrepertoire meines Vaters war: *Nicht für die Schule, für das Leben lernen wir!* Für das Leben in einer Ellenbogengesellschaft, wie ich erfahren musste: Die Schule fördert eine Konkurrenz um die besten Plätze im Klassenzimmer wie beim Sportfest. In ihr ringen wir ebenso um gute Noten und die Gunst der Autoritäten wie um den Stellenwert unseres *guten Rufs in den Cliquen.*

All das mutet mir heute wie eine Miniatur jener Gesellschaft an, zu deren *mündigen Bürgerinnen und Bürgern* die Schule uns erst noch erziehen sollte. Ein hier und da natürlich wenig detailgetreuer Nachbau, aber immerhin: ein Experimentierraum mit kleinen Menschen, zusammengepfercht und dabei mit Nachdruck zur (Zuge-) Hörigkeit aufgefordert. Manche der unfreiwillig Teilnehmenden wehrten sich gegen die Prozeduren und erhielten dafür halbjährlich die Quittung: *Christian sorgt für Unruhe in der Klasse. Oft fällt es ihm schwer, sich an Regeln zu halten und sich Autoritäten unterzuordnen.* Formulierungen dieser Art finden sich in den Zeugnissen meiner schulischen Erfolgsgeschichte von der ersten Klasse bis zur Abiturphase.

Fehlverhalten wurde im Grundschulunterricht durch rigoroses *Ausschimpfen* geahndet, das je nach Laune unserer Lehrerin mal lautstark und gerade auf den Kopf der Betroffenen zu, mal passiv-aggressiv im gezischten Unterton ausfallen konnte. Meist hielt ich ihren Tiraden, die mehr Schmähkritik als pädagogisch-wertvolles Feedback waren, nicht stand. Enttäuschung, Wut, Verzweiflung riefen die einzige Reaktion hervor, die mein junger Körper zur Verarbeitung dieser Emotionen kannte, ohne in rasende Gewalt auszubrechen. Ich brach in Tränen aus. Aber dieses äußere Zeichen meines inneren Schmerzes änderte nichts an den Umständen, die ihn hervorgerufen hatten. Die Tränen ließen für einen Moment die Realität verschwimmen, spülten sie jedoch nicht weg. Ich erhielt lediglich eine neue Charaktereigenschaft: *Der Junge ist nah am Wasser gebaut.*

»Boys don't cry« – die zum Songtitel der Band The Cure geronnene Floskel war schon das Mantra meiner Grundschulzeit. Dass

Weinen als Zeichen von Schwäche angesehen wurde, kannte ich schon von zu Hause, wo man(n) sich die Tränen möglichst zu verkneifen hatte, weil auf sie eher ein abschätziger Blick als Barmherzigkeit folgte. Durch den Kampfsport sollte meine Aggressivität gebändigt und ich selbst abgehärtet werden. Mit dem Training setzte die erste Militarisierung meines Körpers ein: Liegestütze, Sit-ups und Trizeps-Push-ups; gezielte Punches und Tritte »zum Kopf«. Als ich nach einiger Zeit auf andere losgelassen wurde, zeigte sich, dass ich sowohl im Technik-Kampf ohne Berührung des Gegners als auch im Semi-Kontakt nach Punkten äußerst erfolgreich war. Ein Punkt für einen Treffer auf Bauch oder Oberkörper, zwei Punkte für einen Kopftreffer. Ich gewann einige Pokale und Medaillen, die ich stolz in meinem Zimmer ausstellte. Zu gewinnen war auch ein gutes Gefühl, und später empfand ich mich beim Vollkontakt-Kickboxen als äußerst mächtig, wenn ich einen Gegner k.o. schlug – so musste sich mein Vater also vorkommen, wenn er uns verdrosch, dachte ich einmal. Natürlich sind die beiden Situationen kaum vergleichbar, weil wir für unseren Vater keine ernstzunehmenden Gegner darstellten.

Da wir kein Auto besaßen und die Eltern anderer Kinder nicht zu allen Wettkämpfen fuhren, nahmen mein Vater und ich einige Male die Bahn. Das waren vielleicht die einzigen wirklichen Vater-Sohn-Erlebnisse meiner Jugend, die nichts mit Heimwerken oder Schwarzarbeiten zu tun hatten. Aber sie waren immer von einem gewissen Erfolgsdruck überschattet, weil Zugfahrt und Anmeldung zum Wettkampf kostspielig waren.

Wenn ich einmal nicht unter die besten drei kam, gab es nichts als eine Urkunde, und alles schien umsonst gewesen zu sein. Auf einer dieser Reisen in das etwa hundert Kilometer entfernte Fulda durfte ich ausnahmsweise vor einem Wettkampf bei McDonalds essen. Das war sonst ein völliges No-Go. *Das ist nichts zu essen. Das ist reiner Müll, die pure Chemie! Da gehst du hungriger raus, als du reingekommen bist. Da kann ich das Geld auch direkt die Toilette runterspülen.* So lautete die Begründung. Meist wurde sie noch garniert mit ein wenig Amerikafeindlichkeit: *Drüben in Amerika fressen die nur sowas und schau dir an, wie fett die sind! Die fallen mit vierzig tot im Drive-in aus dem Auto, weil sie 'nen Herzkasper von dem ganzen Mist haben, mit dem sie sich vollstopfen.*

Als beim anschließenden Wettkampf in Fulda dann der Erfolg ausblieb und ich schon in der Vorrunde ausschied, wusste mein Vater natürlich sofort, wo die Ursache meines Versagens zu suchen war: *Mit so einer Chemie im Magen kann das ja nichts werden. Ich bin überrascht, dass du nicht gekotzt hast, bei dem einen Tritt in den Magen. Das hätte ich gern gesehen, wie er das hätte abwehren wollen.* Das gehörte zu den seltenen Anflügen von Humor meines Vaters, der eher selten lachte. Ohnehin war nicht klar, ob er gerade einen Witz machte oder vielleicht wirklich am Rand des Rings darauf gewartet hatte. Meist waren seine Witze wenig mehr als pure Schadenfreude und sein Humor im Rückblick einfach nur zum Kotzen.

Im Gegensatz zu mir durften drei meiner Cousins andauernd bei McDonalds essen. Sie kamen oft mit leeren Happy-Meal-Tüten bei uns zu Hause an, deren kalorienreichen Inhalt sie während der Anreise an der Autobahnraststätte bereits verzehrt hatten und die nur noch das zugehörige Spielzeug transportierten. Auch in vielen anderen Belangen sah ich sie als bevorteilt an und beneidete sie offen. Immer hatten sie die neuesten Spielkonsolen; sie konnten fast den ganzen Tag fernsehen oder zocken und durften in meinen Augen auch sonst machen, was sie wollten. Der älteste meiner drei Cousins war ein großer »Star Trek«-Fan und sammelte aktenordnerweise Karteikarten mit Informationen über die Raumschiffe, Technologien, Völker und Kulturen der Science-Fiction-Kultserie. Wenn die Familien sich trafen, schauten wir alle gemeinsam »Star Trek« und diskutierten manchmal noch im Anschluss darüber. Auch mein Vater sah die Serie gern mit meiner Schwester und mir zusammen an.

Star Trek regte mich dazu an, über die unendlichen Weiten des Weltraums und die Zukunft der Menschheit nachzudenken. Im Kindergarten spielten wir jeden Morgen die Abenteuer von Raumschiff Enterprise nach, mit mir als Captain Picard. Generell fühlte ich mich immer in Führungsrollen am wohlsten, egal ob beim Spielen, beim Sport oder später in der Schule und der Politik.

Dass auch eine nachgiebige und verständnisvolle Erziehung, wie sie meine Cousins genossen haben, nicht zwangsläufig zu Erfolgen führt, bewies der mittlere der drei Cousins, als er an der Schwelle zum Erwachsenenalter war. Er galt schon lange als Problemkind des

Trios und *trieb sich mit den falschen Leuten herum.* Jahre später, meine politische Orientierung zeichnete sich bereits immer deutlicher ab, vertraute er mir an, er sei Teil der unorganisierten Skinhead-Szene gewesen. Damals habe er aber auch Shore-Bleche geraucht. »Shore« ist die in der Drogenszene gängige Bezeichnung für Heroin. Ich kannte das Wort durch meine Hauptschulfreunde aus Eisenach schon im frühen Jugendalter.

Er hatte sich bereits ins Privatleben mit Frau und Kindern zurückgezogen, als er mir einige CDs aus seiner Zeit in der Skinhead-Szene gab, die ich dankend annahm. Neugierig fragte ich ihn, wie er in die Szene gekommen war und wie sich dies mit dem Konsum harter Drogen hatte vereinbaren lassen. Er antwortete ohne nachzudenken: *Ich war einfach wütend, und beides half mir auf verschiedene Weise dabei, meine Wut zu kanalisieren.*

Ich selber lernte die Wut über meine Lebensumstände durch das Karatetraining zu kanalisieren. Später sollte ein weiteres Ventil hinzukommen: Am Gymnasium würde ich von der physischen zu einer psychischen Kleinkriegsführung gegen meine Kontrahenten und gegen alle anderen übergehen, die mir ein passendes Ziel zu sein schienen.

Meine körperlichen Auseinandersetzungen nahmen bereits während der Grundschulzeit rapide ab – auch, weil ich fast gänzlich aufhörte, mich zu wehren. Ich wollte den Anweisungen meines Trainers folgen, um Ärger aus dem Weg zu gehen und ein Trainingsverbot zu vermeiden. Aber diese Form des gewaltfreien Widerstands war weder auf dem Schulhof noch auf den Straßen Eisenachs eine wirklich empfehlenswerte Taktik – und deswegen besiegt zu werden, machte mich nur umso wütender. Kampflos zu verlieren, konnte ich nur schwer ertragen. Schlimmer war eigentlich nur, alles zu geben und trotzdem zu verlieren.

Im Semi-Kontakt trat ich bei den Thüringen-Meisterschaften meines Verbandes an. Ich kämpfte mich bis ins Finale durch. Doch dort wurde mir und meinem Selbstwertgefühl eine vernichtende Niederlage beigebracht: Mit einem desaströsen 22 zu 5 verlor ich gegen einen Jungen mit Migrationshintergrund, der mich bei fast jedem meiner Angriffsversuche einfach vor den Kopf stieß – meist mit einem gezielten Tritt. Er war zu agil und beweglich, er war einfach deutlich besser als ich. Ich hatte nicht den Hauch einer Chance. Trotzdem rannte ich immer wieder gegen ihn an und weigerte mich, das Handtuch zu werfen. Schon allein deswegen, um mir nicht die Blöße vor den Augen meines Vaters geben zu müssen. Ein weiterer Tritt gegen meinen Schädel, der trotz des Kopfschutzes bereits brummte. Noch ein Ansturm und noch einer, bis ich völlig verzweifelt und zermürbt war und meine Tränen zusammen mit den Schweißperlen auf meinem Gesicht einen salzigen Strom meiner erfolglosen Anstrengungen bildeten.

Jahre später würden wütende Durchhalteparolen einen wichtigen Teil meiner politischen Glaubensbekundungen ausmachen: *Klagt nicht, kämpft – Sieg oder Tod – Deutschland muss leben, und wenn wir sterben müssen.* Außerdem, so würde ich meinen Nazikameraden erklären, sei ich *strenggenommen Thüringer Meister, weil mein Gegner ja eigentlich gar kein Thüringer war…*

## Großwerden in der ›gesenkten‹ Unterschicht

In den Nachrichten und im politischen Feuilleton wird oft von einer gehobenen Mittelschicht gesprochen. Damit sind meist gut situierte Menschen gemeint, deren primäre Sorgen sich nicht um Geld drehen, weil sie über ein ansehnliches Monatseinkommen verfügen. In Deutschland umfasst dies noch immer einen großen Teil der Menschen. Viele von ihnen haben ein nicht unbeträchtliches Erbe und erhalten Unterstützung von Eltern und Familie. Nicht alle Menschen, die viel Geld haben, haben sich dieses *hart erarbeiten müssen.* Wir leben, wie ein berühmter Fußballspieler der deutschen Nationalmannschaft anmerkte, nicht in einer Leistungs-, sondern in einer Ergebnisgesellschaft. Es zählt allein der Erfolg. Und für manche ist die größte Leistung ihres Lebens, erfolgreich in eine wohlhabende Familie hineingeboren worden zu sein. Aber die Mittelschicht schrumpft kontinuierlich. Die oft zitierte Schere zwischen Arm und Reich schneidet mehr und mehr Menschen vom wohlhabenden Teil unserer Gesellschaft ab.

Ich finde es interessant, dass wir in Fragen der gesellschaftlichen Stellung immer in Raummetaphern von Oben und Unten denken;

und wie bei der Klassifikation des politischen Spektrums gibt es auch hier eine vermeintlich neutrale Mitte, von der sich die meisten angezogen fühlen. So gesehen würde ich in Abgrenzung zur gehobenen Mittelschicht meinen eigenen sozio-ökonomischen Lebensmittelpunkt der Kinderzeit in der ›gesenkten‹ Unterschicht verorten. Gesenkt ist sie, weil es äußerst mühsam und nur unter großem Aufwand möglich ist, aus ihr aufzusteigen. Natürlich kann man die Senke auch auf halbem Wege wieder hinabpurzeln, sofern man es sich dort nicht ohnehin bequem gemacht hat. Man blickt die Schräge hinauf zur Mittelschicht und ist damit zufrieden, einige andere unter sich zu wissen. Es ist ein beruhigendes Gefühl, nicht der Letzte der Letzten zu sein.

Nur weil wir wenig Geld haben, musst du ja nicht rumlaufen wie der letzte Hänger, war ein mir häufig in den Rücken geworfener Ausspruch meines Vaters, wenn ich mich anschickte die Wohnung zu verlassen. *Du siehst schon wieder aus wie der letzte Schlumper!* Immer lag die Betonung darauf, irgendwie Letzter zu sein, irgendwie schlechter als jeder normale Mensch, wie mein Vater im Stil des aufstrebenden Unterschichtlers zu betonen nicht müde wurde. In diesem Sinne war ich ein Teil des Eisenacher Proletariats, das sich seiner Lumpen schämt.

Der Begriff Proletariat ist abgeleitet von dem lateinischen Wort »proles«, was etwa die »Nachkommen« heißt. Im antiken Rom bezeichnete es diejenigen Gesellschaftsmitglieder, die keinerlei Besitztümer hatten außer ihren Nachkommen. Dass mein Vater in diesem Sinne allein ein Proletarier war, scheint mir klar. Aber hinzu kommt noch die historische Verwendung des Wortes. Sie bezeichnet Menschen, die aufgrund ihrer Besitzlosigkeit von Land, Häusern oder Reichtümern keine andere Wahl haben, als ihre eigene Haut zu Markte zu tragen und *schuften zu gehen.* Mein Vater war in Auftreten und Gebaren ganz Teil der Post-DDR-Arbeiterklasse und ihres ›east-german dreams‹: *kraft der eigenen Hände Arbeit die Familie versorgen und von niemand anderem abhängig sein.* Der Mann ist dabei der Herr im Haus, weil er als Hauptversorger *das Brot auf den Tisch bringt,* wenngleich die Frau *auch gern arbeiten gehen kann.* In Bezug auf die wirtschaftliche Einbindung der Frau war die DDR fortschrittlicher als *die Gesellschaft der Klassenfeinde* im Westen. Im

Arbeiter- und Bauernstaat durften sie auch ohne Zustimmung des Ehemanns außer Haus arbeiten. Dies änderte aber nichts daran, dass sie zu Hause unbezahlt den Großteil der Sorgearbeit leisten mussten – wie auch heute noch.

Die Mauer war 1989 gefallen. Mein Vater gehörte aber zu jenen, in deren Köpfen die Mauer auch nach ihrem Fall fortbestand. Ich wuchs deshalb in dem Glauben auf, dass es in meiner näheren Umgebung hauptsächlich zwei Arten von Menschen gäbe: einerseits die *hart arbeitenden, aufeinander achtgebenden, vertrauenswürdigen* Ostdeutschen, meist schlicht *Ossis* genannt, andererseits *die faulen, hinterhältigen und unehrlichen Wessis, die hier nur unser hart erarbeitetes Geld abgrasen wollen.* Die eigene Gruppe erhielt alle positiven Merkmale, den anderen wurde alles Schlechte zugeschoben. Das ist strukturell anderen Freund-Feind-Konstruktionen meiner späteren Weltanschauung ähnlich. Die bereits vor der Wende zahlreich existierenden Stereotype über ›Ossis‹ und ›Wessis‹ – teils als Propagandastrategie im Kalten Krieg gebildet – blieben aber auch, was das Familienbild betrifft, gelinde gesagt ›anfällig‹.

Zunächst wollte ich eine Gesellschaft schaffen, in der es eine Familie, wie diejenige, in der ich aufwachsen musste, nicht mehr geben sollte. Familie, das hieß für mich von klein auf Vater, Mutter, Kinder im Plural. Und dieses Konstrukt wollte ich durch den Staat geschützt und unterstützt wissen. Angesichts meiner Kindheitserlebnisse war es für mich später an der Universität eine interessante Überraschung, dass sich das Wort »Familie« vom lateinischen »familia« herleitet, das etwa Hausdiener oder Sklavengesinde bedeutete. Erst seit etwa 200 Jahren wird das Wort »Familie« in einer engeren Bedeutung verwendet, ohne jedoch auf die sogenannte Kernfamilie aus Vater, Mutter und Kind reduziert zu sein. Trotzdem reden viele Menschen bis heute von einem »traditionellen Familienbild« und der »Verantwortung«, die man für diese »Keimzelle der Gesellschaft« trage.

Dass dieses Familienbild starke Kontinuitäten zur NS-Ideologie aufwies, wurde in weiten Teilen der westdeutschen Nachkriegsgesellschaft nicht als problematisch empfunden oder auch nur zur Kenntnis genommen. Zwar waren laut Grundgesetz Männer und Frauen gleichberechtigt, aber es brauchte Jahrzehnte, bis das Familienrecht nachgezogen hatte. Dieser ›traditionellen‹ Rollenverteilung entsprechend war der Mann als Oberhaupt und Alleinversorger der Familie vorgesehen. Die Frau blieb als Hausfrau und Mutter meist an den Herd gefesselt. Ehemännern wurde die Entscheidungsgewalt über Arbeitsmöglichkeiten und den Geldbesitz ihrer Frauen zugesprochen. Scheidungen waren bis 1977 noch durch das sogenannte Schuldprinzip erschwert, aufgrund dessen ein grobes Fehlverhalten einer der Ehepartner nachgewiesen werden musste, um eine rechtskräftige Ehescheidung zu erwirken. Dass dies jedoch keinesfalls ein einfaches Unterfangen war, verdeutlicht der Umstand, dass Ehemännern auch eine nahezu unumschränkte Verfügungsgewalt über Körper und Sexualität der Ehefrauen eingeräumt wurde. Vor allem Politiker der CDU/CSU wehrten sich bis 1997 erfolgreich gegen die Strafbarkeit von Vergewaltigung in der Ehe – in Österreich und der Schweiz erschien Vergewaltigung in der Ehe sogar erst 2004 als Straftatbestand. Sexualisierte Gewalt konnte somit nur in seltenen Fällen als Scheidungsgrund geltend gemacht werden.

Uneheliche Kinder wurden ebenso wie ihre Mütter vielerorts sozial geächtet. Verhütungsmethoden waren bis in die 60er-Jahre hinein nicht weitverbreitet und Abtreibung ist bis heute strafbar, wenngleich Ausnahmeregelungen unter bestimmten Voraussetzungen keine Strafverfolgung nach sich ziehen. Viele Konservative finden daran nichts Schlimmes und nicht wenige in den Reihen von CDU/CSU bis AfD machen sich heute als »Lebensschützer« gegen Abtreibung stark und versuchen erfolgreich, Informationen über Abtreibung als »Werbung« für sie zu denunzieren. Das Kernfamilienkonzept hat »'68« und die Neue Frauenbewegung überlebt und erlebt heute eine neue Konjunktur bis in liberale Kreise hinein. Die Rechte knüpft unverhohlen an das NS-Familienideal, die Brutstätte der einstigen deutschen Schicksalsgemeinschaft, an. Eva Herman bezeichnete es seinerzeit als vorbildlich und verlor dafür immerhin noch ihren Job beim Fernsehen.

Heute denken Menschen offenbar ebenso wenig wie ich als vierzehnjähriger »Pimpf« daran, dass die Familienpolitik des Dritten Reichs allein der Züchtung der Herrenrasse und ihrer Soldatenbataillone verpflichtet war. Wer diesen historischen Fakt auslässt, macht sich der Geschichtsverzerrung ebenso schuldig wie der Relativierung einer kriegsverherrlichenden Familienpolitik. Deren industriemäßige Produktionsvorgaben wurden durch Anreizsysteme an die Bevölkerung herangetragen: Es gab Ehestandsdarlehen und das »Ehrenkreuz der Deutschen Mutter« für »erbgesunde«, »sittlich einwandfreie« Mütter. Die Auszeichnungen variierten nach der Anzahl »deutschblütiger« Kinder: ab vier Bronze, ab sechs Silber und jenseits der acht gab es Gold. Die Familienpolitik des Nationalsozialismus lässt sich nicht von ihrer rassistischen Eugenik lösen, die den Herrenmenschen heranzüchten wollte.

Angesichts dieser deutschen Traditionslinien überrascht es mich heute wenig, dass auch ich mich für das hegemoniale Konzept der patriarchalen Kernfamilie erwärmen konnte. Immerhin war ich damit ja in gutbürgerlicher Gesellschaft.

## Erste Schritte aus den Kinderschuhen

Mein Vater, meine Tanten, meine Onkel und meine Großmutter väterlicherseits hatten in meiner Schwester das kleine Engelchen mit den guten Noten und den lustigen Aufklebern auf dem linken Brillenglas gesehen, während sie mich für einen kleinen Teufel hielten. Ich nahm diese Rolle aus Trotz nur allzu bereitwillig an. Als meine Schwester älter wurde und nicht nur den Aufkleber auf der Brille, sondern auch die Brille selbst ablegte und sich weniger den Diktaten ihrer Umwelt beugte, rang sich mein Vater einmal zu der Aussage durch: *Bisher warst du immer die, die sich benommen hat. Fängst du jetzt auch so an wie dein Bruder?* Ich war zugleich stolz auf die Aufmüpfigkeit meiner Schwester und neidisch, dass sie mir nun auch noch diese Rolle abspenstig machen wollte. Die Angst des *kleinen Mannes,* auch das wenige, was er sein Eigen nennen möchte, an andere zu verlieren, war lange Zeit auch meine Lebensrealität.

In dieser Zeit dachte ich oft darüber nach, von zu Hause wegzulaufen. Aber ich wusste weder wohin noch war ich dazu mutig genug. Was, wenn sogar die Polizei hätte eingeschaltet werden müssen, um mich zu suchen? Welch öffentliche Bloßstellung meines Vaters, wenn in der Schule alle davon erfahren würden. All das löste in mir die Furcht vor einer unvorstellbaren Strafe aus, die ich niemals auf mich ziehen wollte. Deshalb wählte ich den vermeintlich einfacheren Weg von Unterwerfung und Verzweiflung.

Gedanken an Selbstmord waren meiner Schwester und mir damals nicht fremd. Als mir meine Schwester einmal androhte, mich bei unserem Vater zu verpetzen – das war immer die ultimative Waffe bei Streitigkeiten –, setzte ich mich einmal demonstrativ aufs Fensterbrett im zweiten Stock und sagte ihr, ich würde springen, wenn sie nicht verspräche dichtzuhalten. Diese Strategie hatte ich von ihr übernommen: Sie hatte in einer ähnlichen Situation einmal ein Messer drohend auf die Oberseite ihres Unterarms gedrückt. Ihrem Vorbild folgend kam ich nicht eher herunter, bis sie mir geschworen hatte, mich nicht dem Zorn unseres Aufsehers auszuliefern. Ein Sturz aus dieser Höhe hätte nicht für den sicheren ›Freitod‹ gereicht. Aber die Geste verfehlte ihre Wirkung bei meiner Mitgefangenen nicht.

Das ist eine heute für mich unfassbare Strategie, die aus der Not völliger Verzweiflung geboren war: die Androhung, den eigenen Körper zu malträtieren und zu zerschmettern, weil man keine andere Möglichkeit sieht, von ihm Besitz zu ergreifen und ihn vor der väterlichen Allmacht zu schützen – Selbstverletzung als ohnmächtiges Druckmittel. Aber damals wirkte alles auf mich aussichts- und ausweglos, obwohl ich vor offenen Türen und Fenstern stand.

Im zweiten Schuljahr am Gymnasium ließ ich mich vom Karate abmelden. Das war kurz vor der Prüfung zum schwarzen Gürtel, die mit einem nicht unerheblichen finanziellen Aufwand für meinen Vater verbunden gewesen wäre. Sicherlich einer der Gründe, warum er ohne größere Einwände zustimmte. Meine Entscheidung resultierte jedoch weniger aus wirtschaftlichen Gründen denn vielmehr aus meiner Langeweile: Ich hatte längst keine spannenden neuen Techniken mehr gelernt und das Gefühl, Karate sei eher eine auf andere Weise körperbetonte Art des Ausdruckstanzes als ein *wirklicher* Kampfsport. Ich war deshalb öfter nicht zum Training gegangen, was für meinen Vater gleichbedeutend mit dem Verbrennen seines Geldes war. Dass ich mich kurz darauf entschied, Fußball im Verein zu spielen, war für ihn in jedem Fall eine finanzielle Entlastung.

Meine Schwester erkämpfte sich ihren Körper erst mit Eintritt in die Pubertät durch exzessiven Sport und die Kontrolle ihrer Ernährung zurück – ein Tun, das mein Vater freilich abschätzig beäugte und schnell maßregelte. *Wenn du so weitermachst, siehst du ja bald nicht mehr aus wie eine junge Frau. Du bist doch hübsch, wie du bist, warum versuchst du dich so runterzuhungern? Welcher Mann will denn so einen Strich in der Landschaft? Das sieht doch nicht mehr gesund aus!*

Wie auch ich wurde sie während der Schulzeit als *zu dick* bezeichnet. Und wie ich später auch, begann sie mit intensivem Kraft- und Ausdauersport. Für meinen Vater war allein unsere Mutter schuld, die meiner Schwester angeblich *lauter Flausen in den Kopf* setzte. Bald war auch das von meiner Schwester frequentierte Fitnessstudio als verbrecherische Instanz eingestuft, die seine Tochter zuerst in die Sport- und dann in die Magersucht getrieben hätte. Er selbst habe daran freilich keine Schuld. Die trügen die anderen, *die Verbrecher:* das Fitnessstudio und wenig später das Jugendamt, das sie ins betreute Wohnen holte; zuvor war sie wegen ihres zwischenzeitlich gravierenden Untergewichts in stationärer Behandlung gewesen.

Nachdem das Jugendamt meine Schwester *gerettet hatte,* wie sie einmal selbst sagte, saß mein Vater weinend in der Küche und sprach selbstmitleidig über sein Scheitern: *Ich hab' euch immer mit sauberen Klamotten in die Schule geschickt. Ihr habt immer genug zu essen gehabt. Ich hab' alles versucht.* Die Fehler lagen bei den anderen, Gefühle des Scheiterns wurden in Wut auf die ›eigentlichen‹ Schuldigen umgewandelt. Dass eine glückliche Kindheit und eine erfolgreiche Erziehung mehr verlangen als genug zu essen und saubere Kleidung, konnte mein Vater offenbar nicht verstehen.

Ich selbst versuchte in meinen frühen Jugendjahren etwas anders mit meiner allgemeinen Unzufriedenheit umzugehen. Meine Schwester hatte mir, als ich etwa elf oder zwölf war, Punkrock und Metal vorgespielt. Die brachiale Energie dieser Musik zog mich sofort in ihren Bann. Wenig später hing ich nach der Schule oft bei Alkopops zusammen mit Gleichaltrigen von meinem Gymnasium, von der Waldorfschule und mit den Punks auf dem Marktplatz ab. Oder ich chillte im Südviertel Eisenachs mit meiner Clique von der Hauptschule, die eher Hip-Hop, später aber auch Rechtsrock hörte.

In dieser Zeit fing ich damit an, Gitarre zu lernen und mir die Haare überschulterlang wachsen zu lassen. Mein Vater, der in seiner Jugend selbst lange Haare gehabt hatte, war demgegenüber eher gleichgültig. *Wenn du die anständig pflegst, dass du nicht rumläufst wie ein ranziger Wischmopp, kannst du das machen. Sonst kommen die einfach ab!* Eine Glatze wäre hingegen undenkbar gewesen, sowohl für mich selbst als auch für meinen Vater.

Ich interessierte mich damals immer weniger für die Schule. Meine Noten wurden in den ersten Jahren am Gymnasium kontinuierlich schlechter. Trotzdem reichte mein Notendurchschnitt Anfang des siebten Schuljahres noch für die Aufnahme in die sogenannte Matheklasse, die als Eliteklasse galt. In der Schule war ich der ›Ausnahmeschüler‹. Wie angedeutet leider nicht in erster Linie wegen meiner Noten. Ich zündete Böller auf dem Schulhof, bewarf Menschen mit Klobürsten oder verließ verbotenerweise den Schulhof, um zu rauchen – das waren die Vergehen, die mir angelastet wurden und nachgewiesen werden konnten. Schikane und Mobbing gegen andere Schülerinnen und Schüler wurden vom Lehrpersonal zum Großteil als *ganz normales pubertäres Verhalten* abgetan. Dass ich außerdem gern die Schule schwänzte, indem ich krankfeierte, fiel offenbar nicht weiter auf.

Trotzdem oder gerade deswegen sollte die Matheklasse eine Art Familienersatz werden, bis ich mir noch eine zweite Familie in der Naziszene zulegen würde. Die Grenzen meines Freundeskreises bedeuteten die Grenzen meiner Welt.

In dieser Zeit begann ich damit, die ersten Rechtsrocklieder zu hören. Die Musik bekam ich von Schulfreunden. Sie hatten die Lieder aus dem Internet gezogen. Bei uns daheim gab es erst Internet, als ich 2006 in die Sekundarstufe II kam. Auf den Playlists der selbstgebrannten CDs meiner Freundinnen und Freunde erklangen Lieder der Naziband Landser wie selbstverständlich zwischen Songs von Die Toten Hosen, Samy Deluxe, Slipknot oder System of a Down.

Auf Schulausflügen sangen und lachten von der Matheelite des Gymnasiums alle, die sich als Herren(-menschen) der Schöpfung sahen, über Landsers »Polacken Tango«.

»Wenn ich das seh, werd ich echt sauer,
Polackenlümmel schreien White Power,
Oh, wie ich dieses Scheißvolk hasse,
Seit wann gehören Polacken zur arischen Rasse?

Wenn bei Danzig die Polen-Flotte im Meer versinkt
Und das Deutschland-Lied auf der Marienburg erklingt
Dann zieht die Wehrmacht mit ihren Panzern in Breslau ein
Und dann kehrt Deutschlands Osten endlich wieder heim.«

Wer nicht mitjohlte oder durch zustimmendes Lachen partizipierte, blieb lieber ruhig. Denn wer aufmuckte, wurde als Spaßbremse niedergeschrien. Lehrkräfte konfiszierten einmal eine der CDs, die dann aber niemandem gehören wollte. Insgesamt hielt der feste Kern der *coolen Kids* in der Klasse zusammen und in heiklen Situationen auch dicht – verschworene Kumpanei einer schulischen Schicksalsgemeinschaft.

In unserer Wohnung hatte mein Vater noch zu DDR-Zeiten eine Zentralheizung installiert, die mit Kohle und Koks betrieben wurde. *Das war damals richtiger Luxus,* sagte er oft stolz, wenn wir ihn genervt fragten, warum wir die Einzigen aus unserem Bekanntenkreis waren, die nach der Jahrtausendwende noch ausschließlich mit Kohlen heizten. Der Mietvertrag war quasi ein Relikt des Kalten Krieges. *So günstig wie hier finde ich nie wieder eine so große Wohnung.* Deshalb waren weder ein Umzug noch der Einbau einer modernen Heizungsanlage eine Option. Vor allem für mich bedeutete dies von Kindesbeinen an Kohlenschleppen. Anfangs trug ich nur etwa ein halbes Dutzend Briketts im eigens hierfür angeschafften Sandkasteneimer aus Metall mit Marienkäferaufdruck vom Keller in die Wohnung. Irgendwann legte mein Vater fest, dass ich *jetzt groß genug* sei, die richtigen Eimer zu tragen, die je etwa fünfzehn Kilogramm Kohlen fassten. Körperliche Arbeit war für meinen Vater *Männersache.* Seine Versuche, mir die Plackerei schmackhaft zu machen, scheiterten schon daran, dass der Keller der mir unliebste Ort des Hauses war. Bis in die Pubertät hinein bekam ich manchmal noch Gänsehaut, wenn ich in das alte Gemäuer hinabstieg. Seine spinnwebverhangenen Backsteinwände liefen in finstere Ecken aus, die das gruselige Prasseln vereinzelt von der Decke tropfender Flüssigkeiten verstärkten.

Mit meinem Schicksal versöhnte mich auch nicht, dass der in Aussicht gestellte Muskelzuwachs sich tatsächlich, wenngleich nur sehr punktuell, einstellte. Die scharfe Auffassungsgabe pubertierender Jugendlicher nahm dies sofort zielsicher ins Visier: *Alter, was hast du denn für einen Schweinenacken?!,* hieß es in der Umkleidekabine. In Anlehnung an meinen Spitznamen *Whity* bürgerte sich dann schnell auch *Schweity* ein.

Dieselbe Auffassungsgabe hatte schon die Abwesenheit von Markenkleidung stilbewusst kritisiert. Damals standen hauptsächlich Hosen, Shirts und Pullover von Skatermarken hoch im Kurs, was sich in ihren horrenden Preisen niederschlug. Wenn ich ›Markenklamotten‹ trug, dann kamen sie aus einem Land östlich des deutschen Ostens.

*Frühmorgens losfahren, wenn die Autobahnen und Grenzübergänge noch relativ frei sind. Dann kommst du so an, dass du schon mal eine Runde auf dem Fidschi-Markt drehen kannst, bevor es Mittag wird. Dann schön Gulasch und Knödel mit Bier und die zweite Runde bei den Fidschis. Schön stangenweise Zigaretten für die Arbeitskollegen mitnehmen, einmal richtig volltanken und die zwei, drei Bier vom Mittagessen hast du dann schon wieder ausgeschwitzt, bis du am späten Nachmittag zurückfährst.* So beschrieb ein Freund meines Vaters einen erfolgreichen Samstagsausflug *rüber in die Tschechei,* wohin er uns auch einige Male mitnahm.

*Sowas konnten wir ja früher nie machen,* erklärte man mir. Für mich waren es dann Tage ausgedehnten Shoppens, an deren Ende tatsächlich das in meinen Tüten landete, was ich auch wollte, selbst wenn die Adidas-Klamotten manchmal vier Streifen hatten. Mein Vater entwickelte gönnerhafte *Was-kostet-die-Welt-Allüren* und ließ sich zu spendablen Gaben überreden. *In der Tschechei kriegst du für eine Mark eine Schubkarre voll mit dem ihren Plastegeld.*

Mein Vater rechnete noch einige Jahre nach der Einführung des Euros alles in D-Mark um und regte sich auf, dass alles immer teurer würde, *weil sich die ganzen Verbrecher da oben die Taschen voll machen* würden. Bei den Ausflügen ins tschechische Konsumparadies kehrte sich dieser Spieß endlich mal um, und mein Vater konnte aus dem Vollen schöpfen. Hier ahnten wir für einen kurzen Moment, wie es sich anfühlen musste, den ›west-german dream‹ konsumbezogener Freizügigkeit zu leben. Dafür ist mein Vater ’89 auf die Straße gegangen …

Für mich bedeutete der vorübergehende Wohlstand aber besonders eines: Musik-CDs. Zwar waren sie auch hier selbstgebrannt, aber sie hatten ein abkopiertes Cover und Booklet, sodass man das Gefühl haben konnte, das Originalalbum zu besitzen. Mein Taschengeld reichte in Deutschland nur für eine CD im Monat. Bis mein Vater seine Taschengeldauszahlungen als Druckmittel benutzte und völlig einstellte. Ab diesem Zeitpunkt musste ich entweder bei ihm schwarzarbeiten, meine alten Spielsachen zu Geld machen oder auf Schenkungen reicher Freunde hoffen, um die Objekte meines Begehrens erstehen zu können.

Außerdem lernte ich auf den »Fidschi-Märkten« der tschechischen Grenzregionen vom Freund meines Vaters das Feilschen: *Na, den ersten Preis, den der sagt, nehme ich aus Prinzip nicht an und tue erst mal so, als würde ich weitergehen. Wenn er dann einen niedrigeren Preis stammelt, sage ich ihm, dass das immer noch teurer sei, als ich es drüben bei einem Kollegen von ihm gesehen habe. Wenn er dann immer noch nicht einlenkt, hole ich das Geld, das ich zu zahlen bereit bin, raus und wedle ein wenig beim Diskutieren damit herum. Dann macht die Gier den Rest. Man darf sich nicht von den Fidschis übers Ohr hauen lassen.*

Keinerlei offene Abwertung schwang in der stetigen Verwendung des Wortes »Fidschi« mit, weder bei dem Freund meines Vaters noch bei diesem selbst. Sie sagten es beide so unaufgeregt und selbstverständlich, als würden sie von einem Nachbarn oder Arbeitskollegen sprechen. Für sie war es ganz normal, so zu reden. Das Wort war für sie schlicht eine Gruppenbezeichnung wie jede andere. *Rassismus? Nicht die Bohne!* Würden sie wohl heute noch sagen. Die Bezeichnung meinte in der DDR vor dem Mauerfall nicht etwa Menschen aus dem gleichnamigen pazifischen Inselstaat. Vielmehr bezeichnete das in der DDR-Zeit geläufige Wort die Gastarbeiterinnen und Gastarbeiter aus dem *Bruderstaat* Vietnam und wurde zu einer rassistischen Bezeichnung für alle als ›asiatisch‹ wahrgenommenen Menschen. Aber mein Vater nannte keinesfalls alle Menschen *Fidschis,* die er dem asiatischen Raum zuordnete.

Im restlichen deutschen Sprachraum finden wir das Pendant zum »Fidschi« in der nicht weniger alltagsrassistischen Vorstellung, dass im Asia-Imbiss nur Chinesen arbeiten. Denn wenn es ums Essen geht, heißt es auch heute stets: *Wir gehen zum Chinesen.* Die wirkliche Herkunft oder Selbstbezeichnung der Personen aus dem Asia-Imbiss ist dabei völlig egal. Fast niemand fragt danach und keinen interessiert es wirklich. Wir verstanden, was gemeint war: *Leckel Chinanudeln flessen gehen,* sagten meine Schwester und ich und zogen unsere Augenwinkel mit den Fingern auseinander. *Na,* sagte mein Vater dann einmal lachend, *lasst das, wenn wir gleich beim Chinesen sind, lieber mal bleiben, sonst spucken die uns noch ins Essen.*

Was bei uns daheim als unproblematischer Spaß durchging, wurde in der Schule von mir und einigen Klassenkameradinnen und -kameraden als elterliche Erlaubnis interpretiert, alle Mitschülerinnen und Mitschüler mit Migrationshintergrund nur noch mit rassistischen Gruppenbezeichnungen anzusprechen.

## Richtig erwachsen werden – Jugendweihe und politische Konfirmation

Anfang des neuen Millenniums veränderte sich die politische Landschaft der Bundesrepublik Deutschland durch eine Reform des Sozialsystems und Arbeitsmarktes erheblich: Die Agenda 2010 war die wohl größte Umstrukturierungsmaßnahme der BRD seit der Nachkriegszeit. Federführend wurde sie von der deutschen Sozialdemokratie auf den Weg gebracht und ist heute besonders für den Schikanenapparat von Hartz IV und die Verschlechterung der Lebensverhältnisse am unteren Ende der Gesellschaft berüchtigt. *Wer hat uns verraten? Sozialdemokraten!* Diesen geschichtsträchtigen Spruch aus der Anfangszeit des Ersten Weltkrieges hörte ich damals zum ersten Mal – aus ganz verschiedenen Ecken.

Ich wusste bis dahin nur, was mir mein Vater gesagt hatte: *Politiker sind alle gleich – machthungrig, verlogen, geldgeil, korrupt!* Manche Politiker waren aber scheinbar noch verlogener und korrupter als andere. Anders lässt sich der Vorwurf des Verrats ja nicht begründen. Verraten kann ich nur etwas, wofür ich zuvor aufrichtig eingestanden bin. Ich selbst habe auf dem Feld des Verrats eine gewisse Expertise – denn meinen alten Kameraden gelte ich heute als Verräter.

Etwa in der Zeit meiner Jugendweihe Anfang der Nullerjahre wollte mich mein Vater ins Reich des Politischen einführen. Damals gab es dafür das perfekte Ereignis, wenngleich ich vermute, dass er sich den Ausgang anders vorgestellt hatte. Jeden Montag versammelten sich 2004 auf dem Marktplatz Bürgerinnen und Bürger sowie das stadtbekannte Personal der politischen Parteien, um gegen die Agenda 2010 zu protestieren. Neben den Parteien aus dem Land- und Bundestag gehörte dazu auch die Marxistisch-Leninistische Partei Deutschlands (MLPD). Mein Vater stellte mir den Kauf einer Ausgabe ihres Jugendmagazins »Rotfüchse« frei. Mich interessierten aber weder die marxistisch-leninistischen Revolutionsvorstellungen noch die Reden der »Blockparteien«, wie die etablierten Parteien damals schon (wieder) genannt wurden. Besonders faszinierend fand ich dagegen den geschlossen auftretenden Block der Nazis mit schwarzen Fahnen, auf denen in Frakturschrift »Eisenach« stand.

Die Gruppe wurde die ganze Zeit verbal angefeindet und nahm dies teils gelassen, teils hämisch grinsend hin. Vor allem die Reaktion des Anführers auf die verbalen Attacken und Aufforderungen, den Marktplatz zu verlassen, machte großen Eindruck auf mich: Irgendwann trat er mit einem Megafon in der Hand aus dem Spalier der Kameraden hervor, um eine kurze ›Ansprache an das Volk‹ zu halten. Er sagte in etwa: *Liebe Bürgerinnen und Bürger Eisenachs, wir sind ebenfalls hier, um gegen sozialen Raubbau am deutschen Volk zu protestieren, der von den etablierten Parteien vollzogen wird. Die gleichen Parteien, die hier scheinheilig vorgeben, gegen den Sozialabbau zu protestieren, den sie selbst ins Werk gesetzt haben. Die Anfeindungen gegen uns zeigen nur, dass sie Angst vor der tatsächlichen Alternative zu den Blockparteien haben. Jene Blockparteien, die ihre Versprechungen vom Aufbau Ost nicht eingehalten haben und uns jetzt auch noch mit Sozialabbau beschenken. Gegen diesen Raub am deutschen Volk machen wir uns als Nationalisten stark. Denn wir sind frei, sozial und national.* Danach rief die Gruppe geschlossen einige Male laut *FREI – SOZIAL – UND NATIONAL,* bevor der Sprecher wieder in der Menge seiner Kameraden verschwand.

Ein derart souverän wirkender Auftritt angesichts offener Anfeindung, gepaart mit der klaren Elitenkritik an den Blockparteien, die ich schon von zu Hause kannte, beeindruckte mich. Er war für mich deutlich imposanter als die wenigen, meist älteren Herren und vereinzelten, teils noch älteren Damen, die von den Treppen des Rathauses aus in ein Mikrofon krächzten, um die anwesenden Bürger und Bürgerinnen zum Wählen ihrer Parteien zu bewegen. Zumindest war dies mein damaliger Eindruck.

Dieses Erlebnis war wohl ein wichtiges Vorspiel meiner politischen Konfirmation, die einige Zeit später mit der Aufnahme in die Kreise der protestierenden Deutschtümelei vollzogen werden sollte. Vorerst aber stand als nicht kirchliches Äquivalent zum protestantischen Initiationsritus meine Jugendweihe an, die in der DDR zur Aufnahme der ›freien deutschen Jugend‹ in den Kreis der Erwachsenen praktiziert wurde. Sie findet bis heute meist im Alter zwischen dreizehn und fünfzehn Jahren statt.

Wie zu erwarten war, versuchte mein Vater das unaufhaltsam herannahende Event als Erpressungsmittel gegen mich zu verwenden. *Wenn du dich jetzt nicht zusammenreißt und machst, was ich dir sage, kannst du dir deine Jugendweihe in die Haare schmieren.* Das habe ich ihm nicht abgekauft. Schließlich wäre ich dann ja der Einzige in meiner Klasse gewesen, der keine Jugendweihe gehabt hätte. Das wäre wahrscheinlich als Verfehlung seiner Erziehungsfähigkeiten aufgefasst worden – eine für meinen Vater ausgesprochen unerträgliche Vorstellung. Er bluffte jedoch so lange, dass bereits alle günstigen Restaurants und Räumlichkeiten für das Jugendweihwochenende in Eisenach ausgebucht waren. Letztlich musste er einen der teuersten Räume in einem Viersternehotel anmieten, um sich keine Blöße zu geben. Er entschied sich, aus der exquisiten Location das Beste zu machen, und trank einen Wein nach dem anderen. Gegen Mitternacht gingen wir auf ein Straßenfest, das an diesem Wochenende die Innenstadt der Provinzmetropole belebte.

Niemals zuvor hatte ich ihn in einem derart alkoholisierten Zustand erlebt. Wie er mir nicht ohne Stolz präsentierte, hatte er im Festsaal ein mit Mousse au Chocolat befülltes Sektglas in die Innentaschen seines Jacketts gesteckt. *Für später,* feixte er, mir zuzwinkernd, während wir gemeinsam auf das Stadtfest torkelten.

Meinen eigenen ersten Vollrausch hatte ich bereits zwei Jahre zuvor erlebt, bei einer Wette unter dem Motto: *Du kriegst 'nen Zwanni, wenn du es schaffst, 'nen 30er-Packen Kleiner Feigling in unter zwei Minuten zu saufen.* Ich schaffte es in 1:24 Minuten. Und 1:24 war auch in etwa das Mischungsverhältnis von festen Bestandteilen und Wasser in derjenigen Substanz, mit der ich wenige Stunden später die Blumenrabatte des spendablen Freundes besprenkelte, der sowohl die 30er-Packung als auch die versprochenen 20 Euro für mich hatte springen lassen. Ich hatte also eine sehr deutliche Vorstellung vom Tunnelblick und von der eingeschränkten Kontrolle über die motorischen und anderen Körperfunktionen, die mein Vater nun erlebte.

Auf dem Straßenfest angekommen, traf mein Vater einen alten Bekannten, mit dem er Bier zu trinken begann. *Wein auf Bier, das rat ich dir. Bier auf Wein, das lass sein,* so kommentierte er, wie immer die passende Volksweisheit parat, am nächsten Tag. Ich erhielt noch gönnerhaft unbegrenzten Freigang für den Rest des Abends und traf mich mit Freundinnen und Freunden, von denen die meisten ebenfalls ihre Jugendweihe gefeiert und als frisch getaufte Erwachsene verlängerten Ausgang hatten.

Wir gingen in die einzige Metal-Kneipe Eisenachs, das Valhalla, wo wir sonst nie länger als bis kurz nach Mitternacht saßen. Nach der Geisterstunde war die Metal-Kneipe ein Anlaufpunkt für die Gespenster der Vergangenheit, das Eisenacher Nazi-Bestiarium. Auch an diesem Abend erblickten wir die einschlägigen Figuren, die uns überrascht anblickten, als wir an einem der Tische neben dem Eingang Platz nahmen. Sofort näherte sich uns einer der Kneipenbesitzer, der oft hinter dem Tresen stand und uns daher vom Sehen kannte. *Ich glaube, ihr geht besser wieder,* sagte er. *Wenn jemand rausfindet, dass wir nach zwölf Minderjährige bewirten, kriegen wir richtig Stress. Vor zwölf ist ok, aber nachts um halb drei geht echt gar net.*

Wir irrten noch einige Zeit durch die Straßen, fanden aber keine andere Kneipe und auch einen bei Nacht geöffneten Kiosk gab es nicht. So saßen wir, die jungen Neuerwachsenen, am Ende *unseres großen Abends* auf einer Parkbank auf dem Trockenen. Wir verabschiedeten uns und brachen nach Hause auf.

Vor der Haustür angekommen, sah ich, dass sie halboffen stand. Etwas, das unter keinen Umständen passieren sollte, wie mir mein Vater immer wieder eingebläut hatte. Seit jenem Morgen, an dem ich meine Kaninchen in der Badewanne gefunden hatte, war auch ich dieser Überzeugung. Ich trat ein, zog die Tür verwundert hinter mir zu und durchquerte leicht torkelnd den Hausflur. Als ich die Wohnungstür öffnete, stieg mir sofort ein beißend-säuerlicher Geruch in die Nase. Ich erblickte links von mir einen Lichtkegel, der aus dem Spalt der leicht geöffneten Toilettentür fiel. Als ich sie langsam öffnete, sah ich, wie es aussehen kann, erwachsen zu sein: Mein Vater saß auf dem Klo, mit dem Körper nach vorne links übergefallen. Das Einzige, was ihn davon abhielt, geradewegs von seinem ›Thron‹ zu stürzen, war sein Arm, den er auf dem Waschbeckenrand aufgestützt hatte. Sein Kopf lag in der Armbeuge und hing dadurch halb im Waschbecken.

Als er mich in der Tür stehen sah, schaute er auf, griff unversehens mit der rechten Hand ins Waschbecken und pulte sorgfältig einige Brocken heraus. Er balancierte dabei seinen Kopf auf dem linken Arm. Sein Haupt rotierte kreisförmig im Rhythmus seiner Hand, die gerade im Waschbecken einen Strudel anrührte, um das Abfließen zu beschleunigen. Wenige Augenblicke später erbrach er sich in das noch halb gefüllte Waschbecken und erweiterte dabei die Insellandschaft am Fuße seines Thrones um ein weiteres Breiland.

Der Herrscher über diese Inselmassen erschien mir als ein zutiefst hilfsbedürftiges Geschöpf. Ich half ihm von seinem Thron ins Bad, nachdem ich ihm die Straßenschuhe und Hosen ausgezogen hatte. Dort entkleidete ich ihn, duschte ihn ab und brachte ihn ins Bett. Bevor ich selber schlafen ging, reinigte ich noch Klo und Waschbecken. Meine Aufnahme in die Erwachsenenwelt war erfolgreich vollzogen.

Was mir selbst wie ein Aufnahmeritual erschien, löste bei meinem Vater etwas aus, das ich von ihm nicht kannte – Scham. *Dass du mich so siehst, ist mir wirklich peinlich,* hatte er gelallt, als ich ihn in die Dusche stellte. Wie oft hatte ich mich in seiner Gegenwart geschämt oder war von ihm dazu aufgefordert worden: *Du solltest dich was schämen!* Erwachsen zu werden umfasst offenbar neben allgemeiner Ernsthaftigkeit eine erhöhte Toleranz gegenüber der Scham anderer – ohne Häme über das Malheur und die darauffolgende Schamesröte zu streuen, wie Kinder es oft ohne böse Absicht tun. Ich sah meinen Vater nach diesem Tag mit anderen Augen. Wir haben aber nie wieder auch nur ein Wort darüber gesprochen.

## Das Erwachen des jungen Männerkörpers

Es war am Abend des EM-Finales 2000 gewesen, einen Tag vor meinem 11. Geburtstag. Meine Schwester empfing zum ersten Mal Maria, ihre Gastschülerin aus der Slowakei. Unser Vater hatte meiner Schwester erlaubt, an einem Schüleraustausch unseres Gymnasiums mit einer slowakischen Schule aus Trnava teilzunehmen. Erst beherbergte man Gäste bei sich zu Hause, dann durfte man selber für eine Woche in die Slowakei fahren. Maria sprach fast fließend Deutsch und machte ihrem Namen alle Ehre: Sie betete vor jedem Essen sowie vor dem Zubettgehen und trug sogar ein dezentes Kreuz aus Gold als Zeichen ihres katholischen Glaubens um den Hals.

Während ihres Besuchs ging ich das erste und einzige Mal in meinem Leben zu einem katholischen Gottesdienst. Das war alles reichlich unverständlich und umständlich für meinen Geschmack – und doch beindruckte mich der *ganze religiöse Firlefanz,* wie es sonst zu Hause genannt wurde, auch ein wenig. Ich war völlig unvertraut mit den Abläufen: beten, singen, knien, aufstehen und dann wieder sitzen. Als mir der Priester die Hostie reichte, nahm ich diese kopfnickend in die Hand und roch daran. Er deutete mir mit einem Fingerzeig an, sie auf meine Zunge zu legen. Ich tat es nur widerwillig – rückblickend hätte ich sie aber lieber im Stile meines Vaters zwinkernd in meine Jackentasche gesteckt und *für später* aufgehoben.

Maria kam in den nächsten Jahren wiederholt zu Besuch, und als meine Schwester ins betreute Wohnen *entkommen* war, durfte ich selbst die Familientradition des Schüleraustauschs weiterführen. Ich trat also die Busreise nach Trnava an. Bisher war ich über die deutsch-tschechische Grenzregion nie hinausgekommen. Als ich in der Slowakei ankam, war ich mit vierzehn Jahren weiter von zu Hause weg als mein Vater in seinem ganzen Leben. Wir hatten niemals gemeinsam Urlaub gemacht. Hauptsächlich aus finanziellen Gründen, aber auch weil dies nur die Verlagerung unserer Hölle in eine Strandkulisse bedeutet hätte. Deshalb waren solche Schulfahrten und Urlaubsausflüge von Freunden, deren Eltern bereit waren, mich günstig mitzunehmen, die einzige Möglichkeit für mich, *etwas von der Welt zu sehen.*

Auf diesen Fahrten hörten wir neben unseren Metal-Bands auch Nazimusik. Wir verbrachten unsere Freizeit in der Slowakei mit fast nichts anderem, als uns exzessiv zu betrinken, Bongs aus Plastikflaschen zu bauen, durch die wir mehrere Zigaretten auf einmal *ballern* konnten, und natürlich dem anhaltenden Versuch, endlich eine erzähl- bzw. zählbare Erfahrung mit den einheimischen Mädels aus dem erzkatholischen Land zu machen. Dies funktionierte ausschließlich über den gemeinsamen Alkoholkonsum, also das Betrunkenmachen der ›Objekte unseres Begehrens‹. Männlichkeit bewies in unseren Augen derjenige, der am meisten trinken und bei den meisten *Weibchen landen* konnte.

In gutdeutscher Tradition waren wir auf Menschensafari gegangen. Fotografien mit den ›Glücklich-Auserwählten‹ wurden später als Trophäen unserer Jagderfolge unter der Hand auf dem Schulhof herumgezeigt. Im damals hauptsächlich analogen Zeitalter bedeutete dies, sie in Papierform mit in die Schule zu nehmen und dann wie ein Schmuddelheft aus der Tasche zu ziehen. Handys waren damals noch Statussymbole ohne Kamera, die hauptsächlich dazu verwendet wurden, Snake zu spielen.

Davon abgesehen verliefen meine eigenen ersten Erfahrungen *mit dem anderen Geschlecht* wenig erfolgreich. Ich war aber ein gefragter Beziehungsberater, da ich ja bereits eine Expertise in Konflikttherapien aufweisen konnte, wenngleich diese ohne gewaltfreie Kommunikation erlernt worden waren. In verschiedenen Kontexten zu kommunizieren, war für mich auch in meinen Freundeskreisen notwendig, die sich aus den jeweiligen Milieus der unterschiedlichen Schulformen zusammensetzten.

Die institutionelle Abgrenzung von Gymnasien, Real- und Hauptschulen spiegelte sich damals in den Grenzen der Freundeskreise deutlich wider. Die Gymnasiasten hatten noch am ehesten schulformübergreifenden Kontakt. Sie fuhren mit den anderen gemeinsam in einem Bus in die jeweilige Schule und zurück oder wohnten in den Reihenhäusern ihrer Vorortidylle nebeneinander. Wie in der Stadt kannte man sich vielleicht noch aus den Fußballvereinen, der Kindergartenzeit oder schlicht, weil die Eltern miteinander zu tun hatten. Aber spätestens mit fortschreitendem Alter manifestierten sich zunehmend Unterschiede, zwischen ›uns‹ und ›denen‹.

Ich selbst hatte noch aus der Kindergartenzeit einen sehr guten Freund, der eine damals für ihren rauen Umgang berüchtigte Hauptschule besuchte. Björn war ein äußerst muskulöser Jugendlicher, mit dem ich, von kurzen Unterbrechungen abgesehen, meine ganze Jugendzeit innig befreundet war. Er lebte in derselben Straße wie ich, gegenüber meiner Karateschule. In Kontakt zu ihm kam ich vor allem durch das Schwarzarbeitsnetzwerk unserer Väter. Sie halfen sich gegenseitig nach dem Motto: *Du machst die Fliesen in meinem Bad, ich die Steckdosen in deiner Werkstatt,* und währenddessen spielten die Kinder miteinander. In der heimischen Tischlerwerkstatt seines Vaters musste Björn von klein an aushelfen, beim Sägen assistieren oder schwere Holzbalken schleppen, was ihm sein stadtbekanntes V-Kreuz einbrachte.

So war ich ein nachmittäglicher Wanderer zwischen den Schulwelten geworden, die unterschiedliche Sprachcodes und einen je eigenen Verhaltenskodex aufwiesen. *Hör auf, dich wie ein Klugscheißer zu verhalten, du Gymi!,* legte Björn mir wiederholt nahe, wann immer ich eine Welterklärungsphase in seiner Gegenwart auslebte. »Gymis« galten in diesen Kreisen allgemein als hochnäsig und klugscheißerisch, als feige und hinterhältig. Hauptschüler wiederum wurden von den Gymis als »Honks«, als »Hauptschüler ohne nennenswerte Kenntnisse« bezeichnet – zumindest wenn keiner von ihnen in Hörweite war und mit seinen überwältigenden Kenntnissen eher körperbetonter Konfliktlösung hätte antworten können. Ich selbst hatte einige Male mit dem Echo leben müssen, das eine solche Überheblichkeit nach sich ziehen konnte.

Björn war ein großer Hip-Hop- und Rap-Fan. Eines Tages stellte er mir seinen Klassenkameraden Cedric vor, der einer der wenigen Afrodeutschen in Eisenach war. Von da an chillten wir häufig zusammen, machten aber wie selbstverständlich in oder gerade aufgrund von Cedrics Anwesenheit rassistische Witze. Es war für uns nichts Ungewöhnliches, dass auf den selbstgebrannten CDs auf einen Track von Eminem unmittelbar ein Landser-Song folgte. Cedric gefiel dies ganz offenkundig nicht und er verschaffte seinem Unmut gegen unsere Provokationen handfest Ausdruck: Das probate Erziehungsmittel bei Fehlverhalten waren in unserem Freundeskreis Faustschläge gegen den Oberarm.

In diesem Freundeskreis hatte sportliche Betätigung ohnehin eine besondere Wichtigkeit. Zwar waren auch bei meinen Schulfreunden vom Gymnasium Fußball oder Tischtennis wichtige gemeinsame Freizeitbeschäftigungen. Mit Björn hingegen gab es hauptsächlich Krafttraining und allenfalls noch Basketball. Bankdrücken und Klimmzüge, Kreuzheben und French-Press – die neuen Übungen, durch die der Körper gestählt werden sollte. *Der Bizeps ist das Dekolleté des Mannes,* wie ich damals lernte. *Und wenn der Oberarm groß genug ist, macht sich über einen Bauch keiner mehr lustig.*

Seit der Grundschule bin ich stetig dafür gehänselt worden, *etwas kräftiger* oder *zu dick* gewesen zu sein. Beim Mobben von anderen habe ich aber stets mehr ausgeteilt als eingesteckt. Den Fokus auf andere legen, um selbst nicht ins Fadenkreuz zu geraten, war eine Abwehrstrategie. Wenn man jedoch nicht unsichtbar werden kann, muss man umso sichtbarer zeigen, dass man kein leichtes Ziel sein wird. Mit einem *50er-Oberarm,* also einem Umfang von einem halben Meter, wäre die ganze Angelegenheit ohnehin vom Tisch. Ein 40er hat's dann später auch getan.

»Fight Club« war ein Film, der mich damals nachhaltig beeindruckte. Er handelt von frustrierten Männern, die einen exklusiven Zirkel in einem Kneipenkeller gründen, um sich in Kämpfen Mann gegen Mann herauszufordern. Dann entwickeln sich mehrere solcher männerbündischen Zellen mit den gleichen Regeln und Ritualen. Der Anführer des Fight Clubs beginnt eine paramilitärische Gruppe mit faschistoiden Zügen zu rekrutieren. Ihr Ziel ist ein gesellschaftlicher Umsturz, den sie durch Terroranschläge erzwingen will. Ihr Anführer liefert in der berühmten Ansprache seine ganz eigene Gesellschaftsdiagnose:

»Mann, ich sehe im Fight Club die stärksten und cleversten Männer, die es jemals gab. Ich sehe so viel Potenzial, das vergeudet wird. Herrgott nochmal, eine ganze Generation zapft Benzin, räumt Tische ab, schuftet als Schreibtischsklaven. Durch die Werbung sind wir heiß auf Klamotten und Autos. Machen Jobs, die wir hassen, und kaufen dann Scheiße, die wir nicht brauchen. Wir sind die Zweitgeborenen der Geschichte, Leute: Männer ohne Zweck, ohne Ziel. Wir haben keinen großen Krieg, keine große Depression. Unser großer Krieg ist ein spiritueller. Unsere große Depression ist unser Leben. Wir wurden durch das Fernsehen aufgezogen in dem Glauben, dass wir alle irgendwann mal Millionäre werden, Filmgötter, Rockstars – werden wir aber nicht. Und das wird uns langsam klar. Und wir sind kurz, ganz kurz vorm Ausrasten.«

Bestimmend sind enttäuschte Erwartungen, eine Ideologie des Konsumverzichts und eine fragile Männlichkeit, die sich mehr und mehr militarisiert und nach Kampfplätzen Ausschau hält. An vielen Orten haben sich nach diesem Vorbild dann auch tatsächlich kleinere Fight Clubs gegründet, die sich trafen und ihren Frust aneinander abließen. So weit ging meine Identifizierung mit dem Film dann doch nicht. Aber mit seinen Aussagen konnte ich mich als heranwachsender Teil der modernen Arbeiterinnen- und Arbeiterklasse identifizieren. Der Fight Club gibt vor, die Idee einer klassenlosen Gesellschaft zu realisieren, weil jeder mal zu Boden geht – zumindest darin sind alle gleich.

Die Erfüllung des Versprechens von Konsum und sozialem Aufstieg war für meinen Vater und mich nach der Wende ausgeblieben. Jetzt waren zwar die Einkaufshallen prall gefüllt mit Waren aus aller Welt, aber wir hatten kein Geld, um sie zu kaufen. *Champagner für alle, die es sich leisten können.* Ausweg aus der Misere versprach nur der tatkräftige Ausbruch – wie es die starken Männer in »Fight Club« vormachten.

Oft entspringen scheinbar lächerliche Macken oder auch grausame Rituale aus Verzweiflung über ein Dasein, dem sie einen Sinn verleihen wollen – das Unerträgliche ertragbar machen. Viele wenden sich daher an eine höhere Instanz. »Dem Hungernden«, sagte Gandhi, »erscheint Gott in der Gestalt des Brotes.« Hieraus lese ich eine Andeutung, wie sich materielle Bedürfnisse und Wünsche in den religiösen Projektionen und Fantasien der Leidenden manifestieren können: Sie werden Teil einer Verwandlung. Einer Verwandlung, die immer wieder durch das Zelebrieren von Glaubensakten neu vollzogen werden muss. Christliche Theologen bezeichnen die biblische Segnung des Abendmahls durch Jesus auch als Wandlungsworte. Brot und Wein werden durch das Sprechen der Formel verwandelt: »Nehmt [dies Brot], das ist mein Leib«; diesen Wein, »das ist mein Blut«. Die sinngebende Kraft des Glaubens ist an die der Worte gebunden, Dinge zu erzeugen, indem sie immer wieder gedacht und gesprochen werden.

Ich selbst wurde atheistisch erzogen und bin bis heute Atheist geblieben. Die Idee eines Gottes ist für mich mit den nächtlichen Reflexionen über die gottähnlichen Fähigkeiten des nicht mehr existierenden Weihnachtsmanns in meinem Kinderbett gestorben. Die einzige Ewigkeitserzählung mit einer Instanz ursprünglicher Unschuld und unveränderlicher Allmächtigkeit, die mir blieb, war der Nationalismus. Ich war *von Natur aus* Deutscher, qua Geburt, von Anfang an, bis zum Tag, an dem ich sterben würde. Das Einzige, was mir niemand würde nehmen können – niemand außer mir selbst vielleicht.

Diese Erzählung einer ursprünglichen, natürlichen Zugehörigkeit gibt allen, die an sie glauben, Klarheit darüber, wie man sich als richtiger deutscher Mann zu verhalten hat: *Sauberkeit, Pünktlichkeit, Fleiß, Aufrichtigkeit, gesunde Härte gegen sich selbst und andere.* In einer Zeit, in der bereits von nicht wenigen offen befürchtet wurde, dass sie vom Aussterben bedroht seien und *überfremdet* würden, entdeckte ich sie für mich: die unerträgliche Leichtigkeit, Deutscher zu sein.

Diese Vorstellungen verbanden sich ohne Probleme mit der beschriebenen Arbeitermentalität des ›self-made working class man‹ der gesenkten Unterschicht. Meinem Vater zufolge formt einzig der eigenen Hände *harte Arbeit* einen richtigen Mann. *Du kannst alles mit deiner großen Klappe, aber das, worauf es ankommt, ist, was du mit deinen Händen kannst!* Das sei das einzige Kriterium, um im Leben weiterzukommen. *Nicht Worte, sondern Taten sprechen lassen!* Heute erscheint es mir nur folgerichtig, dass ich im Einklang mit diesem männlichen Rollenmodell eine politische Weltanschauung wählte, die sich selbst als *Politik der Tat* inszeniert.

## Grundtöne der völkischen Vaterlandsliebe

Einer meiner ersten originalen Tonträger mit einschlägiger Musik war die »Schulhof-CD« der NPD »Schnauze voll? Wahltag ist Zahltag« von 2004. Das Projekt »Schulhof-CD« war dazu gedacht, mit Musik als einer Art Einstiegsdroge für Nationalismus und Rassismus Jugendliche als zukünftige Wählerinnen und Wähler zu gewinnen oder vielleicht sogar als Rekrutierungsnachschub für den sogenannten Nationalen Widerstand anzuwerben. Die Titel der Scheibe lauteten etwa »Siehst Du unser Land«, »Eure Freiheit«, »Fuck the USA«, »Deutsche Mutter« oder »Die Stunde der Patrioten«. Aber die beiden Lieder, die mich am meisten prägten, waren zwei Songs von den berühmtesten Nazi-Musikstars der damaligen Zeit: Frank Rennicke und Michael »Lunikoff« Regener. Ich erinnere mich, wie ich die CD zum ersten Mal in meinen Discman einlegte, um sie ungestört hören zu können. Das erste Lied startet mit einem kurzen Dialog zwischen Frank Rennicke und einer Kinderstimme, die sein Sohn sein soll:

Sohn: »Vati, was ist Deutschland?« – Rennicke: »Deutschland, mein Sohn, das ist deine Heimat. Deutschland – das ist deiner Väter Land.«

Dann beginnt Rennicke, begleitet von dezenten Gitarrenklängen, zu singen:

»Sieh, Kind, das Land sich weiten
bis hin zum Himmelsrand,
in schlichten Korngebreiten –
es ist der Väter Land.
Es ist der Väter Land.
Dein Ahne hat's erschlossen,
im nimmermüden Fleiß,
hat herzhaft es genossen,
in Mühe, Blut und Schweiß.«

Deutsche Weizenfelder, goldgelb wie die Haare derjenigen, die sie beackern, waren in der Nazipropaganda ein gemund oft verwendetes Bildmotiv. Die Schönheit der Landschaft wurde dabei ebenso überzeichnet wie die Verbundenheit der dort Lebenden mit der Scholle und untereinander oder mit ihren gemeinsamen Vorfahren und Traditionen.

Das Vaterland ist der Väter Land, wie ich sofort verstand, weil ich es ohnehin bereits so empfand. Jene Ackerflächen sind der *Boden,* der das Leben eines Volkes trägt, und die Abstammungslinie ist ein mit *Blut* unterzeichneter Generationenvertrag. *Blut und Boden* als die beiden wichtigsten Bezugspunkte jedes völkischen Nationalismus; diese Verbindung leuchtete mir damals intuitiv ein.

»Sieh es im Segen wallen,
es ist vom Vater mein,
zum Erbe mir gefallen,
und einmal da ist es dein,
und einmal da ist es dein.«

Blut und Boden sind Erbe und Eigentum, das an die Kindergeneration übertragen wird. Eigentum ist immer das Recht, jemand anderen von einer Sache ausschließen zu können. Schon deshalb muss das Eigene, das Territorium des Vaterlandes, gegen alles Fremde verteidigt werden, das immer als Invasion und Verunreinigung vorgestellt wird. Dabei bekundet diese Vorstellung eine eigene Unsicherheit: Fast wie bei einer Person mit obsessivem Putzfimmel ist die Reinheit etwas, dessen man sich nie sicher sein kann. Stets meint man sie durch äußere Eindringlinge bedroht, die wie Krankheitserreger um jeden Preis abgewehrt werden müssen. Die Vertreter des Nationalen Widerstands sehen sich in ihrer Position als eine Art natürliches Immunsystem des Deutschen Volkes, die weißen Blutkörperchen der arischen Rasse. Für diese Abwehrreaktion braucht es männliche Standhaftigkeit, harte Disziplin und steinerne Härte gegen sich selbst wie gegen die Feinde des Vaterlandes:

»In dunklen Himmeltagen
steh aufrecht wie ein Stein,
und sollt ein Feind es wagen,
du sollst ihm trotzig sagen: Hinweg!
Dies Land – es ist mein. Hinweg!
Deutschland, Deutschland ist mein.«

Das Wörtchen »mein« soll Besitz und Zugehörigkeit anzeigen. Etwas gehört zu mir und ich bin ihm ebenfalls zugehörig. Aus dieser Zugehörigkeit zu *meinem Vaterland* Deutschland folgte für mich zugleich eine selbstauferlegte Verpflichtung, *deutsche* Werte und Traditionen zu achten und zu erhalten. Deutsche Tugenden, so hatte ich gelernt, sind ja nicht nur Ordnung, Pünktlichkeit, Ehrlichkeit und Fleiß, sondern auch Bescheidenheit und ein ausgeprägter Gerechtigkeitssinn. Das erscheint mir heute sehr abstrakt und nichtssagend.

Über was für eine Gerechtigkeit und über welche Ordnung sprechen wir hier?

Damals hatte ich das Gefühl, dass mein eigenes Sein und Begehren durch diese Worte zum Ausdruck kamen. Was es genau bedeutete, war für mich nebensächlich. Viel wichtiger war, dass es sich richtig anfühlte. Mehr noch: Es fühlte sich *wahr* an. Und nicht nur irgendwie wahr, sondern wie *die* Wahrheit, *meine* Wahrheit.

Gesellschaftlich ist die Frage nach dem Eigentum am Boden und seinen Früchten von höchster Brisanz, ebenso der Glaube an die Blutsabstammung, der nach wie vor viele Anhängerinnen und Anhänger auch über den Dunstkreis des offen völkischen Nationalismus hinaus findet. Aber mein Vaterland von damals ist heute kein Vaterland mehr. Das Wort bezeichnet für mich nicht länger die Grundlage für eine positive Identitätsstiftung.

Das andere Lied, das für meine damalige Politisierung wichtig war, stammt von Lunikoff, dem früheren Sänger der Naziband Landser. Der Song wurde zum Ohrwurm und löste in mir den Wunsch aus, dem Titel des Liedes entsprechend ein unbeirrbarer »Fels in der Brandung« zu werden. Die Rechtsrockballade beginnt mit einem groovigen Schlagzeugrhythmus, der von klaren Gitarrenrifs begleitet und mit einer Bassline unterlegt ist. Dann hebt die hohe, fast schon grelle Stimme Lunikoffs zu einem Sprechgesang an:

> »Kamerad, ich weiß, wie du dich fühlst,
> Wie ein Fels in der Brandung,
> Von einer Flut von Dreck umspült.
> Wie ein Ruf in der Wüste,
> Der ungehört verhallt,
> Während sich am Horizont
> Der Sturm zusammenballt.«

Lunikoff gewinnt sein Einfühlungsvermögen, das »Kamerad, ich weiß wie du dich fühlst« zu Beginn des Songs, aus der ihm zugesprochenen Authentizität. Er selbst saß zur Zeit der Veröffentlichung dieses Liedes für seine Überzeugungen und Ideale im Gefängnis, nachdem seine Band Landser zu einer kriminellen Vereinigung erklärt und er als ihr Rädelsführer zu drei Jahren und vier Monaten verurteilt worden war. Ein klares Zeichen des *alltäglichen Gesinnungsterrors gegen politisch Andersdenkende in der ach so toleranten Scheindemokratie hier,* wie ich schnell zu antworten wusste, wenn ich wenig später in der Schule auf ein T-Shirt mit der Aufschrift »Freiheit für Luni« angesprochen wurde.

Lunikoffs *Einfahren in den Bau* hat seiner Glaubwürdigkeit in der Szene einen unglaublichen Schub gegeben und zur Errichtung eines Personenkultes beigetragen. Für einige Kameraden war er eine *lebende Legende,* unbestechlich und idealistisch. Ein echtes Vorbild für einen Jungnazi, wie ich einer war. Denn kaum jemand verkörperte so formvollendet das Bild vom »Fels in der Brandung« wie er: ein Nazi-Urgestein, das schon zu DDR-Zeiten in der Szene aktiv war und *sich nie hat brechen lassen.* Dass sein Pseudonym von einer bekannten DDR-Wodkamarke stammt, die er wohl in rauen Mengen trank, schmälerte seine Standhaftigkeit offenbar nicht im Geringsten.

Er sprach aus, was wir doch beide fühlten – wir müssen tugend- und standhaft sein, während uns »eine Flut von Dreck umspült«. Junkies und Zecken, Schwule und Kinderschänder, Ausländer und Juden: Ströme moralischen Verfalls und menschlichen Abfalls, an denen er und ich uns damals stießen. Rhetorisch werden Fluten und Ströme als Symbole größter Gefahr verwendet: Eine Naturgewalt, gegen die man sich mit aller Macht erwehren muss – so wie nach 1918 die »rote Flut« der Bolschewisten und heute die sogenannten Flüchtlingsströme.

Angriff galt schon vielen Nazis der 20er-Jahre als die beste Verteidigung, und bis heute hat sich der Mythos vom Nationalsozialismus als Bollwerk gegen den Bolschewismus bei einigen gehalten. Wehrmacht und Waffen-SS werden hierbei zum marschierenden Damm gegen die rote Flut verklärt. Verbrechen, auch solche von Wehrmachtssoldaten, werden dadurch unter der Hand relativiert – *Hauptsache nicht der Kommunismus!*

Die Mär vom antikommunistischen Heldentum der Nazis ist auch im Liedgut und der einschlägigen Propaganda des Nationalen Widerstands bis heute weit verbreitet. Gleiches gilt für die Abwehrhaltung imaginierten Fluten und Strömen gegenüber, die offenbar die festen Körpergrenzen des einzelnen wie des kollektiven *Volkskörpers* bedrohen.

Der Refrain des Songs setzt dann mit einem leichten Trommelwirbel ein, begleitet von einem rockigen Riff mit verzerrten Gitarren; Lunikoffs Sprechgesang schwillt zum Geschrei:

»Fels in der Brandung aus Eisenerz,
Einsamer Wolf, kein Zweifel dringt je in dein Herz,
und unbeirrbar wirst du den Weg des Kriegers gehen.
Die schneebedeckten Gipfel Asgards, du kannst sie sehen.«

Steter Tropfen höhlt bekanntlich den Stein. Aber für den unbeirrbaren Fels in der Brandung, der ich werden wollte, hielt ich das für ausgeschlossen. Abgeschottet und unbeeindruckt von allem Äußerlichen verharrt dieser und kein Tropfen Wasser, nicht mal der kleinste Zweifel dringt in sein versteinertes Herz aus Eisenerz.

Heute verstehe ich diese Versteinerungsmetaphorik und Abwehrbestrebungen als Ausdruck einer Angst vor Souveränitäts- und Selbstverlust. Die vorgestellte Invasion droht die festen Körpergrenzen durch das Eindringen von Fremdem in den *Volkskörper* aufzulösen. Der eigene Körper ist nur als Teil dieses Kollektivkörpers sicher, in dem alle *mir gleichen,* weil er ausschließlich *meinesgleichen* umfasst, die arischen Deutschen. Einzig die Partizipation an diesem Kollektivkörper verspricht die Rettung vor dem Untergang und dem Ertrinken in den Fluten des Fremden – sie ist ein letzter Strohhalm, an den sich klammert, wer Angst hat, in den Unsicherheiten des Alltags zu versinken.

Zur Not muss es auch ganz allein gehen, als *lone wolf.* Der einsame Wolf, der vermeintlich ohne jede äußere Hilfe seinen eigenen Weg geht und in der Tradition des führerlosen Widerstands der »Werwolf«-Kommandos auf eigene Faust Terrorakte vollführt. Tatsächlich ist die Mär vom einsamen Wolf die Familiensaga eines verängstigten Wolfsrudels. In die Enge getrieben und von Feinden umringt, verengt sich die Weltsicht zum adrenalingeladenen Tunnelblick. Beständige Alarmbereitschaft: Die Muskeln sind angespannt, bereit zum Sprung in den kriegerischen Heldentod. Die nächste Strophe bringt dies auf den Punkt:

»Was scheren dich Lob und Kritik,
du glaubst an dich, führst deinen Krieg,
und der Tag kommt, die Stunde naht.
Deutschland braucht Männer wie dich, wir brauchen Männer,
Männer der Tat!«

Souverän ist, wer über den Kriegszustand entscheidet. Zumindest über den im eigenen Kopf – der Einzelne und sein alltäglicher Privatkrieg. Deshalb müssen Körper diszipliniert und die Sinne geschärft werden. Deshalb braucht es Männer der Tat, die weder Lob noch Kritik an sich heranlassen. Als kollektive Einzeltäter verharren sie in ihrem versteinerten Kokon, unempfindlich gegenüber allem, was der Vaterlandsliebe und Aufopferung für die Sache im Weg stehen könnte.

Derart abgerichtet waten sie auf dem vielbeschworenen Weg des Kriegers durch die blutüberströmten *Schlachtfelder der Ehre.* Denn nur durch *Blut und Ehre* stirbt man(n) den Heldentod und kehrt ins Märchenschloss der Wikinger und Hobbygermanen auf den schneebedeckten Wipfeln ein: Walhalla. Die Halle der Helden, an die einige Neonazis mehr oder weniger aufrichtig glauben. In ihrer Vorstellung schlachtet man sich dort jeden Tag erneut gegenseitig ab, bevor man des Abends von den Toten wieder aufersteht, um sich bei Odins ausufernden Gelagen die metbeladenen Hörner abzustoßen. Diese jenseitige Zauberwelt ist das Äquivalent für die Paradieserzählungen anderer Religionen. Für einen *wahren Krieger* ist das Paradies jedoch eine tagtägliche Feuertaufe im Kampf Mann gegen Mann.

Elemente von nordischer Magie und Mythologie finden sich in den spirituellen Wurzeln der Nazi-Ideologie oft. Damals war die Vorstellung einer solchen ›Spiritualität für richtige Männer‹ ohne das *Mitleidsgefasel und das Gewäsch über Nächstenliebe* jüdisch-christlicher Moral für mich hochgradig faszinierend. Heute wirken die Mythen um Odin und die Walküren auf mich wenig zauberhaft. Am Ende der letzten Strophe des Liedes erscheint es mir jetzt so, als solle die dreifache Wiederholung des Wortes »Männer« wie in einer Zauberformel zu deren Vermehrung beitragen und sie gleichsam herbeiwünschen. Die letzte Strophe beschwört dann die vermeintlich drohende Dringlichkeit eines kurz bevorstehenden Aufbruchs zum Umbruch:

»Laß sie tanzen, den letzten Tanz auf dem Vulkan.
Laß sie lachen wie im Fieberwahn.
Sie sehen nicht die blutig-roten Zeichen an der Wand.
Sie hören nicht das Knacken im Gebälk im ganzen Land.«

Der große Umsturz, die braune Revolution, steht kurz bevor. Alle, die jetzt feiern anstatt sich auf den Umschlag des privaten in den öffentlichen Krieg vorzubereiten, sind nichts als dekadente Narren. Sie machen *realitätsfremd* lieber auf gute Laune und Partystimmung, als sich um das offensichtliche Problem zu kümmern. Aber welches Problem ist das eigentlich? Überall sei schon Blut an den Wänden – ein Menetekel, das vom bevorstehenden Untergang künde. Das Blut stammt in ihrer Vorstellung natürlich nicht von den Opfern rechter, sondern von jenen sogenannter *inländerfeindlicher* Gewalt. Ausländerkriminalität sei das eigentlich wichtige Problem hier in Deutschland. Deutsche Kriminelle tauchen in dieser Erzählung ohnehin fast nie auf – wahrscheinlich weil ihnen kriminelle Ausländer die Arbeit wegnehmen.

Im »Fieberwahn« seien hierbei natürlich nicht etwa die Neonazis, die an ein Leben nach dem Tod auf einem schneeweißen Berg glauben; es sind immer die anderen, die sich am Rande des Vulkans im Rausch die Füße blutig tanzen. Die Vorstellungen der anderen sind schon deshalb nicht ernst zu nehmen, weil sie angeblich Halluzinationen gleichen. *Wer nicht so denkt wie ich, ist krank – fast alle um mich herum sind kaputt.* Das »Knacken im Gebälk« ist ein erstes Anzeichen, dass das System schon bald wie ein marodes Haus in sich zusammenbrechen wird.

Diese Handwerker-Metaphorik wird immer wieder aufgerufen und scheint dem gesunden Menschenverstand des einfachen Mannes zu entspringen: *Auf dem Bau seh' ich doch, wenn da was kaputt ist. Und wenn ich ein Problem seh', dann muss ich da Hand anlegen.* Der Neonazi als Handwerksmeister, der zielsicher jeden Fehler in der Statik feststellt und korrigiert – Deutschland als sanierfälliges Eigenheim, marode und kurz vor dem Zusammenbruch. Der echte Deutsche als tatkräftiger Heimwerker mit Do-it-yourself-Allüren: *Was muss, das muss und was (einem) nicht passt, wird passend gemacht.*

Damals verstand ich nur einen Bruchteil der Weltanschauung, die in dieser Musik transportiert wird. Die übertrieben wirkenden Darstellungen des angeblich radikal Bösen, das mit Verbot und Tabu belegt wurde, umgaben den braunen Dunstkreis für mich mit einer faszinierenden Aura. Das Furcht einflößende Flair, wann immer von *den Nazis* gesprochen wurde, zog mich mehr und mehr in seinen Bann.

*Na, es war ja nicht alles schlecht damals! Die Autobahnen haben sie ja nur wegen der Vollbeschäftigung bauen können* – eröffneten mir verschiedene Erwachsene unabhängig voneinander ihre Sicht auf die Nazizeit. Dass die Vollbeschäftigung eher aus einer Kombination aus Statistikbeschönigung und Zwangsarbeitsverhältnissen resultierte, übergingen diese Hobbyhistoriker dabei ebenso bedenkenlos, wie sie das Autobahnalibi nutzten. Letztlich wurde die Infrastrukturinitiative als ziviles Projekt in der Weimarer Republik begonnen und im nationalsozialistischen Kriegseifer aus logistischen Gründen vorangetrieben. Dieses Es-war-ja-nicht-alles-schlecht-Gerede fügte sich damals in mein ideologisches Korsett und war ein weiterer Schritt zu einer folgenschweren Entscheidung:

Ich suchte etwa in der 9. Klasse aktiv meinen ersten Kontakt zur Naziszene. Eine meiner Klassenkameradinnen, die ich noch kurze Zeit zuvor fast täglich gemobbt hatte, war neuerdings mit einem Nazi zusammen. Ein Freund aus meiner Klasse, der auch gern Deutschrock in verschiedenen Braunstufen hörte, erzählte mir, dass es sich um eine wichtige Persönlichkeit der Eisenacher Szene handele. Ich ergriff die Möglichkeit beim Schopf. Als eine Party am Wochenende im Kartausgarten anstand, lud ich die Klassenkameradin ein und sagte ihr, sie solle doch ihren Freund gleich mitbringen. Der Kartausgarten ist ein Park, in dem sich damals im Sommer täglich Jugendliche trafen, um gemeinsam zu chillen und zu trinken.

Stefan tauchte mit ihr gemeinsam auf. Er sah nicht im Geringsten so aus, wie man sich einen Nazi vorstellte. Er hatte lange Haare und war äußerst redegewandt und witzig. Das Stereotyp vom grölenden Dumpfnazi perlte von ihm ab wie der Bierschaum von unseren Flaschenhälsen, nachdem wir das erste Mal miteinander angestoßen hatten. Für mich wurde er durch das alles nur umso faszinierender.

*Nazis sind ja doch gar nicht so, wie alle sagen,* dachte ich mir. In Eisenach hatte ich Nazis bisher an ihren Glatzköpfen zu erkennen geglaubt. In unmittelbarer Nähe des Markplatzes gab es die sagenumwobene Nazi-WG, in der einige der stadtbekannten Kameraden wohnten. Es waren, wie sich herausstellen sollte, Jugendfreunde von Stefan. Dessen Humor war stechend polemisch und mit einem Zynismus geschärft, den ich so noch nicht kannte. Seine Gesprächsbeiträge wirkten auf mich wohlüberlegt und gut informiert.

Nach diesem ersten Aufeinandertreffen stand für mich fest, dass ich mit Stefan einen hochgradig intelligenten Mensch kennengelernt hatte, der mir vielleicht Antworten auf viele meiner Fragen geben könnte. Ich sah in ihm von diesem Abend an eine moralische Instanz mit Vorbildfunktion. Dass er 22 und seine Freundin 14 war, schmälerte sein Ansehen bei mir nicht. In der Provinz ist das nichts Ungewöhnliches. Außerdem hatte er ja schon ein Auto, und weil die guten Konzerte im über sechzig Kilometer entfernten Erfurt stattfanden und der letzte Zug schon vor Mitternacht fuhr, erzeugte Mobilität Nobilität. Ein Luxus, den ich meiner ersten Freundin nicht bieten konnte.

Das erste Mal hatte ich Selina im Sportunterricht der 7. Klasse gesehen, als wir mit ihrer Russischsprachklasse zusammengelegt worden waren. Damals hatten wir aber niemals wirklich miteinander geredet oder Interesse aneinander bekundet. Aufgefallen waren mir zuerst ihre eisblauen Augen und dass sie Kapuzenpullover einer Metal-Band trug, die ich auch gern hörte. Sie war ein Jahr älter als wir alle, weil sie eine Klassenstufe wiederholt hatte. Dementsprechend erwachsen wirkte ihr Körper. Zumindest war das die Erklärung, die ich damals dafür fand, dass meine Gedanken ohne meine Zustimmung immer häufiger begannen, um sie, ihre Augen und ihre Kurven zu kreisen.

Ich verlor sie aus dem Blick, als sie nach der 8. Klasse das Gymnasium verließ, um einen Abschluss an einer Realschule zu machen. Erst auf einer Party bei einer gemeinsamen Freundin, die jede Woche sturmfreie Bude hatte, sah ich sie wieder. Schnell wurde über die Gastgeberin in stiller Post zwischen uns beiden vermittelt. Selina hatte, wie sie mir später anvertrauen sollte, erst durch meine langen Haare ein gewisses Interesse an mir entwickelt.

Später am selben Abend wurde ich in den Kreis der Praktizierenden der angeblich schönsten Nebensache der Welt aufgenommen. Ich deutete Selina erst nach dem letzten Akt in einem Nebensatz an, dass es mein erstes Mal gewesen war. Nach ihrer ungläubig-erschreckten Nachfrage, ob ich sie anlüge und dass das doch eigentlich etwas Besonderes hätte sein sollen, sagte sie, worüber wir beide lachen mussten: *Nun ja, wenn's jetzt auch nicht so toll war: Wir können ja üben.* Dies taten wir ohne nennenswerte Fortschritte an den darauffolgenden Wochenenden. Aber dem Glück unserer Jugendliebe war keine lange Dauer beschieden.

Von einem Freund erfuhr ich einige Zeit später, was er in der Wohnung der gemeinsamen Freundin gesehen hatte: *Die zieht.* Gemeint war der Konsum von synthetischen Drogen. *Deine Freundin rupft Pep und Koks, Alter, das ist doch scheiße! Wenn du das machst, kriegst du von mir ein Paar auf die Fresse!* Das war Björns umsorgende Art, mich von einem Leben ohne ›harte‹ Drogen zu überzeugen. Stefan hatte eine seiner Weltanschauung entsprechende Ansicht: *Das ist asoziales Verhalten, Punkt.* Ich selbst bewertete die Situation daraufhin so: *Das kann ich moralisch überhaupt nicht vertreten.* Und dann die eigentliche Nazikeule: *Das ist undeutsch.*

Mein Wertekompass funktionierte wie das Amperemeter meines Vaters: eine kleine Leuchte, an oder aus, nichts dazwischen. Entweder etwas ging zu hundert Prozent oder gar nicht. Keine Kompromisse. In Manier eines Großinquisitors stellte ich Selina dann eines Abends wie aus dem Nichts vor die Wahl: *Entweder der Scheiß oder ich.* Woraufhin sie unter wütenden Tränen ihr Beutelchen mit dem weißen Pulver aus dem Portemonnaie zerrte und vor meinen Augen zerriss. Sein Inhalt rieselte zu Boden – Schnee im Sommer.

Die nächsten Wochen ging es dann bergauf und ich dachte, meine Null-Toleranz-Strategie sei aufgegangen. Wenn wir ausgingen, trank sie deutlich mehr Hochprozentigen als bisher. Da ich selbst aber gerne eine halbe Flasche Wodka oder mehr trank, schien mir ihr Alkoholkonsum völlig im Rahmen zu sein. Aber als ich sie einmal unter der Woche überraschend aus der Wohnung unserer gemeinsamen Freundin kommen sah, begrüßte ich sie mit einem Kuss und schaute tief in ihre wunderschönen Augen. Sie schimmerten wie ein Eiskristall, der von der Sonne beschienen zu schmelzen begonnen hatte. Ihre Pupillen waren geweitet. In diesem Moment war die erste Trennung meines Lebens *aus moralischen Gründen und politischer Überzeugung* beschlossen, wie ich mir selbst die *absolute Notwendigkeit meiner Entscheidung* erklärte.

In der Schule blühte ich unterdessen jenseits des Unterrichts als braune Nazisse auf. Neben unserem altbewährten Mobbingarsenal entwickelte ich mit Freunden Allüren, die zu meinen neugewonnenen Weltanschauungen passten. Zuvor war es bereits ganz normal gewesen, Menschen aus völlig willkürlichen Gründen als *Juden* zu bezeichnen und zu hänseln. Dies traf, wen immer man für schwach, hinterhältig oder geizig hielt, oder wer schlicht ein *Opfer* sein sollte. *Schwul* war ein anerkanntes Schimpfwort für unmännliches Auftreten. Neu im Repertoire des Psychoterrors gegen unsere gymnasialen Mitinsassen war der etwas langgezogene Ruf »Fidschiiii«. Er galt *asiatischen Schülerinnen und Schülern,* wie sie in freundlicheren Momenten genannt wurden.

Einer der Betroffenen ging mehr oder minder humorvoll damit um und lebte damit ganz gut. Einer Schülerin aus einem der unteren Jahrgänge erging es da schlechter. Sie *erdreistete* sich auf unseren *freundlichen* Zuruf aus direkter Nähe mit einem ebenso lauten *Halt's Maul, du Arschloch!* zu reagieren. Der Satz galt meinem besten Schulfreund, der sie mit dem Ruf beleidigt hatte. Derart aufmüpfiges Verhalten konnte ich ihr freilich nicht durchgehen lassen. Ich nahm also den nächstgelegenen Mülleimer und stülpte ihn ihr mit einer schnellen Bewegung über den Kopf. Dann klopfte ich kurz mit den flachen Händen auf seinen Boden wie auf eine Trommel, bevor ich den Ort des Geschehens verließ.

Schon in der nächsten Unterrichtsstunde wurde ich ins Sekretariat gerufen; einige Tage später musste ich sogar beim Schulleiter vorsprechen. Dort beteuerte ich: *Das war alles natürlich nur Spaß* – zumindest alles zu unserer Belustigung. Denn wir hatten ja herrlich gelacht. Während des gesamten Gesprächs mit dem Schulrektor beharrte ich zudem darauf: *Das hatte mit Ausländerfeindlichkeit oder Rassismus schon mal gar nichts zu tun. Ich hätte der auch einen Mülleimer aufgesetzt, wenn sie ne Deutsche wäre und meine Freunde beleidigt. Wo kommen wir denn hin, wenn wir sowas einfach durchgehen lassen?*

Dass wir unserem rassistischen Ruf manchmal noch ein *Gute Reise!* nachgeschoben hatten, unterschlug ich dabei absichtlich. Das hätte auf einen unserer Hauptmotivatoren verwiesen: den Landser-Smashhit vergangener Klassenfahrten – »Xenophobia«. Im Refrain erschallt immer wieder: »Fidschi, Fidschi, gute Reise!« Die Bezeichnung als »Smashhit« kann ganz buchstäblich verstanden werden: Im Gerichtsprozess gegen Landser wurden schwere Körperverletzungen angeführt, die beim Grölen des Liedes begangen worden waren.

Einen Verweis in der Schulakte und im Zeugnis erhielt ich wenig später durch eine mir verhasste Chemielehrerin, nachdem ich von ihr bereits allein an eine Bank in der ersten Reihe gesetzt worden war, aber weiterhin den Unterricht störte. Sie belohnte mich mit einer spontanen mündlichen Prüfung, die aus einer einzigen Frage bestand. Diese konnte ich jedoch nicht beantworten, da ich ja offensichtlich nicht aufgepasst hatte. Als sie mir deswegen eine Sechs geben wollte, begann ich mich lautstark über dieses Vorgehen zu beschweren. Daraufhin erfolgte eine letzte Aufforderung, doch einfach die richtige Antwort zu nennen, die ich natürlich noch immer nicht wusste. Stattdessen sagte ich aus Trotz, aber im vollen Wissen um die Anstößigkeit meines Handelns einen ›kreativ‹ erweiterten Vers jenes berühmten rassistischen Kinderliedes auf, das von der Band Die Toten Hosen als »Zehn kleine Jägermeister« gecovert wurde. Dies brachte mir neben der Sechs dann zusätzlich einen Verweis ein. An meiner Schule wurde der Angriff auf die Autorität des Lehrpersonals mit einem rassistischen Spruch stärker geahndet als das buchstäbliche Antasten der Würde eines Menschen durch einen offensichtlich rassistischen Angriff.

Zu dieser Zeit wurde ich zum ersten Mal in die stadtbekannte Nazi-WG eingeladen. Damals wohnten dort drei Kameraden, die Stefan und dessen bester Freund René, der Sänger von Gerde 18, mit denen ich mich seit einigen Monaten öfter traf, schon länger kannten. Es war der Abend während der Fußball-WM 2006, als Deutschland gegen Polen spielte. Einige der Anwesenden hatte ich bei der Demo gegen Hartz IV oder auf der Straße schon einmal gesehen. Ein anderer war mir erst eine Woche zuvor wegen seiner Tätowierungen im

Freibad aufgefallen. Dem Hoheitsabzeichen einer Wehrmachtsuniform gleich, thronte auf seiner linken Brust ein in dezenten Linien gehaltener Reichsadler auf Eichenlaub, das sich um ein Stück aufgeklebtes Panzertape herumrankte. Unter diesem Sichtschutz, der notwendig war, um beim Freibadbesuch strafrechtlichen Konsequenzen zu entgehen, verbarg sich ein Hakenkreuz. Eine größere Version dieses Motivs hing über der Küchentür der WG. Die Wände des Zimmers, in dem wir das Spiel schauten, waren mit weiteren Nazisymbolen und einem Portrait von Rudolf Heß verziert.

*Nach achtzehn Minuten ist da eh alles vorbei, wenn die uns nicht die Tore klauen,* behauptete ein bis unter den Hals mit einschlägigen Tattoos zugepflasterter Kamerad aus Arnstadt lachend, mit dem ich später sehr viel zusammenarbeiten sollte. Seine Worte bezogen sich auf das Vorurteil, alle Polen würden stehlen, und zudem auf den Überfall der Nazis auf Polen. Ein Feldzug, der nach achtzehn Tagen bereits entschieden gewesen sei, wie ich aus dem Liedtext des Landser-Songs »Polacken Tango« zu wissen glaubte.

In der Nachspielzeit erzielte die deutsche Nationalmannschaft den langersehnten Siegtreffer. In der Nazi-WG waren alle außer sich vor Freude, als hätten sie den Krieg gewonnen. Für mich war es der Anfang einiger wundersamer Freundschaften – *Deutschland, (m)ein Sommermärchen.*

## Hausbesuche vom Verfassungsschutz – »Wie geil!«

Da mein Vater die meiste Zeit auf Montage war, konnte ich unter der Bedingung, dass ich alle Spuren der Eskapaden bis Donnerstagabend 18 Uhr beseitigt haben musste, zu Hause tun, was ich wollte. Die Wohnung wurde daher zum angesagten Treffpunkt nach der Schule, die nur hundert Meter entfernt lag. Ein Refugium, in dem wir ohne Angst, erwischt zu werden, kiffen und trinken konnten. Ab und zu veranstaltete ich auch kleinere Feiern unter der Woche im Hinterhof des Hauses, wo ich den überdachten Bereich hinter dem Hasenstall mit einem Sofa vom Sperrmüll zu einer »Chillecke« ausgebaut hatte.

Während der Schulferien veranstaltete ich eine dieser Hinterhofpartys, zu der neben vielen Klassenkameraden auch Stefan und René kamen. Auf der Feier hörten wir außer den typischen Landser-Songs das Lied »A Tale of Honor« der US-amerikanischen Nazi-Rockband Final War. Im Liedtext wird Hitlers Stellvertreter Rudolf Heß, der in Nazikreisen beharrlich mit »ss« geschrieben wird, zum ›Friedensflieger‹ verklärt. Der geschichtsrevisionistischen Legende zufolge habe er ohne das Wissen des Führers den Briten persönlich ein Friedensangebot unterbreitet. Direkt nach seiner Landung in Schottland war Heß in Gewahrsam genommen worden, bis er zu den Nürnberger Prozessen wieder deutschen Boden betrat. Dort erhielt er eine lebenslange Haftstrafe für seine Verbrechen gegen den Weltfrieden im Naziregime und wurde 1987 in seiner Zelle in Berlin-Spandau tot aufgefunden. Für Nazis und andere Geschichtsrevisionisten ist bis heute ganz klar: »Rudolf Hess – Das war Mord!« So lautet eine Parole, die häufig auf den Trauermärschen im Gedenken an den Hitler-Stellvertreter zu lesen ist und an die auch ich geglaubt habe. *Es kann unmöglich Selbstmord gewesen sein! Es muss der CIA gewesen sein, vielleicht sogar der Mossad …*

Die Worte des Liedes lassen keinen Zweifel an der Weltanschauung ihrer Schöpfer:

»Sieg Heil for Rudolf Hess, your legacy lives on.
Your courage and your honor keeps us marching strong.
Sieg Heil for Rudolf Hess, amongst the gods you lie.
You live on in Valhalla, ›cause true heroes never die‹.«

Der Titel »A Tale of Honor« lässt sich mit »Eine Geschichte der Ehre« übersetzen, aber ebenso auch mit »Ammenmärchen«: die Verklärung von Heß zum großen Helden und Märtyrer, der jetzt in Walhalla sein Paradies gefunden habe. Lautstark sang ich das Lied mit. Auch meine Klassenkameraden entwickelten auf der Hofparty schnell Freude am Refrain des Liedes und konnten zügig zumindest die deutschen Wörter textsicher mitgrölen. Die unseren Gesang begleitenden lautstarken Sieg-Heil-Rufe wurden an diesem Abend immer wieder von meinem Mentor Stefan unterbunden, der offenbar ahnte, wie das alles enden würde.

Ohne jede Vorwarnung zerbarst eine der Milchglasscheiben der alten Eingangstür durch einen Schlag. Ein schwarzer Handschuh griff durch das Loch nach der Klinke und öffnete die Tür – Gefahr im Verzug. *Polizei!* und eine Variante des typischen *Keine Bewegung, einmal ihre Personalien bitte!* war zu hören. Aufmerksame Nachbarinnen hatten wegen der lauten Musik und der Sieg-Heil-Rufe die Polizei alarmiert. Die Beamten waren sichtlich überrascht, bei einer solchen Einsatzbeschreibung, die auf ein Hinterhof-Nazikonzert hinwies, eine Horde Sechzehnjähriger mit langen Haaren anzutreffen.

Wenige Tage später klingelte es dann nachmittags unverhofft an der Tür. Ich öffnete und ein schlaksiger Mann in einem fadenscheinigen Anzug stieg die Treppen hinauf. An der Tür angekommen hielt er mir einen Ausweis entgegen und sagte mit freundlichem Blick: *Abteilung Staatsschutz der Kriminalpolizei Eisenach, Wedel mein Name. Sie sind der Herr Christian Weißgerber? Ich würde mich gern mit Ihnen über die Vorkommnisse diese Woche unterhalten. Kann ich reinkommen?*

Sofort spürte ich ein Frösteln über meinem Nacken streichen, während sich mein Magen verkrampfte. *Kriminalpolizei? Staatsschutz? Ach du Scheiße…,* dachte ich kurz und trat wie automatisch zur Seite. Er verstand es als Erlaubnis zum Eintreten, während ich versuchte möglichst ruhig zu bleiben. Die anderen Partygäste hatten ebenso wie ich gedacht, der Vorfall hätte sich mit dem Abbruch der Feier und dem Versprechen, auf die Musik fortan zu verzichten, geklärt. *Ein Hausbesuch wegen Ruhestörung? Wir hatten denen doch ganz klar gesagt, dass es keine Sieg-Heil-Rufe gewesen waren. Die Nachbarn hatten sich verhört. Das hatten sie doch notiert und abgenickt.* Noch nie hatte ich Besuch von der Polizei bekommen. Wenn das mein Vater herausfände… Mein Magen krampfte noch stärker. Ich versuchte, mir nichts anmerken zu lassen. Mechanisch lief ich in die Stube und setzte mich auf das Ecksofa. Genau auf den Platz, den ich normalerweise auch bei den Sonntagsverhören einnehmen musste.

Der Staatschützer wiederholte kurz, was die Nachbarinnen über die Lautstärke und die Sieg-Heil-Rufe zu Protokoll gegeben hatten. Was ich dazu sagen würde, fragte er. *Na genau, was ich der Polizei schon erzählt habe. Die Nachbarn müssen sich verhört haben.* Wir hätten bloß ab und an »Wie geil!« gerufen, beteuerte ich, während mir Rembrandt lächelnd zuprostete. *Das hört sich zugegebenermaßen ge-*

*schrien recht ähnlich an, aber das ist so echt nicht unsere Art Politik. Daran haben wir da aber nicht gedacht, dass die Nachbarn das so verstehen würden.*

Der Staatsschützer protokollierte meine Aussage und blickte dann von seinen Notizen auf. Ob ich etwas über die laufenden Ermittlungen gegen Stefan und dessen Band Garde 18 wüsste? Die hätten das verbotene SA-Lied »Blut« gespielt. *Kenne ich nicht, warum ist das verboten?* Er zeigte mir den Text. Beim Lesen hatte ich die Melodie des Liedes im Kopf, das ich auswendig konnte. Aber ich tat unwissend und fragte nach kurzer Zeit: *Ok, ich weiß nicht, ob ich alles richtig verstehe. Warum ist das jetzt verboten?* Bevor er ging, erklärte er mir die strafrechtliche Relevanz: *Unter anderem Volksverhetzung.* Dabei war mir völlig klar, warum das Lied verboten war. Es ist eine Hymne des Judenhasses, deren bekannter Refrain lautet: »Blut muss fließen, knüppelhageldick / und wir scheißen auf die Freiheit dieser Judenrepublik.«

Der Liedtext wurde in seiner antisemitischen Variante zunächst von Freikorps-Soldaten gesungen, paramilitärische Söldner, die kurz nach dem Ersten Weltkrieg ein dienliches Werkzeug der sozialdemokratischen Regierung bei der Niederschlagung der räterepublikanischen Revolutionsbestrebungen waren. Angehörige der Freikorps ermordeten Karl Liebknecht und Rosa Luxemburg. Die Söldnertruppe verübte zudem Attentate gegen hochrangige Minister der Deutschen Republik und war gemeinsam mit den Nazis an Putschversuchen beteiligt. Da verwundert es nur wenig, dass ihr antisemitischer Schlagerhit zu einem vielgesungenen Lied in der SA wurde.

Der Text hat alles, was sich die deutschen Männer der Tat wünschen: Vernichtung des Feindes, zusammen mit diffusen Vergewaltigungsfantasien und anschließender Tötungsabsicht am Ende des Liedes. Die einzige Flüssigkeit, die fließen darf, ohne als bedrohlich angesehen zu werden, sind die Ströme des Bluts der Feinde. *Knüppelhageldick* und knietief wollen sie in ihm waten – Weihwasser im martialischen Initiationsritus ihrer Taufe zu Todesengeln.

Als »Judenrepublik« galten den Nazis vor der Machtübertragung die Instanzen der Weimarer Republik. Machtübertragung und nicht Machtergreifung, weil die NSDAP im November 1932 als stärkste Partei aus den Reichstagswahlen hervorging und Hitler schließlich den Auftrag zur Regierungsbildung erhielt. Erst Hitlers Wahl zum Reichskanzler gab den Nazis die Möglichkeit, staatliche Strukturen und demokratische Instanzen durch Notstands- und Ermächtigungsgesetze zu untergraben und anzueignen. Das vorherige politische Establishment sei ohnehin voller Juden und *voll von den Juden kontrolliert* gewesen. Dieser Ansicht sind auch im 21. Jahrhundert noch einige Zeitgenossen mit ansonsten grundsätzlich unterschiedlichen ideologischen Weltanschauungen. Und trotzdem geben sich viele in Medienberichten überrascht von Angriffen auf jüdische Einrichtungen, Friedhöfe, Personen und Treffpunkte.

Neben den Gotteshäusern bleiben bis heute die Parlamente als Tempel der Demokratiegläubigen strategische Angriffspunkte. Anstatt aber, wie es in dem alten SA-Lied besungen wird, Handgranaten in die Parlamente zu werfen, zieht man lieber in sie ein. In gute Anzüge gehüllt versichern die Nationalpopulistinnen und -populisten unserer Tage allen, nichts mit den zeitgenössischen Nazischlägertruppen auf den Straßen und in den Dörfern zu tun zu haben. Ehrlichkeit ist offenbar eine dehnbare deutsche Tugend.

Dies galt auch im Fall meiner Zeugenaussage, die von mir einige Wochen nach der Hinterhofparty auf der Polizeistation verlangt wurde. Mein Vater war außer sich vor Wut, als er die Vorladung sah: *Jetzt hast du auch noch Probleme mit der Polizei? Wenn du so weitermachst, wirst du der erste in der Familie, der es in den Knast schafft!* Eine Rüge und Vorahnung, die sich tatsächlich schon zwei Jahre später als wahr erweisen sollte.

Mein Vater begleitete mich zur Polizeistation und wohnte meiner Aussage bei. Ich wiederholte einfach alles, was ich schon bei meinem ersten Gespräch mit Herrn Wedel berichtet und natürlich zuvor mit meinen Klassenkameraden abgesprochen hatte. Nach Hause zurückgekehrt, konfrontierte mich mein Vater, ob ich denn gewusst hätte, *was Stefan für einer sei.* Er selbst wolle nichts zu tun haben *mit dieser braunen Brut.* Ein Begriff, in den er mich schon bald einschließen würde – *Du und deine braunen Freunde und die ganze braune Brut.*

Ich kann nicht behaupten, dass mein Vater auf dem rechten Auge blind war. Aber über mehr als ein braunes Rauschen gingen seine Kenntnisse über meine eigentlichen Ansichten nicht hinaus – von denen meiner Freunde gar nicht zu sprechen. Unsere Diskussionen mündeten in Schweigen. Mir erschien es damals wie ein stilles Abkommen zwischen Vater und Sohn.

Früher hatte er in einigen seiner Abendmahlsmonologe die Radionachrichten kommentiert, zum Thema der Kindsmisshandlung meint er, *Kinderschänder würde ich ja auf dem Marktplatz öffentlich hinrichten lassen, so richtig wie im Mittelalter, zur Abschreckung aller anderen. Das macht man ein, zwei Mal, und dann ist man das Problem los.* Damals war die NPD die einzige Partei, die mit dem Slogan *Todesstrafe für Kinderschänder!* warb.

Auch zu anderen Themen fühlte er sich gut informiert: Migration, oder wie er es nannte, »die Ausländer«. *Ich hab ja kein Problem, wenn die hier herkommen, aber dann sollen sie auch die Sprache lernen und sich der Kultur anpassen – 'ne Arbeit haben. Wer sich da nicht dran hält, pfüüüüüühiiit, macht direkt wieder 'nen Abflug. Für alle andern sollen die Leute vom Amt einfach 'ne Frist setzen, ein Jahr Zeit und dann ein Sprachtest und Arbeitsnachweis. Sonst ab in den nächsten Flieger und Tschüss.* Mein Vater hatte offensichtlich klare Vorstellungen davon, wie er sich eine demokratische Gesellschaft vorstellte. Ich habe einiges von ihm gelernt und so manche Idee meines frühen Lehrmeisters später ›radikal weitergedacht‹.

Als mein Vater Stefan das nächste Mal sah, sprach er ihn auf seine politischen Ansichten an. Dieser sagte darauf lapidar, aber gerade deshalb sehr bestimmt wirkend: *Ich hab damit nichts mehr zu tun, die Band gibt's auch nicht mehr ...* Mein Vater kaufte ihm das ab und erlaubte mir gönnerhaft den weiteren Umgang mit Stefan. Ein Verbot hätte ohnehin nichts gebracht, aber Effizienzabwägungen waren ja nicht gerade das Markenzeichen seiner Erziehungspraktiken.

Ich wurde wenig später der zweite Gitarrist von Garde 18, die aber wegen des Gerichtsverfahrens nicht mehr live auftraten. In meiner Zeit als Bandmitglied entwickelten sie sich mehr zum sich textlich an alten heidnischen und mythologischen Themen orientierenden Pagan Metal und wollten sich daher umbenennen. Die alten Bandmitglieder wurden bald darauf wegen Volksverhetzung zu geringen Geldstrafen verurteilt.

Belastet wurde Garde 18 vor allem durch Videoaufnahmen von einem ihrer Konzerte, auf dem sie Lieder mit strafrechtlich relevantem Inhalt wie »Blut muss fließen« gespielt hatten. Die Aufnahmen waren von dem unter dem Pseudonym »Thomas Kuban« arbeitenden Journalisten mit einer versteckten Kamera gefilmt worden. Gemeinsam mit dem Regisseur Peter Ohlendorf hat Kuban 2012 den Dokumentarfilm »Blut muss fließen – Undercover unter Nazis« über die Nazi-Musikszene der damaligen Zeit veröffentlicht. Darin werden Aufnahmen des Konzerts gezeigt, das zur Verurteilung meiner damaligen Mentoren und Bandkollegen geführt haben.

Die Ermittlungen zu unserer Hinterhofparty verliefen sich in den Spuren unserer verabredeten Falschaussagen. Mein erstes Aufeinandertreffen mit staatlichen Instanzen hatte ich glimpflich, um nicht zu sagen erfolgreich, überstanden. Ich war angesichts dieser ersten Bewährungsprobe nicht zusammengebrochen und hatte bei meinem inoffiziellen Initiationsritus *meinen Mann gestanden.* Dies brachte mir ein gewisses Prestige und außerdem Vertrauenswürdigkeit in Kreisen ein, in denen sich Neulinge beides schwer erkämpfen mussten.

Ich hörte lange Zeit nichts von Herrn Wedel. Nichts außer dem Spottlied, das mir einige der älteren Kameraden beibrachten, als sie von meinem Zusammentreffen mit »Wedi« gehört hatten. Erlauchte Kreise der Eisenacher Naziszene hatten für den Staatsschutzmann ihres Vertrauens vor einiger Zeit ein an den Titelsong der Kinderzeichentrickserie »Wickie und die starken Männer« angelehntes Lied komponiert:

> »Hey, hey Wedi, hey Wedi hey,
> Du bist ein Staatsschutzmann,
> Heyhey Wedi, du kannst sicher sein,
> Irgendwann bist du dran,
> Nanananananaaana Wedi.«

Das habe man ihm auch schon mal am Telefon vorgesungen. *Der hört ja eh jedes unserer Gespräche mit. Da ist es ja nur nett, dass wir ihm zeigen, dass wir auch an ihn denken.*

Von den Älteren wurde er ohnehin mit seinem Vornamen angesprochen und gefragt, ob er noch in der Nähe des großen Kreisverkehrs wohne. Das waren Einschüchterungstaktiken, von deren Wirkung sich der Staatsschützer nichts anmerken ließ. Mehrfach habe er sich ironisch bei verschiedenen Eisenacher Kameraden im Gespräch erkundigt, ob sie ihn denn nach der Machtergreifung am Leben lassen würden, weil er ja eigentlich nur seinen Job mache. *Müssen wir mal sehen, was wir dann mit Ihnen anfangen können,* habe einer ihm scharf geantwortet – gute Miene zum bösen Spiel. In Gesprächen wurden Staats- und Verfassungsschützer kollektiv als *Schmutz* bezeichnet, und wie mir schnell zu verstehen gegeben wurde, wird Schmutz von einem ordnungsbewussten Deutschen in der Regel restlos beseitigt.

# III. 50 Shades of Braun – Die eigenartige Artenvielfalt in der Naziszene

Fast alle berühmten Heldengeschichten erzählen vom Kampf Gut gegen Böse, Licht gegen Dunkelheit, beinahe immer ohne Graustufen. Nazis gelten vielen gemeinhin als dunkelbraune Horden. Sie selbst sehen sich aber als die weißen Krieger im Kampf gegen das Dunkel und daher auch gegen die »Dunklen«.

Von vielen wird unterschätzt, wie weit diese Vorstellung tatsächlich reicht: Das Hakenkreuz selbst galt und gilt Nazis als Sonnensymbol und viele von ihnen sehen sich noch heute als arische Lichtgestalten im heiligen Kampf gegen die Finsternis. »They fought as the forces of light against the darkness in a holy war«, sang der Gründer der rechtsterroristischen Organisation Blood & Honour und Frontmann der Band Screwdriver, Ian Stuart Donaldson, in »The Snow Fell«.

In der berühmten Rechtsrockballade über den Russlandfeldzug wird der Niederlage Nazideutschlands im Zweiten Weltkrieg nachgetrauert:

»And the snow fell
Covering the dreams and ideals.
And the snow fell
Freezing the blood and the wheels.
And the snow fell
They had to keep up for survival.
And the snow fell
And defeated the beast's only rival.«

Am Ende besiegte der Schnee, das ebenso sanfte wie unerbittliche Weiß, die *weißen* Bataillone, die doch nur ausgezogen seien, um das rote Biest des Kommunismus zu bezwingen. Besungen wird die Aufopferung der Frontsoldaten. Kein Wort gilt den unzähligen Opfern ihrer Verbrechen. Auch auf deren tote Körper ist offenbar der Schnee gefallen und über ihre Massengräber Gras gewachsen – zumindest in der Erinnerung von Menschen wie Ian Stuart Donaldson.

Veröffentlicht wurde diese Hymne des Antikommunismus erstmals gegen Ende des Kalten Krieges 1987. Es war auch ein Ausdruck anti-sowjetischen Ressentiments, der *Hass auf die rote Bestie.* Die damals im Westen übliche Propaganda in den Medien konnte perfekt von der damaligen Naziszene instrumentalisiert werden. An den ›ganz normalen‹ Antikommunismus schloss der ›ganz normale‹ völkisch-rassistische Nationalismus an.

Ich habe das Lied früher selbst gecovert, erst im kleineren Kreis und später auf Großveranstaltungen. Ich war davon überzeugt, die deutschen Soldaten seien heilige Krieger in einem Feldzug für die Gerechtigkeit gewesen. Gerechtigkeit wie *wir* sie meinten: Ein Kampf gegen den Kommunismus und gegen dessen Verschwörer im Hintergrund, um die weltweite Vorherrschaft der weißen, arischen Rasse zu sichern. *Nicht mehr und nicht weniger als das, was uns auf natürliche Weise zusteht.* Denn alles vermeintlich Natürliche gilt hier als gut und alles vermeintlich Unnatürliche als schlecht. Die Rückführung der eigenen Überzeugung auf ein ›Naturgesetz‹ wird nicht nur in der Naziszene als ultimative Legitimationsformel akzeptiert. Die Natur lasse sich nicht austricksen und gegen sie könne man nicht gewinnen. Mein Vater predigte mir diese Naturphilosophie in dem Sermon: *Die Natur kann ohne den Menschen leben, aber der Mensch nicht ohne die Natur.* Deshalb sei jeder Kampf für eine bedürfnisorientierte Gesellschaft ohne Privateigentum an Produktionsmitteln von vornherein zum Scheitern verurteilt: *Der Kommunismus ist ja eine tolle Idee, aber er widerspricht einfach der Natur des Menschen.*

In ihrem Antikommunismus sehen sich die Nazis daher als Wächter und Verteidiger des Natürlichen. Ritter und Wächter, Wikinger und Zauberer: All das ist der *echte arische Krieger und politische Soldat.* Ein immer wiederkehrendes Erzählmuster ist in diesem Zusammenhang der wehrhafte Mann, der die Unschuld der deutschen

Frau bewahren muss. Diese kann er sich nicht anders denn als weiße Schönheit und Tugendwächterin reinen Blutes vorstellen. Sie will er aus den Händen der *Dunklen,* also aktuell *der muslimischen Männer* retten. Dahinter verbirgt sich ein Motiv aus der Kolonialgeschichte Europas, wonach *unsere Frauen* vor *fremdländischen Männern* verteidigt werden müssen. Im Namen des Schutzes *unserer Frauen* wurde damals wie heute dazu aufgerufen, rassistisch zu handeln. Europäische Männer konnten und können dadurch von ihrer eigenen Täterrolle ablenken, die sie bei der Unterdrückung *ihrer* Frauen einnehmen. Die Statistik des Bundeskriminalamts zur Partnerschaftsgewalt aus dem November 2018 belegte jedoch die alltägliche Realität vor allem sexualisierter Gewalt in deutschen Haushalten.

Nicht selten findet sich die Fantasie des wehrhaften Mannes auch in Bezug auf die Personifikation des Großdeutschen Reiches: Germania. Sie wird mit vollen Wangen und Busen, Reichsschwert und Insignien dargestellt. In dem Szenario bedarf sie anhaltend der Rettung aus unmittelbarer Todesgefahr, etwa aus den Klauen eines Drachen.

Immer wieder imaginiert sich der politische Soldat in seine Retterrolle hinein, fabuliert darüber, wie er die Revolution herbeiführen könne, um endlich seine Heldentat zu vollbringen, auf die er sich jeden Tag in bedingungslosem Opferwillen vorbereitet. Er weiß das vielleicht nicht, aber er tut es. Diese Fantasien strukturieren seine Realität. Es gibt dahinter keine andere Wirklichkeit. Für den romantischen Schwärmer vom eigenen Heldentum nährt sich die Selbstglorifizierung am Bild des Ritters auf einem Kreuzzug gegen einen schreckenerregenden Feind, der alles Gute und Schöne in der Welt zu vernichten droht.

Diese Fantasie wird in Liedern über »Siegfried den Drachentöter« reproduziert, explizit etwa in dem gleichnamigen Lied der US-Band Bound for Glory, implizit in »Der Letzte Ritter« von Lunikoff oder »Löwenherz« von Division Germania. Das Großevent des Jahres im Neonazi-Kampfsport heißt »Kampf der Nibelungen« und der norwegische Rechtsterrorist Anders Breivik sieht sich selbst als Tempelritter in einem heiligen Kreuzzug. Unter den Rangbezeichnungen der rechten Trollarmeen zur Bundestagswahl 2017 aus dem Umfeld von AfD, Identitären und offensichtlicheren Nazis bei Reconquista Germanica finden sich ebenfalls »Kreuzritter« und »Paladine«. Aber auch im Ku-Klux-Klan aus den USA sehen sich die Mitglieder offenbar als »Ritter« (Knights), ihre Anführer bezeichnen sich selbst als »Imperiale Hexenmeister« und »Zauberer« (Imperial bzw. Grand Wizard) und verwenden sogar selbst den Namen der mysthischen Echsenfigur als hohe Rangbezeichnung: »Grand Dragon«.

In den pseudoschamanistischen Inszenierungen spielen das Feuer und seine Beherrschung eine wichtige rituelle Rolle: auf Fackelmärschen, während Sonnwendfeiern, bei denen die Flammen zeremoniell umringt werden, oder aber bei den Lynchmorden des Ku-Klux-Klan, bei denen die *reinigende Kraft des Feuers* gegen vermeintliche Feinde gerichtet wird.

Ohne Zweifel liegt diesen Erzähl- und Verhaltensmustern ein Schwarz-Weiß-Denken zugrunde. Dieses stützt sich durchaus auf den alltäglichen Sprach- und Bildgebrauch, der dazu neigt, »schwarz« negativ zu konnotieren: *Schwarzarbeit, schwarze Pädagogik, schwarzmalerisch* sind hierfür Beispiele, die ich auf den ersten Seiten dieses Buches mehrfach verwendet habe. Diese Schwarz-Weiß-Metaphorik strukturiert bis heute auch rassistische Denkmuster.

In den Selbstdefinitionen und Eigenart(igkeit)en der Naziszene und ihren gemäßigteren Ablegern ergänzen etliche Braunstufen das Spektrum. Es ergibt sich eine mosaikhafte Subkultur, zusammengesetzt aus verschiedenen Szenen. Sie ist vielfältiger als viele glauben (machen) wollen. Oft schließen diese doch recht bizarren Auswüchse der Szene an andere Subkulturen an. Viele nehmen ihren Anfang aber in der sogenannten Mitte unserer Gesellschaft.

## Deutsche Burschenschaften: Ehre, Freiheit, Vaterland und Ihren Ariernachweis bitte!

Bis zum Beginn der Oberstufe nahmen meine aufwieglerischen Aktionen und Provokationen immer mehr zu. Ein Schulausflug in die Gedenkstätte auf dem Gelände des ehemaligen KZ Buchenwald markierte den frühen Höhe- bzw. Tiefpunkt meiner halbstarken Protestmännlichkeit, die sich über alles und jeden empörte oder lustig machte.

In der Gedenkstätte verhöhnten ein paar Klassenkameraden und ich *nur so zum Spaß* die Opfer des Nationalsozialismus durch das

Anstimmen von Neonaziliedern. Eines davon war von der Band Kommando Freisler, deren Name sich auf den Präsidenten des NS-Volksgerichtshofs Roland Freisler bezieht. Er war für mehrere Tausend Todesurteile verantwortlich. Das Lied der Nazimusikgruppe hat die Melodie des bekannten Kinderliedes »Die Vogelhochzeit« adaptiert und beinhaltet unter anderem die Zeilen »In Buchenwald, in Buchenwald, da machen wir die Juden kalt – Fidiralala, fidiralala, fidiralalalala.« So trällerten wir anfangs halblaut, später fast inbrünstig und liefen über die Wiesen des Konzentrationslagers ins Krematorium. Lachend sangen wir dort auch andere Strophen des Liedes, eine Grenzüberschreitung, der wir uns durchaus bewusst waren. Aber andere zu schockieren war ja gerade der Reiz an der Sache: »In Auschwitz weiß ein jedes Kind, dass Juden nur zum Heizen sind. Fidiralala, fidiralala, fidiralalalala«.

Skrupel hatten wir dabei keine, da wir uns unter dem Deckmantel schlechten Humors vor jeder Kritik sicher fühlten. Hätte uns jemand konfrontiert, hätten wir wohl so reagiert wie auch schon in anderen Situationen zuvor: *Beruhig dich mal! Das ist doch nur ein Witz! Verstehst du etwa keinen Spaß?* Jeder Versuch einer Zurechtweisung wurde von uns als überkorrekte Moralpredigt abgetan. *Moral gibt es eh nur im Märchen!* – und natürlich in der letzten Strophe des Liedes von Kommando Freisler: »Und die Moral von der Geschicht': Wer Jud ist, überlebt das nicht. Fidiralala, fidiralala, fidiralalalala.«

Die mitgereisten Lehrerinnen merkten davon offenbar nichts, und niemand wagte es, uns *zu verpetzen.* Vor allem unsere Mitschülerinnen kannten das ordinäre Echo bereits, das folgte, wenn sie offizielle Instanzen einschalteten. Sie verzichteten deshalb darauf. Dieser offen antisemitische Akt markierte die nächste Stufe auf meinem Weg zum Neonazi.

Protestmännlichkeit und Antisemitismus gingen dabei eine unheilvolle Verbindung ein. Dass die sich darin gefallenden Provokationen kein Exklusivvergnügen rebellischer Gymnasiasten sind, ging mir erst später mit Blick auf andere, ihrem Selbstverständnis nach *Subversive,* auf: Von den Aufmärschen der SA bis hin zur perfiden Agitation von Reconquista Germania sind sie der Taktgeber der gesuchten Konfrontation. Doch auch in eher privaten Sphären der Gesellschaft finden sie Nachahmer. Schließlich ist auch ein Stammtischeiferer fähig und geneigt, sich ähnlicher Äußerungen zu bedienen, wenn er seiner Präsenz ein intellektuelles Flair verleihen möchte.

Weil ich von der Einfältigkeit meiner Mittel nicht die leiseste Ahnung hatte, kamen mir in der 10. Klasse auch keine Bedenken, meinem Klassenlehrer meine antisemitische Ader zu präsentieren. Damals empfand ich die Aktion als *subversiv.* Auf einer Klassenfahrt nach Prag stand ein Besuch des alten jüdischen Friedhofs und der Synagoge an. Wir wurden angewiesen, vor Betreten des Geländes aus Respekt vor den Gebräuchen des jüdischen Glaubens unseren Kopf zu bedecken. Ich tat, wie mir geheißen. Aber natürlich nicht, ohne meinen Unmut und meine Abscheu zum Ausdruck zu bringen: Ich setzte eine Weihnachtsmannmütze auf. Sofort kam mein Klassenlehrer eilenden Schrittes auf mich zu und packte mich am Arm, um mich daran zu hindern, die Synagoge in dieser Aufmachung zu betreten. *Ich glaube, du spinnst wohl!,* zischte er und zog mich vom Eingang weg.

Ich tat so, als würde ich einlenken und griff an meine Kopfbedeckung: *Ach stimmt ja, Verzeihung!,* sagte ich grinsend und drückte dabei auf den Knopf, der die Sterne an der Mütze zum Blinken brachte. Mit einem gezielten Griff riss mein Lehrer sie mir vom Kopf. Ich trug dann eine Einwegkippa aus Papier wie alle anderen Besucher und Besucherinnen, die keine angemessene Kopfbedeckung zur Hand hatten.

Derartige Provokationen beschränken sich keineswegs nur auf pubertierende Jungnazis. Der Chef der extrem rechten FPÖ Hans-Christian Strache trug bei einem Besuch der Gedenkstätte für die Opfer des Holocaust Yad Vashem in Jerusalem sein »Biertönnchen«. So bezeichnet man die Kappe einer Burschenschaftskorporation. Strache nahm in seiner Jugendzeit zusammen mit Neonazis an Wehrsportübungen teil. Heute ist er Vizekanzler Österreichs, macht aber weiterhin weder aus seiner Fremdenfeindlichkeit noch aus seinem Nationalismus einen Hehl. Von einem Versehen in Yad Vashem kann daher, wie auch bei mir, nicht die Rede sein. Der Hauptbegründer des politischen Zionismus und Vordenker des Staates Israel, Theodor Herzl, sei zu Lebzeiten ja ebenfalls Burschenschafter in Österreich gewesen, war die lapidare Begründung, die Straches Verhalten entschuldigen sollte.

Die Geschichte der Burschenschaften war nie ein Aushängeschild für philosemitisches Auftreten. Die meisten Burschenschaften in Deutschland und Österreich waren schon vor der Nazizeit ein Sammelbecken für Antisemiten und ihre Mitglieder während der Nazizeit nicht dafür bekannt, im Widerstand organisiert zu sein. Ab 1936 wurden alle Studentenverbindungen, mit Ausnahme des Nationalsozialistischen Deutschen Studentenbundes, gleichgeschaltet oder aufgelöst.

Antisemitismus und Verherrlichung des Nationalsozialismus werden aus Imagegründen von Burschenschaften allerorten öffentlich als alter Hut abgetan. Getragen wird er von Burschenschaftern jedoch immer noch gern – zumindest von denen, die ich kennengelernt habe. Ich hatte in meiner Abiturzeit häufig mit Burschenschaftern Kontakt. Sie begegneten mir als Gegenstand im Schulunterricht und außerdem in den Straßen und Wirtshäusern der Wartburgstadt Eisenach. Jedes Jahr pilgern einige Hundert Burschenschafter dorthin, um sich auf der Wartburg und vor dem Burschenschaftsdenkmal zu versammeln. Diese Pilgerfahrten sind dem Gedenken des Wartburgfestes 1817 und der öffentlichkeitswirksamen Selbstinszenierung der Burschenschaften gewidmet.

Vor über 200 Jahren fanden sich am Fuße der Wartburg, die ihnen als deutsches Nationalsymbol galt, mehrere Hundert Studenten verschiedener deutscher Universitäten zusammen. Ihrem Unmut über die herrschenden Verhältnisse verliehen sie durch flammende Reden ebenso Ausdruck wie durch das Verbrennen von Symbolen und Insignien der herrschenden Ordnung. Einigen Quellen zufolge wurden auch Gesetzestexte und Bücher den Flammen übergeben. Die Feuertaufe auf dem Wartburgfest ist noch heute für viele Nationalkonservative ein wichtiger Bezugspunkt in ihrer Erzählung von der glorreichen Geschichte ihres Vaterlands.

Einmal musste ich in der Schule einen Vortrag über Heinrich Heines Leben halten. Dabei kam ich ausführlich auf Heines vermeintliches Doppelleben zu sprechen: einerseits als jüdischer Burschenschafter und deutscher Patriot, andererseits als kommunistischer Sympathisant und Duzfreund von Karl Marx. Damals sah ich ihn ganz klar als Teil der jüdisch-marxistischen Weltverschwörung: *noch so ein jüdischer Schriftsteller, der vom kosmopolitischen*

*(Alb-)Traum des Internationalismus faselt.* Dass er zuvor aus seiner Burschenschaft ausgeschlossen worden war, empfand ich deshalb als gerechtfertigt, wenngleich die offizielle Begründung für seinen Ausschluss ein Verstoß gegen das Keuschheitsprinzip war, das Verbindungsmitgliedern außerehelichen Geschlechtsverkehr untersagte. Für mich war dieses *tierische Verhalten, seine Triebe nicht unter Kontrolle zu haben,* ein offensichtlicher Ausdruck der jüdischen Abstammung Heines.

Grundsätzlich war ich damals der Überzeugung: *Ein Jude kann niemals ein richtiger Deutscher sein.* Mein Ressentiment stand durchaus im Einklang mit dem Grundton der 1820 in Dresden für die gesamte Burschenschaft beschlossenen Verfassung, die ihren »christlich-deutschen« Charakter ausdrücklich hervorhob. Dieser antijüdische Beschluss gilt vielen Historikerinnen und Historikern als einer der wesentlichen Gründe für Heines Abkehr von den studentischen Verbindungen. Dort wurde betont, dass Juden, weil sie »kein Vaterland haben und für unseres kein Interesse haben können, nicht aufnahmefähig [sind], außer wenn erwiesen ist, daß sie sich christlich-deutsch für unser Volk ausbilden wollen«. Deutsche Integrationsforderungen – damals wie heute meist eine Einbahnstraße.

Hier wird eines der ältesten antisemitischen Narrative aufgegriffen: Die Erzählung *der vaterlandslosen Juden.* In der Diaspora über den Planeten verstreut sollen sie sich *unter die Völker mischen* und sie wie Parasiten durch Geldgeschäfte und Intrigen aussaugen. Wie mir schnell bewusst wurde, ist bei einigen Burschenschaftern diese Vorstellung noch heute Teil ihres Weltbildes.

1840, in seiner Denkschrift »Ludwig Börne«, brachte Heine seine Einschätzungen der damaligen Vorkommnisse auf den Punkt:

»… auf der Wartburg hingegen herrschte jener beschränkte Teutomanismus, der viel von Liebe und Glaube greinte, dessen Liebe aber nichts anderes war als Haß des Fremden und dessen Glaube nur in der Unvernunft bestand, und der in seiner Unwissenheit nichts Besseres zu erfinden wußte, als Bücher zu verbrennen!«

Heines zum geflügelten Wort gewordenes Zitat »Das war ein Vorspiel nur, dort wo man Bücher verbrennt, verbrennt man auch am Ende Menschen« war mir während der Schulzeit bereits vertraut. Es wurde stets als Omen der späteren Bücherverbrennungen der Nazizeit gedeutet. Dabei beziehen sich Heines Worte aus seiner Tragödie »Almansor« nicht etwa auf das Wartburgfest, sondern auf die Verbrennung des Korans durch die christliche Inquisition während der Zeit der Reconquista (Rückeroberung) im südspanischen Granada. Ein in der Geschichtswissenschaft umstrittener Begriff, auf den sich vor allem heutige extrem rechte und neofaschistische Gruppen berufen. Bei Autorinnen und Aktivisten der Identitären und anderer Gruppierungen der sogenannten Neuen Rechten wird diese Zeit der Abwehr eines ersten angeblichen *Islamisierungsversuches* zum Gründungsmythos des christlichen Abendlandes verklärt. Heute findet ihrer Meinung nach eine weitere Islamisierung statt, eine feindselige Kolonisierung unserer freiheitlichen Gesellschaft, die es erneut zurückzustoßen gelte. *Wir nehmen uns nur, was uns zusteht, weil es ohnehin schon immer uns gehört hat.* Haben sich die Schlachtfelder für sie heute vom Süden Spaniens auf Europa und andere Teile der Welt sowie in virtuelle Räume verlagert, so blieb der inquisitorische Charakter dieser modernen Teutomanie doch in vielen Zügen erhalten.

Das erste Mal lernte ich einige Burschenschafter im Kartausgarten in Eisenach kennen. Der Kontakt war über meinen Mentor Stefan entstanden. Er hatte einige der »Burschis« einfach angesprochen und wir spielten einige einschlägige Lieder, zu denen gemeinsam gesungen wurde. Darunter »Ich hatt' einen Kameraden«, ein Soldatenlied aus dem 19. Jahrhundert, das schon aus den Schützengräben der Weltkriege widerhallte und bis heute zum Gedenken Gefallener, auch bei Trauerveranstaltungen der Bundeswehr, angestimmt wird.

Heute betrachte ich neben den Konstrukten Nation, Vaterland und Staat ein bestimmtes Männlichkeitsbild als treibende Kraft hinter Krieg, Eroberung, Wettbewerb, Wachstum, Expansion und Dominanz, und somit als Hauptverantwortliche der Leichenberge, die unter den weißen Kreuzen der Soldatenfriedhöfe ihre letzte Stätte gefunden haben. Ein nationalistisches Gedenken ist deshalb so scheinheilig wie militaristisch – es beklagt sich über die Stichflamme, während es weiter Öl ins Feuer gießt. Aber diese pyromanische Vergangenheitsüberwältigung braucht die Verklärung des *ewigen Tatenruhms unserer toten Helden.* Mein Spruchvorschlag für ein Transparent gegen das ›Heldengedenken‹ wäre: »Wenn dir der deutsche Soldat so sehr am Herzen liegt, dann führ' halt keinen Angriffskrieg.«

Ein Jahr später, im Oktober 2007, traf ich die Burschenschafter aus dem Kartausgarten auf dem Burschentag wieder. Ihre Veranstaltung fand in der Werner-Aßmann-Halle statt, wo der erst kurz zuvor aus der ersten Handball-Bundesliga abgestiegene THSV Eisenach seine Heimspiele austrug. Die Gelegenheit, dort zu arbeiten, hatte ich durch einen Job im Kino erhalten. Am Ausschank arbeitete ich zusammen mit Daniel, den damaligen Schulsprecher unseres Gymnasiums. Wir kannten uns aus den Versammlungen der Schülervertretung, da ich selbst lange Zeit Klassensprecher gewesen war. Außerdem hatten wir einige gemeinsame Freunde. Aber so richtig warm waren wir nie miteinander geworden. Das änderte sich auch an diesem Tag nicht. Ganz im Gegenteil.

Während die Versammlung in der Haupthalle tagte, wuschen wir die Bierhumpen und Weingläser ab und hatten dann Pause. Ich postierte mich am Eingang der Halle. Von dort aus konnte ich mir die Reden der Versammlung anhören. Die Themen waren Musik in meinen Ohren: »Ehre, Freiheit, Vaterland« – der Wahlspruch der Jenaer Urburschenschaft wurde ausgerufen. Seine Initialen prangten in fein verzierter Schreibschrift auf einem großen Banner, wie schon vor 200 Jahren. Während der Versammlung wurde die Bedeutung des Wahlspruches erörtert und dabei viel von deutscher Tradition und Geschichte, aber genauso von Verantwortung und der Zukunft Deutschlands gesprochen. Die pathetischen Reden wurden immer wieder mit erhobenen Gläsern bejubelt, beklatscht oder mit einem »Hört, hört« gewürdigt. Anscheinend waren sich alle einig, auch die Verbindungen aus Österreich und der Schweiz, die an dem Treffen ebenfalls teilnahmen.

Ehre, Freiheit, Vaterland, Werte und Tradition, das alles sind zunächst leere Worte, die von verschiedenen Menschen mit unterschiedlichen Bedeutungen aufgeladen werden können. Meine eigene Perspektive fand ich jedoch durchaus in den Worten der Redner wieder, ohne dass ich angestrengt hätte versuchen müssen, sie in das Gesagte hineinzudeuten. Fasziniert von dem Schauspiel blieb ich in meiner abgeschiedenen Beobachterposition, voller Erwartung, was wohl als Nächstes folgen würde.

*Wir singen jetzt unsere deutsche Nationalhymne!,* erklärte der Wortführer, während sich alle, wie an einem einzigen Faden gezogen, erhoben. Das Kommando »Mütze ab« erschallte. Alle nahmen erst die Kappen vom Kopf und hielten sie sich vor die Brust, um dann Haltung anzunehmen. Reflexartig straffte sich mein Körper, ich legte meine rechte Hand auf die Brust und schloss die Augen. Dann formten meine Lippen zugleich mit den unzähligen anderen Lippen in der Halle das »Deutschland, Deutschland über alles« der ersten Strophe des Deutschlandlieds. Kaum hörbar hauchte ich nur, was die anderen mit festen Stimmen schmetterten.

Noch während der ersten Strophe bemerkte ich eine Bewegung hinter meinem Rücken. Ich öffnete meine Augen und erblickte aus den Augenwinkeln einen Schritt hinter mir Daniel. Er betrachtete die strammstehenden Reihen aus Anzugträgern. Dann wandte er sich mir zu und sagte: *Das ist echt gruselig, findest du nicht?* Erst in diesem Moment fiel ihm meine Körperhaltung auf, woraufhin er sich umdrehte und wegging. Ich weiß nicht, wie sehr ihn dieses Erlebnis schockiert hat. Aber als ich ihn wenig später am Ausschank wieder sah, senkte er seinen Blick zu Boden. Wie hätte er auch verstehen sollen, was für ein fast schon spirituelles Gänsehauterlebnis ich gerade gehabt hatte? Es war ein erhabener Moment im Kreise Gleichgesinnter, meine Erweckung.

In einem Gespräch mit einigen Versammlungsteilnehmern festigte sich der grundsätzlich positive Eindruck, den ich im Laufe des Zeremoniells gewonnen hatte. Die Burschenschafter seien noch wirklich deutschen Werten und Traditionen verpflichtet, dachte ich. Wenn ich studieren wolle, sollte ich heute schon mal einige Verbindungsleute kennenlernen, wurde mir dann von einem der Burschis angeraten, der sich noch an unser Zusammentreffen aus dem Jahr zuvor erinnern konnte.

Er lud mich auf einen abendlichen Umtrunk in den Brunnenkeller ein, ein rustikales Lokal, direkt am Marktplatz gelegen, das von älteren Kameraden gern frequentiert wurde. Ich hatte meine Gitarre dabei und begleitete die Gesänge, die lautstark im Steingewölbe widerhallten. Eines der Lieder an diesem Abend war das häufiger in

Burschenschafterkreisen gesungene »Wenn alle untreu werden«. Es handelt im typisch patriotischen Pathos von Treue als wichtigster Männertugend und dem Willen, das eigene Leben in Liebe für sein Vaterland zu opfern:

»Wenn alle untreu werden,
so bleiben wir doch treu;
daß immer noch auf Erden
für euch ein Fähnlein sei.
Gefährten unsrer Jugend,
ihr Bilder bess'rer Zeit,
die uns zu Männertugend
Und Liebestod geweiht.«

Aber bis es zu diesem Liebestod kommt, ist die Treue vor allem ein Lippenbekenntnis. Schon durch das Singen des Liedes stilisiert man sich zum treuherzigen Tabubrecher, der unerschrocken nichts anderes predigt als die reine Wahrheit: die frohe Kunde von der göttlichen Instanz des Vaterlands, dem »heil'gen Deutschen Reich«.

Das Lied stammt aus der Zeit der Befreiungskriege gegen Napoleon und wurde schon von den Urburschenschaften zu Beginn des 19. Jahrhunderts gesungen. Als »Treuelied« war es an prominenter Stelle im SS-Liederbuch aufgeführt, und es fungierte als Staffellied der SS, dessen Absingen jede Zusammenkunft beschloss. Aber auch Wehrmachtssoldaten sangen es auf ihren Gewaltmärschen durch Osteuropa. Damals wie heute schmettern es Burschenschafter in den Verbindungshäusern. Unter ihren Dächern finden hauptsächlich Mitglieder von CDU/CSU, FDP, AFD und NPD, aber auch Neonazis aus der freien Kameradschaftsszene Platz.

Etwas verdutzt waren die Burschis darüber, dass ich damals bereits kein Bier, sondern, wenn überhaupt, nur harten Alkohol trank. *Ein richtiger Deutscher trinkt doch Bier!,* merkte einer von ihnen in gezwungen scherzhaftem Ton an. Seine Augen blitzten durch die Gläser seiner rahmenlosen Brille. Sie gab seinem leicht gedunsenen, aber immer noch kantigen Gesicht etwas Maulwurfartiges. In seinem schwarzen Anzug, den leicht verkniffenen Augen und seinem strengen Kurzhaarschnitt erinnerte er mich an die schwarzuniformierte Elite von einst. Er selbst war nicht nur bei allen Liedern des Abends sehr textsicher gewesen, sondern auch Landtagsabgeordneter der NDP in Sachsen, wie ich im Verlauf des Zechgelages erfuhr. *Richtige Deutsche* waren offenbar eines seiner Lieblingsthemen.

So echauffierte er sich darüber, dass es im Dachverband der Deutschen Burschenschaft mittlerweile schon üblich geworden sei, auch *Nicht-Deutschen* den Beitritt zu gewähren. Zumindest allen Anwesenden an diesem Abend war klar, was einige Jahre später unter öffentlichem Aufsehen im Dachverband der Deutschen Burschenschaft diskutiert werden würde: Für die Aufnahme ist eine *deutsche Abstammung* notwendig. Ungeniert wurde darüber beraten, dass eine Art ›Ariernachweis‹ nicht schaden würde, bei dem Menschen ihre *Volkszugehörigkeit durch die Blutbande ihrer Eltern und Großeltern als Deutsche* nachweisen müssten. Die Einstellung des NPD-Landtagsabgeordneten im legeren SS-Look war dabei eindeutig: *Die tun dem Quotenneger ja auch keinen Gefallen, wenn sie ihn in die Burschenschaft lassen. Der arme Hund wird von allen nur dumm angeschaut, aber niemand traut sich, die Farce öffentlich als solche zu bezeichnen. Die Burschenschaft hat schon für Ehre, Freiheit und Vaterland gestritten, als seine Vorfahren noch die Rinde vom Baum abgeknabbert haben, auf dem sie wohnten. Richtige Deutsche können die niemals werden.*

Wenngleich der Vorsitz im Dachverband der Deutschen Burschenschaft bei der extrem rechten Marburger Germania liegt, in der Neonazikameraden von mir bis heute aktiv sind, distanziert er sich offiziell von derart offen rassistischen Aussagen. Sie selbst definieren die Worte ihres Wahlspruchs etwas salonfähiger – zumindest für konservative Kreise. Bis heute berufen sie sich dabei auf einen »volkstumbezogenen Vaterlandsbegriff«. Dieser wird mit Bezug auf die »deutsche Kulturnation« und das »deutsche Volkstum« definiert. Darunter werden offiziell die deutsche Sprache und Kultur gefasst. Was dies außer einem mehr oder minder gebrochenen und verzerrten Sprachgebrauch durch Regionalakzente und Bierkonsum bedeuten soll, ob es den Verzehr gewisser höchstfettiger Fleischspeisen mit vergorenen Kohlstreifen einschließt oder ob Vegetarismus ›undeutsch‹ ist, wissen wohl nur die Korporierten selbst. Vielleicht lässt es sich ja auch aus dem Schaumsatz des Bierglases lesen.

Die Kunst des Bierschaumlesens erlernte ich an diesem Abend leider nicht, aber dafür erfuhr ich andere spannende Dinge über die *traditionellen deutschen Studentenverbindungen:* Die Burschenschaften agieren auch heute noch auf Grundlage verschiedener althergebrachter Prinzipien. Eine der damals für mich ebenso interessant wie selbstverständlich klingenden Tugenden ist das »Lebensbundprinzip«, das zu einer lebenslangen Mitgliedschaft in der Verbindung verpflichtet. Einmal aufgenommen, soll den Burschenschafter nur der Tod oder grob fahrlässiges Fehlverhalten von seinem Männerbund scheiden. Selbst ein freiwilliger Austritt ist diesem Grundsatz nach nicht vorgesehen. Dieses Prinzip hätte ich zu jener Zeit sofort unterschrieben: *Loyalität und Pflichterfüllung sind keine Zeitarbeit. Als deutscher Mann steht man fortan mit seinem ganzen Leben für die gute Sache ein! Komme, was wolle.*

Einer der Korporierten eröffnete mir dann noch, ich solle mich gern bei ihm melden, sobald ich mein Abitur und den Wehrdienst abgeschlossen hätte. *Unsere Verbindung nimmt aus Prinzip keine Zivildienstler auf. Ein deutscher Mann sollte sein Vaterland auch in Uniform verteidigen können,* war der Tenor der Anwesenden. Der Burschenschafter gab mir eine Karte und machte unzweideutige Anmerkungen: *In einer Burschenschaft kannst du günstig im Verbindungshaus am Studienort logieren und die Alten Herren der Korporation unterstützen sowohl das Studium als auch den Einstieg ins Berufsleben. Wir passen aufeinander auf!* Böse Zungen behaupten, dass sie genau deshalb »Verbindungen« heißen und Zufall bei ihnen mit CV geschrieben wird. Damals reizte mich die Vorstellung und ich sagte zu, mich bei ihm zu melden.

Ein weiterer Gassenhauer, den wir an diesem Abend im Brunnenkeller sangen, war der Landser-Song »Bomben auf Israel«. Ein Track, der in Melodie und Text an das nationalsozialistische Propagandalied »Bomben auf Engelland« angelehnt ist, das anlässlich der Luftschlacht mit England zu Beginn des Zweiten Weltkrieges komponiert wurde.

»Kamerad, Kamerad,
Alle Mädels müssen warten!
Kamerad, Kamerad,

Unsere Sturzkampfbomber starten,
Kamerad, Kamerad,
Es lautet der Befehl,
Ran an den Feind,
Ran an den Feind,
Bomben auf Israel!«

Für die Vernichtung des größten Feindes Großdeutschlands müssen alle anderen Freuden des Lebens aufgeschoben werden. Das Handwerk des Tötens ist dem *richtigen Deutschen* wichtiger als das Liebeshandwerk, das Kriegsverbrechen wichtiger als das Glücksversprechen.

Der Vernichtungswunsch gegen den Staat der Juden speist sich aus verschiedenen Verschwörungserzählungen: wahlweise der einer globalen Konspiration der »Weltmacht« *US-Rael,* in jedem Fall aber aus der Angst vor jüdisch-amerikanischen Geheimcliquen, die angeblich mit ihrem Einfluss auf die Wallstreet von der Ostküste der USA aus die Strippen ziehen. Sie allein würden entscheiden, wie *die politischen Marionetten der repräsentativen Demokratien* tanzten. Diese Verschwörungserzählung beruft sich auf die »Protokolle der Weisen von Zion«, die nachweislich Anfang des 20. Jahrhunderts im Russischen Kaiserreich gefälscht wurden. Hierbei handelt es sich um eine der erfolgreichsten Dokumentenfälschungen der Menschheitsgeschichte, die bis heute Antisemiten und Antisemitinnen aller Länder im Glauben an eine weltumspannende Verschwörung vereint.

Ich las sie noch vor meinem achtzehnten Geburtstag das erste Mal und war von ihrer Wahrheit ebenso überzeugt wie überwältigt: Plötzlich erhielten die anonymen Kriegstreiber der Weltgeschichte ein Gesicht. Den typischen Darstellungen antisemitischer Propaganda entsprechend sah ich vor meinem inneren Auge die geldgierigen Glubschaugen der Juden, wie sie berauscht auf die Berge von Leichen starrten, die ihrer Habsucht zum Opfer gefallen waren. Ich stellte mir ihren vom Goldfieber getrübten Blick vor und ihre langen gekrümmten Nasen, die ihnen von ihrem hinterhältigen Lügenspiel gewachsen waren. Die Vorstellung, dass sich vom Äußeren eines Menschen, seinen Gesichtszügen oder seiner Kopfform Aussagen über sein Verhalten ableiten ließen, ist eine der großen pseudowissenschaftlichen Erzählungen der Rassentheorien des 19. und 20. Jahrhunderts. Sie findet sich bis heute nicht nur in rassistischen Stereotypen und Vorurteilen, sondern ebenso in den Gerüchten über die Juden und dem Antisemitismus.

Offener Judenhass galt in meiner Jugendzeit als ungehörig. Er ist in den letzten Jahren jedoch wieder salonfähig geworden. Und zwar nicht nur, wie einige dies einseitig zu erklären versuchen, weil viele Migranten und Migrantinnen ihren Antisemitismus aus muslimischen Ländern importierten. Auch der Antisemitismus der Deutschen hat Hochkonjunktur. Tradition hat er ohnehin. Seit der Gründung des Staates Israel muss dieser als andauernder Angriffspunkt herhalten. In der deutschen Sprache hat sich sogar der Begriff der sogenannten »Israelkritik« eingebürgert. Seit 2017 ist das Adjektiv »israelkritisch« auch im Duden, dem Garanten der *guten deutschen Sprache* zu finden. Das Wort »Deutschlandkritik« oder »deutschlandkritisch« sucht man dort freilich vergeblich; allerdings stößt man auf andere, nicht weniger spannende Wörter, wie z. B. »deutschenfeindlich« – ein damals oft von mir und anderen Kameraden verwendetes Adjektiv, das ein Jahr später für den Wahlkampf der hessischen CDU 2008 instrumentalisiert wurde. »Inländerfreundlich« war in den Kreisen, in denen ich verkehrte, das Gegenstück. *Die anderen sind feindlich, wir sind freundlich und kritisch!*

Nicht antisemitisch, sondern israelkritisch fühlte ich mich dann auch, als ich jenes Landser-Lied beim Trinkgelage mit den Burschenschaftern trällerte. Wenig später entdeckte der Israelkritiker in mir seine antizionistische Seite. Aber bis dahin vergingen für mich noch einige von aufgeweckter Inländerfreundlichkeit geprägte Monate der besonders *kritischen* Art.

## Das Gerücht über die Geschichte – Ich weiß was, das du nicht weißt

Mein Vater hatte immer zu allem eine Meinung und hielt sich selten damit zurück, diese auch zu äußern. Besonders im Gedächtnis geblieben ist mir seine Einschätzung des deutschen Bildungssystems: *Gute Noten sind natürlich wichtig, aber in der Schule werdet ihr heutzutage zu Fachidioten erzogen. Heute hat kaum noch jemand wirklich Allgemeinbildung.* Seine Zweifel am Lehrstoff speisten sich hauptsächlich aus seinen Erlebnissen in der DDR. Die Inhalte der zensierten Schulmaterialien und DDR-Medien würde man neudeutsch wohl als *alternative facts* bezeichnen. Er selbst habe sich von *den offiziellen Versionen der Wahrheit nicht hinters Licht führen lassen,* wie er im Gestus des stolzen Systemkritikers betonte.

*Der Sieger schreibt die Geschichte,* verkündete er oft. Das solle ich niemals vergessen. Er selbst habe von seinem Geschichtslehrer, der ein guter Mann war, ja noch gelernt: Wenn man sich mit Geschichte beschäftigt, dann muss man sich alle Quellen angucken! Mit Bezug auf die Geschichte des deutschen Nationalsozialismus und seine globalen Konsequenzen folgte für mich hieraus, dass man sich weder mit den Quellen und Texten der Alliierten noch mit der offiziellen deutschen Geschichtsschreibung zufriedengeben darf. Vielmehr schien es mir notwendig, sich der Geschichte zu widmen, wie sie die Verlierer schreiben.

Tatsächlich hat sich in den letzten Jahrzehnten ein kontinuierlich wachsendes Netzwerk geschichtsrevisionistischer Autorinnen und Autoren, Verlage und Zeitschriften etabliert, das sich jenseits der offiziellen Historiographie diesem Kapitel der deutschen Geschichte widmet. Sie fordern eine Revision der Geschichtsschreibung durch eine Neubetrachtung und Neuauslegung historischer Quellen und Ereignisse. In der Pose von Enthüllungsreportern und -reporterinnen veröffentlichen sie angeblich *im Namen der Wahrheit.* Bei genauerer Betrachtung handelt es sich dabei oft um eine pseudowissenschaftliche Untermauerung ihrer jeweiligen Weltanschauungen.

Die einschlägigen Werke besaßen meist Fußnoten und ein Literaturverzeichnis. Das allein wirkte irgendwie wissenschaftlich auf mich, selbst wenn die Dokumente und Personen, auf die sie verwiesen, völlig unseriös waren. Ich wollte mich nie mit der Vertrauenswürdigkeit dieser Quellen befassen, solange sie in mein neues Weltbild passten. Meine naive Ignoranz ließ sich lieber von den Fußnoten als Qualitätssiegel wissenschaftlicher Redlichkeit überzeugen. Was in den Büchern stand, hörte sich irgendwie richtig an, so, als könnte es wirklich stimmen. Manches, was man schon einmal irgendwo zugeflüstert bekommen hatte, und anderes, von dem man ohnehin dachte, dass es vielleicht wahr sein könnte, wurde bestätigt – *Ich hab's doch schon immer gewusst: Nichts ist, wie es scheint!*

Die Quellenverweise taten dann bei mir ihr Übriges und verliehen Büchern, die nichts anderes als eine Anhäufung kruder Spekulationen und Rationalisierungen der eigenen Weltanschauung waren, den Anstrich, hier würde eine unterdrückte Wahrheit artikuliert. Eine Wahrheit, von der *die dunklen Hintermänner freilich nicht wollen, dass sie ans Tageslicht kommt.* Geschrieben sind solche Bücher dann auch im Stil eines Detektivromans, in dem ein Verbrechen historischen Ausmaßes aufgedeckt wird, dessen Vertuschung *von ganz oben* angewiesen wurde.

Manche dieser Bücher erhielt ich von Stefan. Schnell wusste ich mir den Lesestoff aber auch direkt bei den Verlagen oder im Internet zu bestellen. So hatte ich mit sechzehn Jahren bereits eine ansehnliche Bibliothek des Geschichtsrevisionismus. Die Gesellschaft für freie Publizistik (GfP), eine extrem rechte ›Denkfabrik‹, die der NPD und der offenen Naziszene personell und inhaltlich nahestand, tagte im Glockenhof in Eisenach. Das Viersternehotel befand sich direkt gegenüber von meinem Gymnasium. Unweit meiner schulischen Bildungsstätte konnte ich also den Bestand meines Repertoires an Verschwörungserzählungen erweitern.

Heute erkenne ich geschichtsrevisionistisches Gedankengut an der darin aufgestellten Behauptung, hier werde beschrieben, *wie es wirklich gewesen ist.* Es seien keine zurechtgebogenen Geschichtsschwindeleien, wie sie in den *Umerziehungsanstalten* gelehrt oder wie sie in den *Mainstream-Medien* verbreitet würden, sondern die auf die ›wirklichen‹ Quellen gestützte ›Wahrheit‹. Alle Instanzen, die Einwände gegen die Wahrheit der Revisionisten formulieren, erklärt man kurzerhand zum Teil des Problems, zum Teil der Geschichtsfälschung. Die anderen sind bereits umerzogen und gekauft, hirngewaschen oder schlicht Teil der Verschwörung.

*Woher beziehst du deine Nachrichten und Informationen? Woher hast du denn dein Wissen?* Das wirkt auf nicht wenige aufgeklärt und kritisch und lässt sich deshalb in allen Sparten der Gesellschaft wiederfinden: *Du kannst den Medien und Expertenstudien, dem Staat und seinen Bütteln nicht vertrauen.* Mit einer derart paranoiden Skepsis, die sich gegen jegliche Kritik rhetorisch immunisiert, bin ich aufgewachsen. Sie lehnt alles Wissen ab, dessen Ursprung sie nicht selbst ist.

Die *offizielle Version der Geschichte* sei die der Siegermächte, die damals einfach nur als *Besatzer* bezeichnet wurden. Heute haben die Feindbilder teils andere Namen: *Globalisten, One-World-Mafia* oder auch *linksgrün-versifftes Gutmenschentum.* Die Verschwörer nehmen dabei immer die gleiche Rolle ein: Mächtige Strippenzieher im Hintergrund, deren Pläne das Geschehen der Weltgeschichte in fast allen Ländern leiten würden. Meist werden sie als superreiche Banker und Wirtschaftsmagnaten vorgestellt, manchmal in Verbindung mit Geheimbünden wie den Freimaurern. Einige Verschwörungserzählungen behaupten offen, dass es sich um jüdische Banker und deren Hinterleute handele. Aber auch dort, wo der Fokus auf die vermeintlich unabweisbaren Kernpunkte der Konspiration gelegt wird, schwingen im Subtext immer wieder die gleichen altbekannten, antisemitischen Vorstellungen mit.

Wichtig scheint mir, festzuhalten, dass es sich bei solchen Verschwörungserzählungen nicht um Geschichtsschreibung im eigentlichen Sinne handelt, sondern bloß um Geschichten, die von kruden Spekulationen verzerrt sind. Seriöse Geschichtsschreibung bezieht sich auf überprüfbare Quellen und international diskutierte Bewertungsstandards. Innerhalb der Geschichtswissenschaften und des demokratisch-zivilgesellschaftlichen Diskurses werden auch umstrittene Themen verhandelt. Es geht also keinesfalls darum, irgendein geschichtliches Ereignis nicht kritisch betrachten zu dürfen, wie diejenigen glauben machen wollen, die Verschwörungserzählungen anhängen.

Der Geschichtsrevisionismus ist das Gerücht über die Geschichte. Denn von einem Gerücht bleibt selbst dann, wenn seine Unwahrheit bewiesenen ist, immer etwas hängen. Zudem scheinen sich derartige Aussagen umso hartnäckiger zu halten, je unwahrscheinlicher sie sind. Die Hauptsache aber ist schlicht, dass sie in Umlauf bleiben, was bereits genügt, um von diesem oder jener als *die Wahrheit* (an-)erkannt zu werden. Zum Beispiel das Gerücht vom Schuldkomplex: *Die Kriegsschuld für den Zweiten Weltkrieg liegt ebenso wenig einzig bei den Deutschen wie die für den Ersten. Beim Krieg, wie bei jedem Streit, gehören ja immer zwei dazu. Aber das erklärte Ziel der Besatzer war ja die moralische Zersetzung des deutschen Volkes durch das erneute Abladen der alleinigen Kriegsschuld auf die Schultern der Deutschen.*

Derartiges Gerede stellt eben nicht einfach einen ›neutralen‹ anderen Standpunkt oder ›bloß eine weitere Perspektive‹ vor. Die Absichten dieser Geschichtserzählungen und historischen Fiktionen sind eindeutig strategisch. Immer stellen sie eine Gruppe in ein deutlich besseres Licht als eine andere. Die Soldaten der Roten Armee: Mörder und Vergewaltiger. Die deutschen Soldaten von Wehrmacht und Waffen-SS: gar nicht so schlimm, wie alle immer behaupten. Kriegsverbrecher wie Rudolf Heß: ein falsch verstandener Friedensflieger, der einen Bruderkrieg zwischen den weißen Völkern Europas verhindern und dadurch Sowjetrussland abwehren wollte. Die alliierte Befreiung: nur der Auftakt für die Unterdrückung und Umerziehung des deutschen Volkes durch ein unterdrückerisches Besatzungsregime: *– Ach ja, und wussten Sie eigentlich schon, dass die Verfassung der Weimarer Republik noch gültig ist? – Tjaja, die BRD ist eine von den Besatzern eingerichtete GmbH und hat eigentlich keinerlei rechtliche Regierungsbefugnisse über das deutsche Volk. Haben Sie sich noch nie gefragt, warum wir in Deutschland eigentlich keine Verfassung, sondern nur ein Grundgesetz, keine Identitätskarte, sondern nur einen PERSONALausweis haben? – Tjaja, machen Sie sich darüber mal Gedanken oder fragen Sie am besten Xavier Naidoo!*

Die Verschwörungserzählung unterscheidet sich vom Geschichtsrevisionismus meist im Ausmaß der Paranoia, die sie verbreitet. *Hinter all dem steckt ganz klar System dahinter* – so dachte einst auch ich. Jenseits dieser doppelten Verschleierung geht die ›wahre‹ Verschwörung immer doppelt so tief, wie alle anderen glauben. *Die Eliten werden eigentlich von den Freimaurern geleitet, die aber freilich von den Illuminaten unterwandert wurden, von denen ja jeder weiß, dass sie nichts als von George Soros bezahlte Reptiloide sind.* Aber für mich war trotzdem klar: *Alles läuft hier nach Plan. Wer Augen hat, der sehe!* Mit zweifelsfreier Klarheit glaubte ich, schnell die größeren Zusammenhänge einzelner Geschehnisse erkennen zu können. Ein Komplott, das von den Drahtziehern in ihren Hinterzimmern und Logen inszeniert würde. Manchmal Freimaurer und Illuminaten, dann wieder Globalisten oder Zionisten – immer aber ist es eine als Zusammenschluss reicher Männer imaginierte verschworene Gemeinschaft. Stets beinhaltet die Wahnvorstellung ein verzerrtes Spiegelbild des eigenen Männerbundes. Mit dem entscheidenden Unterschied, dass man selbst die Weltherrschaft erst noch erlangen möchte, die *jene dunklen Mächte* angeblich schon innehaben – ein übermächtiger Feind als Abbild des eigenen Größenwahns.

Wahn ist nichts anderes als das Realhalten von Dingen, die eigentlich nicht da sind, die man weder sehen noch anfassen kann, die aber trotzdem Wirkung zeigen, weil wir fest an sie glauben. Im Wahn der *Rassen* und *Völker* verbinden sich Abstammungslinien aus Fleisch und Blut zu einem riesigen Körper mit einem einzigen Kopf – eine altbekannte Vorstellung. So lässt sich auch das Titelblatt des »Leviathan«, einer staatstheoretischen Schrift aus dem 17. Jahrhundert von Thomas Hobbes, als vermeintliche Repräsentation des »Volkskörpers« interpretieren: Auf dem Titelbild formt sich der Körper des Souveräns aus seinen unzähligen Untertanen. Dieses Motiv wird auf dem Cover des Pamphlets »Volksstaat statt Weltherrschaft« des rechtsextremistischen Publizisten Jürgen Schwab auf die Spitze getrieben: Etwa ein Dutzend Männerkörper teilen sich dort einen einzigen überdimensionierten Kopf.

Dies sind dann die extremen Stadien eines Wahns, der sich in etwas abgeschwächter Form z. B. in den scheinbar rational und auf Quellenbasis begründbaren Propagandastrategien von Politikern und Politikerinnen der AfD wiederfindet. Wenn Alexander Gauland die Verbrechen der Nazizeit als »Vogelschiss in über 1000 Jahren erfolgreicher deutscher Geschichte« relativiert, befeuert er die Öfen des Geschichtsvergessens. Wenn er und seine Parteikolleginnen und -kollegen, Weidel, Höcke und Co. vermehrt von der *absichtlichen Umvolkung* und der *neuen Weltordnung der Globalisten* schwadronieren, spielen sie auf der Klaviatur rechter Verschwörungserzähler.

Der Begriff der »Umvolkung« oder des »Großen Austauschs«, wie er bei Identitären und anderen Neunazis heißt, schließt nicht nur deutlich an klassische Nazipropaganda an. Er stand auch zu meiner aktiven Zeit in der Naziszene bis 2010 in der bundesweiten »Volkstod-Kampagne« im Zentrum wichtiger Argumentationsmuster und Demonstrationen. *Deutschland schafft sich ab, der Untergang des christlichen Abendlandes durch Islamisierung, die Deutschen sterben aus!* Gerade noch Export- und Fußballweltmeister, stehen *die Deutschen* jetzt auf der Liste der aussterbenden Arten, gemeinsam mit den *echten Franzosen, Italienerinnen, Polen und US-Amerikanerinnen.* Die

Vorstellung, dass derzeit ein Massenmord an der eigenen Gruppe stattfinde, schürt eine apokalyptische Stimmung. Sie soll jede eigene (Gewalt-)Handlung als Notwehr im Überlebenskampf *unserer von oben geplanten Vernichtung im Ethnozid, Autogenozid, Großen Austausch, White Genocide* oder eben der *Umvolkung* legitimieren.

Die Zukunft wird aus dem Reich des Unbekannten ins Reich des Altbekannten transferiert. Erwartung und Befürchtung fallen in eins. *Der Untergang steht bevor! Das wissen wir mit Sicherheit. Nur eins kann uns jetzt noch retten: eine Wiedergeburt;* eine Renaissance, die Rückeroberung einer verloren geglaubten Vergangenheit, in der angeblich alles besser gewesen sein soll – zurück in die Zukunft, Rückkehr zu einer nie dagewesenen Vergangenheit. In diesen verschworenen Kreisen wird besonderer Wert auf den bekannten Ausspruch der Aufklärung gelegt: *Wissen ist Macht.* Und ich fühlte mich durch mein Wissen besonders mächtig und mächtig besonders.

Das Thema der Seminarfacharbeit meiner Abiturprüfung war dem bescheidenen Versuch verpflichtet, anderen Menschen ein Stück dieses mächtigen Geheimwissens näher zu bringen. In der dreißigseitigen Hausarbeit mit eigenständiger Recherche zu einem selbstgewählten, aber mit dem Lehrpersonal zuvor abzustimmenden Thema habe ich zusammen mit einem Klassenkameraden eine für uns wichtige Problematik behandeln wollen: *Der 11. September – Terroranschlag oder Insidejob?* In unserem kurzen Begründungstext fabulierten wir: *Es gibt so viele Ungereimtheiten um die ganzen Ereignisse des Anschlags,* nachdem wir im Internet einen einschlägigen Film dazu gesehen hatten. *Wäre es nicht möglich, dass aus diesen und jenen Gründen nicht etwa islamistische Terroristen, sondern vielleicht die CIA, die US-Regierung selbst etwas damit zu tun hatte?,* fragten wir und dachten: *vielleicht sogar der Mossad? Wir stellen nur kritische Nachfragen!* Dieser wenig subtile Vorschlag wurde uns mit einer einzigen Notiz zurückgegeben: *Zu spekulativ!* Keinerlei Nachfragen vom verantwortlichen Lehrpersonal, kein Gespräch, nur die Forderung, ein neues Thema einzureichen. Wir mussten uns mit einem anderen Thema begnügen, das mich jedoch nicht minder umtrieb. Auf meinem Abiturzeugnis wird der Titel meiner Seminarfacharbeit wie folgt aufgeführt: »Todesstrafe – Befriedigung der Gerechtigkeit oder Verstoß gegen die Menschenrechte?«

Mein Selbstvertrauen war unterdessen so weit gewachsen, dass ich im Geschichtsleistungskurs meiner Abiturzeit begann, offen ›kritische‹ Nachfragen zu stellen, obwohl mir Stefan davon abgeraten hatte, mich derart in die Schussbahn zu begeben. Ich fragte, warum wir so viel Zeit mit der Französischen Revolution und dem Holocaust verbrächten, *die deutschen Opfer der alliierten Kriegsverbrechen* jedoch nur nebenbei erwähnten. Immerhin habe es davon *mehrere Hunderttausend allein in Köln, Magdeburg und bei dem Bombenholocaust von Dresden* gegeben. Eine Phrase, die ich von NPD-Politikern des sächsischen Landtags gehört hatte und die mir die Brisanz der alliierten Flächenbombardements zum Ausdruck zu bringen schien. *Wie der Holocaust waren auch die Flächenbombardements auf Magdeburg und Dresden verbrecherische Massenmorde an unschuldigen Zivilisten. Deshalb sollten wir auch hierüber ausführlich sprechen.*

Die gezielten Flächenbombardements hatten das kriegsstrategische Ziel, den Willen des aussichtslos mobilisierten Volkssturmes zu brechen. Dadurch sollte die Kapitulation Nazideutschlands forciert werden. Der Holocaust hingegen nahm seinen Anfang in der langwährenden gesellschaftlichen Diskriminierung verschiedener Menschengruppen und endete mit der industriemäßig betriebenen Ermordung unzähliger Menschen. Der Vergleich beider Ereignisse versucht die Ausmaße des Holocaust zu relativieren.

Die Holocaustrelativierung ist einer der wichtigsten Stützpfeiler des Geschichtsrevisionismus und seiner Verschwörungserzählungen. Diese Art der Erzählung ist von dem Wunsch geleitet, in der Geschichte auch ›Opfer‹ zu sein. Die Zuschreibung von Opferrollen ist begehrt, weil man sich von der Position des Opfers eine Position der Kritikfreiheit verspricht. Opfer erhalten Zuspruch und Mitleid sowie mildernde Umstände für Vergeltungsschläge: Angeblich geschah dies *nur aus Notwehr. Wir hatten gar keine andere Wahl.* Zugleich ist die Zuschreibung ein Ablenkungsmanöver: *Die anderen haben ja auch schlimme Sachen gemacht.*

Meine Lehrerin im Geschichtsleistungskurs reagierte auf meine Anmerkungen zu den Bombenangriffen auf deutsche Städte tatsächlich sehr souverän: *Gern könnten wir im Anschluss an den Unterricht darüber sprechen,* hatte es geheißen. Im Augenblick müsse sie sich jedoch an die Vorgaben des Lehrplans halten. Daher müsse sie es bei einer Benennung der Bombardements belassen und die von mir gewünschte *ausführliche Auseinandersetzung* auf später verschieben. Was meine Quellen seien, fragte sie mich dann später aufgeschlossen und ich nannte ihr die Namen der Bücher und Autoren aus dem Dunstkreis der geschichtsrevisionistischen Verlage. *Die kenne ich persönlich nicht,* sagte sie mit ehrlichem Interesse. Für mich war diese bescheidene Geste schlicht ein Geständnis ihrer Ahnungslosigkeit. *Natürlich kennen Sie die Autoren nicht. Sonst würden Sie auch nicht mehr lange als Geschichtslehrerin arbeiten,* dachte ich und sagte in ebenso aufgeschlossenem Tonfall: *Das scheinen mir spannende Bücher zu sein, die eine kritische Auseinandersetzung mit dem aktuellen Forschungsstand über unsere Geschichte unternehmen.* Sie nickte freundlich, als würde sie ahnen, dass nun mein Floskelfinale folgte: *Sie wissen ja: Geschichtsschreibung ist ein Machtinstrument und wer in der Gegenwart die Macht über die Vergangenheit hat, bestimmt die Zukunft.*

Aber wie sähe eine Art des Gedenkens aus, die nicht auf einer strategischen Verfälschung beruht? Gibt es ein Gedenken, das nicht vereinnahmend ist, das nicht von dem Besitz ergreift, dessen gedacht wird? *Deine Geschichte, unsere Vergangenheit, seine Identität, mein Vaterland.*

## Von Kraken, Datenzäpfchen und Konsumverzichtlern

Die meisten Kameraden in meinem Umfeld waren stark von *ihrer Vergangenheit* beherrscht. Eine Gruppe schien jedoch mehr als andere in einer Zeitkapsel gefangen zu sein: die völkischen Nazis. Was erst einmal ›doppeltgemoppelt‹ klingt, weil ja alle Nazis auch völkisch sind, meint hier den Hang zu Folklore und Nachahmung der Lebensweise des historischen Nationalsozialismus.

Ich selbst lernte einen dieser *Völkischen* in Eisenach kennen. Er saß nachmittags immer bei demselben Bäcker, trank Kaffee und half abends den Angestellten beim Aufräumen. Einfach weil *man das so macht, als anständiger Deutscher.* Nicht etwa, weil er dort arbeiten würde, wie er mir versicherte. Er sei als Jugendlicher ja selbst ein stürmischer Skinhead gewesen, habe viel Alkohol getrunken und sich auch ständig geprügelt, verriet er mir. Aber dann habe er eingesehen, dass das *nichts mit dem wahren Nationalsozialismus zu tun* habe.

Die letzten Verfechter des wahren Nationalsozialismus seien in der Heimattreuen Deutschen Jugend (HDJ) versammelt. Er war Mitglied dieser heute verbotenen, aber von Ersatzstrukturen aufgefangenen Neonaziorganisation, die ihrerseits die 1994 verbotene Wiking-Jugend beerbte und somit in direkter Kontinuität zur Hitlerjugend und dem Bund Deutscher Mädel steht.

Die Frau eines Thüringer HDJ-Kaders war Renés Ex-Freundin. Sie war in der HDJ aktiv und erzählte stolz, dass sie sich ihre *Jugendsünde,* ein Tattoo aus Skinheadzeiten, hatte weglasern lassen, um wieder eine reine Haut zu haben. Tätowierungen galten ihr jetzt als *undeutsch,* außer vielleicht die der eigenen Blutgruppe auf der Innenseite des linken Oberarms, wie es früher bei der Waffen-SS üblich gewesen war. Auch die Tätowierungen der KZ-Gefangenen wurden als Beispiel für undeutschen ›Körperschmuck‹ angeführt.

Diese ästhetischen und weltanschaulichen Vorstellungen bissen sich mit den Modernisierungs- und Verjüngungsstrategien, die andere Kameraden in die Szene trugen. Piercings und gedehnte Ohrlöcher, wie ich sie habe, waren für die Heimattreuen schlicht *Negerschmuck* und *eines arischen Menschen unwürdig.* So mag es zwar sein, dass die Geschichtswissenschaft von einer Tradition des Tätowierens und des Verfilzens der Haare bei Wikingern und Kelten ausgeht, die völkischen Nazis interessieren Befunde über die modischen Gebräuche der althergebrachten Vorbilder allerdings nicht. Nur wer sich in ihre Kostümierung des Brauchtums von 1933 bis 1945 fügt, gilt als echter Deutscher.

*Artenschutz und Erhaltung der deutschen Kultur beginnt bei jedem Einzelnen selbst,* so lautete einer der Glaubenssätze, der mir bei einem Gespräch beim Bäcker präsentiert wurde. *Be the change that you wanna see,* würde das in linken Kreisen wohl heißen. *Die Erhaltung der deutschen Sprache wider ihre Entartung durch Anglizismen und Ghettosprache* hieß es dann. Die Verwendung von englischen Vokabeln war strengstens untersagt. Für alltägliche Begriffe, die keine *urdeutsche* Entsprechung haben, wurden kurzerhand *richtig* deutsche Wörter erfunden: Ein T-Shirt ist ein *T-Hemd,* darüber trägt man einen *Überzieher.* Ein Laptop wird als *Klapprechner* bezeichnet und schafft dank der Leistung seines *Mutterbretts* schnellen Zugang zur eigenen *Heimseite* im *Weltnetz.* Würde ein gewisses Betriebssystem von einem USB-Stick aus gestartet, hinge man am *Datenzäpfchen* in den *Fenstern.* Bei Zuwiderhandlung drohten in manchen Kreisen Liegestützen für Knaben und Strafhausarbeit für die Mädchen. Einige Kameraden und ich machten uns wenig später einen Spaß daraus und benutzten weiter fröhlich Anglizismen, nur um dann am Abend in Höchstform bis zu 200 Liegestützen machen zu ›müssen‹ – *Körper über Geist.*

Die heimattreue deutsche Jugend hat Heimweh nach der Vergangenheit. Ihre eigentliche Heimat befindet sich in der Zeit von 1933 bis 1945, wahrscheinlich irgendwo in den Grenzen von '36. Nur im imaginierten Früher können sie dieser Heimat wirklich treu bleiben. Nicht perfekt, sondern besser als das Original wollten sie sein: Originazis – lebe deinen Traum!

Für eine gelungene Inszenierung des neogermanischen Kults bedurfte es freilich spezifischer Requisiten: selbstgestrickte Überzieher, Grauhemden und Jungenschaftsjacken für die Burschen, Blusen und Röcke für die Mädels. Und bei der Gaudi am Abend für alle die Volkstanzkleidung. Für ihre Kinder hieß es Zeltlager mit »Führerbunker«. Die Knaben erhielten ab dem jüngsten waffenfähigen Alter eine Ausbildung am Holzgewehr. Für die deutschen Mädels bestand das Brauchtum vor allem im Flechten lernen, damit das eigene Haar genauso gelingt wie der Brotzopf. Hausarbeit ist Frauensache, während die Vaterlandsverteidigung den Männern obliegt.

Kameradschaftlichkeit heißt dann auch mal jemanden verpetzen, dem ein englisches Wort über die Lippen kommt. Pflichtbewusstsein geht über Jugendfreundschaft. *Härte gegen sich selbst und andere, um alles Schwache in sich selbst zu besiegen – Erziehung der Jugend zum weltanschaulichen Nationalsozialismus!* Alle Flausen und Unwahrheiten, die *dieses System unserer Jugend* in der Schule oder anderswo einpflanze, müsse man ihnen austreiben, um genug Platz für die Wahrheit ihrer Eltern zu schaffen. Gelegentlich wird stolz erzählt, wie man das Kind nach dem Geschichtsunterricht zum Thema NS-Zeit über die tatsächlichen Verhältnisse aufklärt und darüber, *wie es eigentlich gewesen ist.* Bei kritischen Nachfragen und Ungehorsam kann es dann auch mal eine Ohrfeige setzen. *Das ist ja ganz normale Erziehung.*

Mich selbst schreckte dieses Leben im selbstgebauten Nazi Theme Park (zwei Wörter macht zwanzig Liegestütze) ab. Solche Dinosaurier könnten doch niemanden für eine Revolution gewinnen. Und auch die erzieherischen Domestizierungsmethoden in dieser Germanic World (noch einmal zwanzig) missfielen mir zutiefst. So etwas spricht Jugendliche nicht an. Es ist einfach nicht cool (jetzt wären die fünfzig schon komplett). Aber es gab einige Vorstellungen und Feindbilder, die man teilte. Manche der auserkorenen Gegner standen einem sogar viel näher, als man meinen würde: in den eigenen Reihen.

Die stereotypen Skinheads waren für völkische Nazis, aber auch für andere, die sich elitär gaben, wie Stefan, und schnell auch für mich, nichts als Konsumenten und Kanonenfutter – *ein notwendiges Übel auf dem Weg zur Revolution. Die Wikinger brauchen wir als Kanonenfutter,* sagte ich später voller Überzeugung und meinte damit sowohl typische Skinheads als auch Hooligans – hochgewachsene, gewaltaffine Fleischberge.

Aber der vor allem wirtschaftlich wichtigste Typus eines solchen Dumpfnazis waren unangefochten die »Kraken«. So wurde das meist glatzköpfige, gelegentlich auch mit Hitlerscheiteln auftretende Mitläuferfußvolk bei uns genannt. In meinen Augen waren sie wie Tintenfische, sowohl *weich in der Birne* als auch kopfhaar- und rückgratlos. Sie kauften stets die aktuellsten CDs, aus deren Texten sich ihre Weltanschauung zusammensetzte. Oft musste ich mir in Diskussionen mit derartigen Konsumnazis einfach Textauszüge dieses oder jenes aktuellen Songs der Rechtsrockband Stahlgewitter als Argument anhören. Ihr Horizont reichte nicht über die Botschaften eines Kreuzreims mit vier Haken hinaus.

Kraken trugen ausschließlich Szeneklamotten, die von einschlägigen Bands vertrieben wurden, oftmals auch Bekleidung mit eindeutigen Botschaften: »Ruhm und Ehre der Deutschen Wehrmacht« stand dann unter dem Konterfei eines Soldaten. Wenn es etwas kecker sein sollte, strahlte ein Hitlerjugendpimpf über dem Spruch »Opa war in Ordnung«. Um alle Aufnäher auf ihren Bomberjacken so unterbringen zu können, dass das Ganze ein übersichtliches Gesamtbild ergeben würde, hätten sie acht Arme gebraucht, wie eine Krake eben. Das Bild leuchtete mir ein – auch weil ich dadurch eine Negativfolie innerhalb der Szene gefunden hatte, von der ich mich abheben wollte. *Du bist so eine Krake!* war die Bezeichnung für stereotypes Verhalten.

Wie ich schnell merkte, war man mit Kraken eigentlich überall in der Naziszene konfrontiert. ›Krakenfreie Zonen‹ fand ich erst später in meiner autonom-nationalistischen Zelle nach meiner Bundeswehrzeit. Aber auch von dort war ihr kaufkräftiger Konsumwille nicht wegzudenken. Kraken soffen zu allen Anlässen exzessiv und füllten so die Veranstaltungskassen, die aktivistische Gruppen plünderten, um für die laufenden Kosten des politischen Aktionismus aufzukommen. *Irgendwie muss man ja an Geld kommen. Schließlich können wir keine Gelder beim Bundesministerium für staatsfeindliche Aktivitäten beantragen.*

Diese Konsumnazis fanden ihren Gegenpart in den überzeugten Konsumverzichtlern. Die Ökonazis agitieren gegen die Konsum- und Wegwerfgesellschaft, gegen Massentierhaltung und *falsches Wirtschaften.* Dies nicht etwa, um die Arbeitsverhältnisse von Millionen Menschen auf der Welt zu verbessern, nicht deren geschundene Körper haben sie im Blick, sondern bloß den eigenen: *Nur in einem gesunden Körper lebt ein gesunder Geist, mens sana in corpore sano* lautet die aus dem antiken Rom herangezogene Binsenweisheit, die auch in der Nazizeit großgeschrieben wurde.

Der Körperkult im Nationalsozialismus war ein bevölkerungspolitisches Element. Jeder einzelne Körper wurde als Dienstorgan des deutschen Volkskörpers angesehen, ein winziger Teil eines viel größeren Ganzen. Das Volk wird dabei zur größten organisch gewachsenen Gemeinschaft und die Volksgemeinschaft zur natürlichen Ordnung. Ein eigenes Ökosystem, das es auf vielfältige Weise zu schützen gilt. *Umweltschutz ist Heimatschutz* war daher die aktualisierte Parole der älteren Formulierung, die noch vom Völkerschutz sprach. Vaterlandsliebe solle zu ökologisch nachhaltigem Umgang antreiben. All dies zielt jedoch auf den ›Artenschutz‹ der angeblich aussterbenden Deutschen.

Ganzheitlich sollten die Ansätze dabei sein und im Einklang mit der Natur stehen, wie sie hier aufgefasst wurde. Im Endeffekt hieß dies: eine schwärmerische Deindustrialisierung, zurück zu Kleinbetrieben, Landwirtschaft und Handwerkskünsten in kleinen Dorfgemeinschaften. Diese Modernitätsfeindlichkeit verdichtet sich noch heute oft im Symbol der Großstadt als dekadentem Schmelztiegel wurzelloser Kosmopoliten, der die ursprüngliche Erdverwachsenheit mit der ländlichen Scholle gegenübergestellt wird. Solche Romantisierungen sind zudem an eine Globalisierungskritik gekoppelt. Der Globalisierung wird von Öko- und anderen Nazis angelastet, aus der Welt ein Dorf statt das Dorf zur Welt zu machen und dabei die freien Völker dieser Erde zu vermischen. *Nur Reines ist Feines.* Und die Genmanipulation der deutschen Population sei den Bionazis zufolge nicht nachhaltig für die arische Rasse. Wenn heute beispielsweise in der CDU/CSU aber auch bei den Grünen von ›nachhaltiger Einwanderung‹ gesprochen wird, fügt sich diese Kombination von Bevölkerungspolitik und Umweltschutz in die hier beschriebene Tradition.

Die an derartige Vorstellungen geknüpfte verkürzte Art der Kapitalismuskritik lernte ich erst einige Zeit später ausführlich kennen. Damals wusste ich jedoch bereits, dass die Öko-und Vegetarierbewegungen in Deutschland braune Wurzeln haben. Viele der ersten Vereine waren offen völkisch und antisemitisch ausgerichtet. Mit den Artamanen gab es eine Organisation, in der Personen wie der spätere Leiter von Auschwitz, Rudolf Höß, oder auch Heinrich Himmler politisiert worden waren – letzterer war angeblich tief esoterisch-spirituell veranlagt. Aus Überzeugung soll er allen höheren SS-Führern empfohlen haben, sich vegetarisch oder gar vegan zu ernähren. Der Führer selbst schwor darauf: Kein Fleisch, kein Alkohol – zu Feierlichkeiten vielleicht ab und zu ein Täubchen und ein kleines Glas guten Rotwein. Das waren dann doch einige der von mir verehrten Persönlichkeiten, die auf einen solchen Lebensstil schworen. Bis ich mich selbst für ein Leben ohne Alkohol und Fleisch entschied, sollte es noch bis kurz nach meinem achtzehnten Geburtstag dauern.

## Der Ton macht die Musik, den Rest die Ideologie

Am Wochenende waren Stefan, René und ich oft noch mit Freunden und Freundinnen unterwegs, die nicht selten aus der Eisenacher Naziszene stammten. Äußerliche und personelle Überschneidungen der Gothic- bzw. Gruftiszene mit der Naziszene wurde an Personen wie Stefan sichtbar, wenngleich sein Auftreten nicht besonders gruftilike war. Gelegentlich trug er einen Schottenrock und hochgeschnürte 30-Loch-Stiefel zu einem hautengen schwarzen Oberteil, wenn er im Partnerlook mit seiner Freundin unterwegs war. Sie durchlebte zu dieser Zeit, ausgelöst von der Alternative-Rock-Band Evanescence, eine Art Gruftiphase. So gab es oft gemeinsame Abende der braunen und schwarzen Szene. Zum Beispiel in einem Club mit verschiedenen Floors und dem wenig kreativen Namen Partyhouse. Auf dem Floor unserer Wahl lief hauptsächlich Rock, Darkwave und Industrial. Immer wieder wurde dort ein Lied der damals berühmten Band Wolfsheim gespielt: »The Sparrows and the Nightingales«. Ich kannte es aus dem Radio und erinnerte mich, dass es auch in den deutschen Charts gewesen war. Auf seinen Text hatte ich bisher aber nicht geachtet. Stefan konnte ihn auswendig und teilte mir auch allzu gerne seine Interpretation mit:

»How long have you been free
in this world of hate and greed
is it black or is it white
let's find another compromise
and our future's standing still
we're dancing in the spotlight
where is the leader who leads me
i'm still waiting ...

leaving home ...
and god is on your side
dividing sparrows from the nightingales
watching all the time
dividing water from the burning fire ... inside

[...]

and god is on your side
dividing cruelty from tenderness
watching all the time
dividing fiction from reality
move in circles walk on lines
no human being in sight
calm the winds and calm the seas
let's try another kind of peace
who fights this holy civil war?
a million men in uniform
wo ist der Führer der mich führt?
ich warte immer noch ...!
Leaving home [...]«

Die Textzeile des Refrains, die zu Deutsch etwa »Die Spatzen von Nachtigallen scheiden« lauten müsste, deutete Stefan als Frage nach Gut und Böse. Das ziehe sich seiner Ansicht nach durch den ganzen Text: Die Frage nach Licht und Dunkelheit würde direkt zu Beginn aufgeworfen und ein anderer Kompromiss, ein *Dritter Weg* gewünscht. Der *Dritte Weg* ist eine in Nazikreisen bekannte Bezeichnung für den Nationalsozialismus, der eine vermeintliche Alternative zwischen Kapitalismus und Kommunismus darstellen sollte. Die dann im Lied wiederholt aufgeworfene Frage nach dem Führer, zunächst *in der Sprache der Besatzer* und später auch in derjenigen *des Volkes der Dichter und Denker,* unterstrich in meinen Ohren die Plausibilität seiner Deutung.

»Calm the winds and calm the seas« – die Ruhe nach dem Sturm ist die Ruhe vor dem Sturm – Frieden ist nur die Zeit zwischen den Kriegen. Eine andere Art des Friedens, das sei das sogenannte Diktat von Versailles gewesen. Die Friedensverträge waren nach dem Ersten Weltkrieg stets von den Nazis und militaristischen Konservativen zu Propagandazwecken instrumentalisiert worden, um gegen die Siegermächte Stimmung zu machen. Die Deutschen wurden dabei als ein im Feld zwar unbesiegtes, von den politischen Eliten jedoch verratenes Volk dargestellt, das, zu Unrecht um die Ostgebiete beraubt, ein Opfer des Ersten Weltkrieges gewesen sei. Aber auch der Besatzungsstatus Deutschlands nach dem Zweiten Weltkrieg wurde von

Stefan als eine andere Art des Friedens interpretiert, in der es bis heute keine wirkliche Souveränität für das Volk gebe.

Die Millionen Männer in Uniform, die den heiligen Bürgerkrieg führen, wurden dann zielsicher als Wehrmachtssoldaten sowie deren künftige Nacheiferer bestimmt. Dieser Punkt überzeugte, weil im Refrain zuvor ja davon gesungen wird, dass das Zuhause mit Gott an der Seite verlassen würde. »Gott mit uns« stand, so wusste ich bereits, auf den Koppelschlössern der Gürtel deutscher Wehrmachtssoldaten und vielleicht ja auch wieder auf den Uniformen deutscher Soldaten von morgen? *Wo ist der Führer, der mich führt, ich warte immer noch!* Wer Ohren hat, der höre, was immer er wolle …

Der Sänger von Wolfsheim, Peter Heppner, hat sich wiederholt von derartigen Interpretationen distanziert. Aber wie bei anderen Projekten der Darkwave-, Gothic- und Industrial-Musikszene sind diese Distanzierungen zum Teil fragwürdig. Von Bands wie Death in June oder Von Thronstahl abgesehen, die keinen wirklichen Hehl aus ihrer faschistischen Weltanschauung machen, ist z. B. das Industrial-Electro-Projekt Feindflug weniger offensichtlich einzuordnen. Zwar verwenden sie Bild- und Tonmaterial aus der Zeit des Nationalsozialismus in ihrer Musik und im Artwork. Die Mitglieder von Feindflug berufen sich jedoch darauf, dies »kritisch« zu tun und »definitiv kein faschistoides Gedankengut« zu vertreten. In den ›kritischen‹ Liedern selbst merkt man davon wenig. Kein offener Widerspruch. Aber auch kein stummer: Keine Verzerrung von Tonmaterial, kaum Brüche im musikalischen Stil und auch keine anderen Stilmittel von Kritik und Distanzierung. Dass die Titel dann »Stukas im Visier« statt »Im Visier der Stukas« oder schlicht »Kahle Bedrohung« heißen, hat weder Stefan noch mich oder irgendeinen anderen der Goths mit Naziallüren gestört.

Es gibt bei derartigen Musikprojekten zu wenig offene Brüche oder Ironie, anders als bei Bands wie Rammstein oder Laibach. Faschistische Ästhetiken wurden und werden bei vielen Industrial- und Darkwave-Bands eins zu eins reproduziert. Wann immer sich jemand darüber beschwert, beruft man sich auf künstlerische Freiheit und vermeintlich ironische Subversion. Das ist eine Strategie, die bei etwas naiveren Menschen gut funktioniert und von Nazis hoch goutiert wird.

Zu einem Musikevent der etwas anderen Art fuhr ich mit René. Zunächst hielten wir auf einem abgelegenen Fabrikgelände bei Erfurt. Handys sollten im Auto bleiben, damit niemand Aufnahmen machen und auch *der Schmutz nicht einfach unsere Telefone anzapfen kann, während wir ein bisschen Spaß haben.* Aufgrund von Gerichtsprozessen wie dem gegen Garde 18 hatten René und einige andere Vorsichtsmaßnahmen ergriffen, um der Strafverfolgung zu entgehen – mit bescheidenem Erfolg.

Am Einlass der Konzerthalle saß ein mir bekannter Kamerad aus Eisenach, der uns fröhlich begrüßte. Die zweite Station war die Getränkeausgabe, die von einer Eisenacher Kameradin übernommen worden war. Die Stimmung war ausgelassen, als die erste Band zu spielen begann. Aus der amorphen Masse ragten vereinzelt in die Höhe gereckte Arme wie die Äste krummgewachsener Eichen empor. Unter dem Blätterdach aus Hitlergrüßen setzte sich eine Horde wuchtiger Gestalten in Bewegung. Die deutschen Eichen störte es nicht, dass sich die massigen Typen beim Pogo-Tanzen wie Wildsäue an ihnen schabten.

Es wurden hauptsächlich Coverversionen bekannter Songs gespielt – Evergreens des Menschenhasses, zum Mitsingen für alle. Der Headliner des Abends war die Band S. K. D. aus Gotha. Der Name bezog sich auf das SS-Sonderkommando Dirlewanger – eine Einheit, die Kriegsverbrechen an der Ostfront begangen hat und auch an der Niederschlagung des Aufstands im Warschauer Ghetto beteiligt war. Sich positiv auf ihren Kommandanten Oskar Dirlewanger zu beziehen, hatte auch in der Naziszene für manche einen bitteren Nachgeschmack. Nicht etwa wegen der Verbrechen, die seine Einheit verübt hatte. Vielmehr, weil er selbst während der Nazizeit im Jahr 1934 rechtskräftig als Kinderschänder und Vergewaltiger verurteilt worden war. Stefan und René war das bewusst und sie sahen es als einen weiteren Beweis für die Charakterschwäche des damaligen Sängers der Band, der von ihnen abschätzig Harry Hähnchen genannt wurde. Angeblich sei er ein V(ertrauens)-Mann. Das V stand für uns dabei eher für »Verfassungsschutz« und »Verräter«. Auch andere Menschen hielten es nicht für unwahrscheinlich, dass Harry im Knast Kameraden verraten hatte oder gar als V-Mann angeworben worden war. Eine Problematik, mit der wir ständig konfrontiert waren.

Die Band spielte unter großem Jubel fast aller Anwesenden den Titeltrack ihres neuen Studioalbums »Eisern und Stolz«. Der Text des Liedes zu schnellen Gitarren- und Schlagzeugriffs handelt vom Üblichen: Bereitschaft zum Kampf gegen den Feind und selbstloses Opfer für das Vaterland, »was ist es schon wert, ein einziges Leben, was ist schon dabei, es zu verlieren«. Hauptsache, »vor der Geschichte« steht der einsame Kämpfer »eisern und stolz« da.

Auf dem gleichnamigen Album gibt es neben Liedern wie »Heimatland«, »Volkssturm« und »Hängt sie auf« eine Adaption der Titelmusik der Zeichentrickserie »Die Gummibären«. In der Rechtsrock-Version kräht Harry vom Kampf der mutigen, freundlichen und gläubigen Taliban gegen den gemeinsamen Feind USA und angeblich jüdische Hintermänner. Von der heute unter Neurechten und Neonazis beliebten ›Kritik‹ an islamistischem Terror ist darin noch keine Rede. Stattdessen stand die Komplizenschaft zweier antisemitischer und menschenverachtender Gruppen von Männern, die zu Mordanschlägen bereit waren, im Zentrum.

Außerdem besangen S. K. D in einer Coverversion des Charthits »Wann kommt die Flut?« von Joachim Witt und dem Wolfsheim-Sänger Peter Heppner jene Sturmflut, die 2004 Teile Indonesiens verwüstete und viele Menschen das Leben kostete. Dies hatte damals bereits Tradition: Auch die deutlich bekanntere Band Race War, die heute Heiliger Krieg heißt, hat ein Lied mit dem Titel »Tsunami«:

»Egal ob Sextourist oder Menschenhändler,
Normalurlauber oder Kinderschänder
Naturgewalten töten ohne Gewissen
Tsunami hat sie einfach fortgerissen!

Tsunami, Tsunami! So 'ne Welle gab es noch nie!
Von Thailand bis nach Indien, Sri Lanka, Indonesien!
Tsunami, Tsunami! So 'ne Welle gab es noch nie!
Kannst du die Menschen ertrinken sehn?
Wie sie sang- und klanglos untergehen?«

Diese Art menschenverachtender Verherrlichung von tödlichen Naturgewalten, die vermeintlich *unlebenswertes Leben* auslöschen, ist weitverbreitet. Der geneigte Nazi wäre selbst gern diese gewissenlose Naturgewalt, die über alles hinwegrollt. Die Flut als sonst beliebtes Bedrohungsszenario gilt nur dann nicht als gefährlich, wenn man sich selbst an ihre Stelle denkt. So beginnen auch Race War ihr Tsunami-Lied mit dem wiederholten Ruf »Mach die Welle!«

Nachdem S. K. D. einige Landser-Songs gespielt hatten, kam es zu einem weiteren Höhepunkt. Sie coverten das Lied »Werwolf« der thüringischen NSBM-Kultband Absurd. NSBM steht für National Socialist Black Metal, die Nazivariante einer besonders düsteren Form von Metalmusik. Sie zeichnet sich durch verzerrte Gitarren mit oft disharmonischen Riffs und extrem schnellen Schlagzeugtakten sowie gutturalen Gesängen oder krächzendem Geschrei aus. Das gecoverte Lied war mir damals bestens bekannt, und ich konnte mit den Anwesenden den Text mitschreien:

> »Wenn der Vollmond scheint in finst'rer Nacht,
> Hör' ich wie die Wälder klingen!
> Wenn der Tod über den Gräbern lacht,
> hör ich die Nachtgeschöpfe singen!
> Niemand weiß, wer ich wirklich bin!
> Niemand hält das Böse auf!
> Niemand weiß, dass ich ein Werwolf bin
> Und das Grauen nimmt seinen Lauf!«

In den meisten Sagen und Filmen über Werwölfe verwandeln sich diese in normale Menschen zurück, sobald der Morgen graut, ohne jede Erinnerung an die Gräueltaten, die sie im Mondschein begangen haben. In den Zeilen des Lieds von Absurd wird die Verwandlung dagegen herbeigesehnt:

> »Blut und Tote überall im Land
> Keine weiße Macht kann mich bezwingen!
> Eine schwarz-graue Pfote formt sich aus meiner Hand
> Ihr könnt meinem Blutdurst nicht entrinnen!«

»Niemand weiß, dass ich ein Werwolf bin«, außer ich selbst, und weil ich es hinnehme und sogar Freude daran habe, nimmt das Grauen seinen Lauf. Der hier beschriebene Gestaltwandler erinnert sich nicht nur seiner grausigen Taten, sondern sehnt sich nach deren Wiederholung. Das eigene Begehren soll befriedigt werden, auch wenn dafür andere zugrunde gehen müssen.

»Ich stille meine Gier mit Menschenfleisch,
mit Zyklon B, mit Gift und Blut!
Willst du mich, so komm' in mein Reich,
deine Eingeweide schmecken sicher gut!

Im Wald hört niemand der Opfer Schrei!
Wieder ist die graus'ge Tat vollbracht!
Der Toten letzte Worte waren ›Gott steh' mir bei‹
Und der Vollmond scheint in finst'rer Nacht.«

Auffällig ist hier die beschriebene, im Schutze der Nacht anonym verübte Gewalt: der Wunsch, den anderen den Tod zu bringen, ohne jede Form der Reue. Der Text verlässt das Terrain des Mythischen an der Stelle, wo der einzige Bezug auf die Geschichte Nazideutschlands erfolgt: Mit Zyklon B, dem Schädlingsvernichtungsmittel, nahmen die Nazis Abermillionen Menschen das Leben. Gift und Blut zur Verteidigung von Blut und Boden des Reichs. »Komm in mein Reich!«, fordert der Werwolf dann. In ihm lebt es fort und er selbst findet in seinem Reich Schutz. Aber der Wald ist hier eine Chiffre für den *natürlichen Lebensraum der heidnischen Germanen,* die dichten Wälder der Heimat, das Deutsche Reich.

Dabei handelt es sich in der Vorstellung des Sängers von Absurd um die Wälder meiner Jugend. In verschiedenen anderen Liedern taucht der Thüringer Wald als das Reich dieser Werwölfe auf. Am offensichtlichsten ist das wohl in ihrem englischsprachigen Lied »Green Heart«. Es besingt den tiefen finsteren Wald im »grünen Herzen Deutschland«, wie Thüringen bisweilen auch genannt wird. Die Bewohner dieser Wälder werden als das Böse gepriesen, das alle Eindringlinge ebenso töte wie jeden, der die Romantik des deutschen Waldes nicht ausreichend achtet:

»Thuringian plain, deep dark forest
Evil dwells on there in the woods
Snowcovered hills, cold winds blowing
Romantic place, is it understood?!

Evil in the forest in Germany's Green Heart!«

Der Literaturnobelpreisträger Elias Canetti hat in »Masse und Macht« einige spannende Überlegungen zur Bedeutung des Waldes als Nationalsymbol der Deutschen angestellt, die zumindest auf die modernen Hobby-Germanen und mein damaliges Ich zutreffen: »Das Massensymbol der Deutschen war das *Heer*. Aber das Heer war mehr als das Heer: es war der *marschierende Wald*. In keinem modernen Lande der Welt ist das Waldgefühl so lebendig geblieben wie in Deutschland. Das Rigide und Parallele der aufrechtstehenden Bäume, ihre Dichte und ihre Zahl erfüllt das Herz des Deutschen mit tiefer und geheimnisvoller Freude. Er sucht den Wald, in dem seine Vorfahren gelebt haben, noch heute gern auf und fühlt sich eins mit Bäumen. [...] Der einzelne Baum aber ist größer als der einzelne Mensch und wächst immer weiter ins Reckenhafte. Seine Standhaftigkeit hat viel von derselben Tugend des Kriegers. Die Rinden, die einem erst wie Panzer erscheinen möchten, gleichen im Walde, wo so viele Bäume derselben Art beisammen sind, mehr den Uniformen einer Heeresabteilung. Heer und Wald waren für den Deutschen, ohne daß er sich darüber im Klaren war, auf jede Weise zusammengeflossen. Was anderen am Heere kahl und öde erscheinen mochte, hatte für den Deutschen das Leben und Leuchten des Waldes. Er fürchtete sich da nicht; er fühlte sich beschützt, einer von diesen allen. Das Schroffe und Gerade der Bäume nahm er sich selber zur Regel.«

Der Wald als Symbol der angeblich unveränderlichen *natürlichen Ordnung*. Die Figur des Werwolfs, des Mann-Wolfs, lässt sich dann leicht als ›das Tier im Manne‹ deuten, eine animalisierte Dimension des Menschlichen, die *natürlicher* sei als der menschlich-allzumenschliche Alltag. Es ist ein Traum von der Überwindung der Moral und des schlechten Gewissens durch jene Männer, *die tun, was getan werden muss.*

Diese Vorstellungen werden durchaus in die Tat umgesetzt: Die Mordserie des terroristischen Nationalsozialistischen Untergrunds (NSU) bezeichnete dieser selbst als »Wolfszeit« – die Bezüge auf den führerlosen Widerstand der »We(h)rwolf«-Gruppen am Ende des Zweiten Weltkrieges sind offensichtlich. Schon vor seiner Selbstenttarnung fanden sich Hinweise auf den NSU im »Weißen Wolf«, dem Szenemagazin des bewaffneten Arms von Blood & Honour, der selbsternannten »Terror Machine« Combat 18, die für »Kampfgruppe Adolf Hitler« steht.

Das Cover des Absurd-Albums, auf dem sich der Lobgesang des Werwolfs befindet, habe ich später auf meine linke Wade tätowieren lassen. Der Albumtitel »Facta Loquuntur« heißt übersetzt etwa »Taten sprechen für sich«. Damit ist eine Politik der Tat gemeint, die Tatsachen schafft und Fakten nach Belieben interpretiert und verzerrt. Die Bandmitglieder haben ihren Worten Taten folgen lassen. Sie töteten noch im Jugendalter einen Mitschüler, den sie später als »Volksschädling« verhöhnten. Bilder seiner Leiche zeigten sie auf einem Booklet. Zuvor hatten sie bereits ein Musikvideo zu eben jenem Lied »Werwolf« gedreht. In ihm sieht man, wie die Bandmitglieder eine Strohpuppe in Menschenform mit Hämmern und Äxten überfallen und zerfleischen – sie deuten sogar an, das Fleisch ihres Opfers zu verspeisen. Wenig später brüstete sich der Sänger der Band mit dem Mord an seinem Mitschüler: »Am 29.04.'93 haben wir uns dazu entschlossen, dem Leben eines unlebenswerten Geschöpfes ein Ende zu setzen.« *Ich entscheide selbst, wer sterben muss, und wer es wert ist, zu leben.*

Meinen beiden Mentoren René und Stefan hatten sie die Stelle auf dem Totenberg bei Sondershausen stolz gezeigt, an der sie ihr Opfer verscharrt hatten. Garde 18 war eine befreundete Band und man kannte sich von anderen Nazikonzerten. Die Band Absurd wurde in der NS-Black-Metal-Szene nicht zuletzt aufgrund ihrer martialischen Gewalt verehrt.

Auf »Facta Loquuntur« befindet sich eines der damaligen Lieblingslieder von Stefan und mir: »Pesttanz«. Wir hörten es besonders auf Autofahrten rauf und runter. Das Lied hat der Verherrlichung des Massenmords an vermeintlich »unlebenswertem Leben« ein zweifelhaftes Denkmal gesetzt:

»Widerstehend der Ärzte-Kunst, nutzend jetzt der Stunde Gunst.
Was da atmet muss nun sterben, dass die Welt gereinigt werde!
Mordend Juden und Christenheit, lüstern, voller Grausamkeit.
Massengräber füllen sich. Holde Pest, wir grüßen dich!

Und in toter Augen Glanz tanzen wir den Totentanz.
Massengräber füllen sich. Holde Pest, wir grüßen dich!«

Das Tötungsinstrument ist eine biologische Waffe, die zur *natürlichen Selektion* dient: Ein Lob der Pest zur Auslöschung der Feinde jener selbst erklärten Heiden. Der Tod ist für die Pestopfer ein Geschenk, eine Befreiung vom Leben, das nicht wert ist, gelebt zu werden. Deshalb darf es noch im Tode verhöhnt werden:

»Schwarzer Tod, willkommner Gast, nimm, die du erkoren hast.
Unheilbar, dem Grab geweiht, wird der Mensch vom Leben befreit!
Sieh, wir danken feiernd dir, tanzen auf den Gräbern hier.
Sterbende, sie quälen sich. Holde Pest, wir grüßen dich!«

Wie »Werwolf« gilt auch »Pesttanz« als Klassiker in der Szene und wird auf Partys bis heute gespielt. Aber nicht alle Texte des NSBM sind derart kodiert. Auf dem Absurd-Album »Asgardsrei« sind die Anspielungen auf die Zeit des Nationalsozialismus in »Als die Alten jung noch waren« oder »Germanien über alles« weniger diskret behandelt:

»In den Divisionen ›Wiking‹ und ›Nordland‹ waren geeint
Unsre Ahnen unerschütterlich für das Reich gegen den Feind.
Ihre Ehre die hieß Treue, in den Adern floss ein (arisch) Blut,
Und ihr Heldentum soll leiten uns und stets härten unsren Mut.«

»Wiking« und »Nordland« referieren auf die gleichnamigen SS-Divisionen. Eines der Wappensymbole ziert das ursprüngliche Band-Logo von Absurd. Es ist die Swastika, ein Hakenkreuz mit abgerundeten Haken. Der Rest der Strophe verliert sich in Schwärmereien über arisches Blut und Heldenmut. Der Opener des Albums fasst bereits die Weltsicht der Neogermanen zusammen: »Krieg ist Leben,

Leben ist Krieg.« Menschenhass und Vernichtungswunsch als Hobby und Weltanschauung. Sich selbst dadurch mächtig (und) gut fühlen, dass alle anderen wertlos sind.

Als S. K. D. dann zum Abschluss des Konzertes als Gruß an Garde 18, deren Mitglieder gerade vor Gericht standen, das Schlagzeugintro von »Blut muss fließen« zu spielen begannen, erschallte der für diese Lieder typische Applaus: Sieg-Heil-Rufe in Dauerschleife, bis die erste Strophe über das Wetzen der langen Messer einsetzte. Immer wieder hielt Harry das Mikrofon in die Menge, aus der alle zumindest noch den Refrain mitzugrölen im Stande waren. Nach der letzten Strophe hielt dann auf einmal ich das Mikrofon in den Händen, hatte aber keinerlei Probleme, die Situation angemessen zu meistern. Unsicherheiten textlicher oder stimmtechnischer Art gab es keine. »Und wir scheißen auf die Freiheit …«, schrie ich ins Mikrofon und beendete das Lied dann, indem ich dem mich umgebenden Chor ein leicht gezogenes »Sieg« zurief. »Heil« erschallte es sodann dem Amen in der Kirche gleich zurück. Aus hundert Kehlen ein Ruf: »Sieg Heil! Sieg Heil!«, wie aus einem einzigen Mund.

Ich hatte mich zuvor in Menschenmengen auf Konzerten nie richtig wohlgefühlt, zumindest nicht, solange ich nicht stark betrunken war. An diesem Abend war ich selbstverständlich auch nicht nüchtern gewesen, tauchte aber in die Masse ein wie ein ins Wasser fallender Stein, vollumschlossen, bedenken- und gedankenlos.

Auf der Weiterfahrt von diesem Konzert nach Meiningen wurde ich von René für mein Verhalten gemaßregelt: *Du solltest sowas nicht machen. Das bringt dich nur in Schwierigkeiten. Dann auch noch, wenn der Harry das macht. Der eitle Hahn, der wahrscheinlich noch ein Anstifter ist.* Ich solle vorsichtiger sein, was ich in der Öffentlichkeit mache, weil man nie wissen könne, wer vielleicht heimlich mitfilme. Ich hatte mich jedoch selten derart lebendig gefühlt, übergroß und unverwundbar.

In Meinigen waren wir nach dem Konzert in der WG einer der wichtigsten Figuren der damaligen südthüringer Szene zu Gast – ein mir nur etwas über den Bauchnabel reichender junger Mann mit einem roten Ziegenbart. Bei der Antifa, aber auch in der Szene selbst galt er als Giftzwerg oder Rumpelstilzchen wegen seines aggressiven und meist unüberlegten Verhaltens.

Die nächsten Tage in der WG drehten sich nur noch ums Netzwerken. Bei trinkfesten Neonazis, wie ich damals gern einer sein wollte, geschah dies zunächst bei »Goldi-Cola«, einem dunklen Weinbrand, der fast eins zu eins mit Cola gemischt wird. Das hatte ich bereits häufiger getrunken, und so vertrug ich die absichtlich viel zu starken Mischen *wie ein Mann.* Aber das zweite Getränk war in jeder Hinsicht neu für mich: das sogenannte Wikingerfrühstück. Dahinter verbirgt sich ein hochprozentiger Weinbrand, der mit Milch, Zucker und einem Spritzer Met versetzt wird. *Das gesunde Frühstück für gepflegtes Plündern und Brandschatzen,* witzelte René mit einem breiten Grinsen. *Hauptsache, es knallt.*

Im Gegensatz zu anderen Anwesenden war René kein gewalttätiger Mensch. Ich habe ihn niemals jemanden anschreien oder auch nur offen beleidigen hören. Sein Hass zeigte sich anders. Nicht in physischer Gewalt, sondern in dem, was er als Ausdruck seiner kreativen Seite empfand. Unter den Anwesenden waren ohnehin viele selbst ernannte Künstler. Ich lernte noch Dänner kennen, einen der wichtigsten Musiker der deutschen Neonazi-Szene, der die erste Welle des NSHC, des National Socialist Hardcore, mitinitiiert hatte. NSHC oder auch einfach nur Hatecore war von unpolitischem oder offen linkem Hardcore und Metalcore beeinflusst. Musik von linken Bands zu hören, war kein Problem. Im Gegenteil: Man konnte sich vom politischen Gegner einiges abgucken bzw. -hören, wodurch die Kriegspropagandakampagne der Nazis eine ganz neue Bedeutung erhielt – *Feind hört mit.* Wirklich neu war es ja nicht, sich Einflüsse anderer Jugendkulturen anzueignen: Erst der Skinhead-Look aus der Arbeiter- und Arbeiterinnenbewegung Englands in den 1980er-Jahren, dann Rock- und Metalmusik aller Couleur und jetzt Hardcore und Elemente des zeitgenössischen linken Lifestyles – einfach irgendwie ein NS anhängen und fertig ist die neue Nazisubkultur. Vor allem der Aneignung linker Ideologien sollte ich mich schon sehr bald intensiver widmen.

Früher war Dänner Gitarrist der Nazirockband Aryan Rebels gewesen, deren Album »Spirit of 33« in Deutschland verboten war. Es beinhaltete unter anderem eine Coverversion des verbotenen Horst-Wessel-Liedes, dem einstigen Kampflied der SA und der Parteihymne der NSDAP. In Nazikreisen ist es ähnlich beliebt wie »Blut muss fließen«. Bei Dänners NSHC-Projekten »Burning Hate« und »Painful Life« waren die Texte etwas subtiler geworden, wenngleich sie weiterhin gewaltverherrlichend blieben.

Wir hörten in die gerade frisch aufgenommene Demoversion eines Liedes von »Burning Hate« rein. Ich glaube, es war der Titel »Jagdsaison«. Songtitel wie Bandname sind Programm: Brennender Hass auf der Jagd im nächtlichen Mondschein – wie in »Werwolf« typische Gewaltfantasien. Der ewige Kreislauf der arischen Jäger und Sammler: das Jagen und Töten von »Opfern« bei Nacht, um Trophäen oder auch schlicht Abschüsse zu sammeln.

Auf Lob und Anerkennung für Dänner folgte eine Diskussion über die Darstellungsweise der neuen Musikrichtung. Die Cover der NSHC-Bands ähnelten mehr und mehr denjenigen von ganz normalen Hard- und Metalcore-Bands. Keine Hakenkreuze oder andere eindeutige Nazisymbole, keine Abbildungen von Soldaten. Bandlogos waren nicht mehr in der typischen altdeutschen Frakturschrift, sondern in einer im Metalcore verbreiteten amorph-verzerrten Typografie gestaltet. *Wenn alles sofort verboten wird, dann erreicht die Musik niemanden mehr. Die Texte müssen so eindeutig sein, dass vor allem auch junge Leute die Botschaft verstehen, aber es darf nicht so eindeutig sein, dass es verboten und beschlagnahmt werden kann.* Dies sagte Dänner in fränkischem Dialekt, was seine Überlegung auf mich fast etwas niedlich wirken ließ. Aber er meinte alles todernst und war sich der Sprengkraft seiner Lieder wohl bewusst. *Außerdem sind wir im Gegensatz zu einigen anderen aus dem Krakenalter raus,* schob er dann plötzlich wieder lachend nach und hob sein Glas zum Anstoßen. *Aber auf Adolf Hitler trinken wir trotzdem!* Zynismus propagandistischer Strategien.

Auf dem Heimweg von Meiningen nach Eisenach musste René mehrfach abrupt an den Rand der Bundesstraße ausscheren. Das Auto war kaum richtig zum Halten gekommen, die Tür halbgeöffnet, als ich die Reste des Wikingerfrühstücks der letzten Tage dem Straßengraben übergab. Neben diesen abenteuerlichen Notbremsungen hatten wir auf der Heimfahrt nur ein Thema, über das ich wortkarg und verkatert zu sprechen vermochte. In anderen Städten schien an allen Fronten viel mehr los zu sein als bei uns. In Eisenach war eher tote Hose. Niemand war *wirklich aktiv,* wenn man einmal von der NPD absah, von der jedoch keinerlei revolutionäres Potenzial erwartet werden konnte. NPDler wurden auch von Stefan, René und anderen aus verschiedenen Gründen verachtet, die ich noch nicht kannte. *Wenn du keine Organisationsform findest, die dir passt,* riet René mir mit entgegenwehender ›Fahne‹, *dann gründe doch einfach deine eigene.*

# IV. Für Führer, Volk und Vaterland – Aufstieg und Fall einer Jugendorganisation

In Eisenach gab es Mitte der Nullerjahre bis auf einen umtriebigen NPD-Verband und die Treffen der Gesellschaft für freie Publizistik wenige politische Strukturen, die mich interessiert hätten. Die meisten Eisenacher Kameraden investierten den Großteil ihrer Freizeit in einen gemeinsamen Fantasy-Rollenspiel-Clan sowie in die paramilitärische Koordination in virtuellen Wehrmachtsuniformen, um möglichst viele *Amis, Tommis und Kommis bei »Call of Duty« abzuknallen.* Ein Computerspiel, in dem man aus der Egoshooter-Perspektive ballernd durch die Schlachtfelder des Zweiten Weltkrieges zieht. Diese digitale Art des bewaffneten Kampfes reichte mir jedoch nicht aus. Die Welt kann man nicht allein vom Computer aus verändern, dachte ich.

*Weltanschauliche Bildung und ideologische Festigkeit sind Anker und Treibkraft gelebter Ideale und Tugenden.* Aus derartigen Überzeugungen folgte für mich eine Veränderung meines alltäglichen Verhaltens. Konsequent sein, zu Ende denken, was anderen nicht einmal als Problem erscheint. *Da siehst du, wie umerzogen diese braven Schafe sind,* sagte ich mit Blick auf die Gesamtgesellschaft selbstbewusst, *sie sehen nicht einmal, dass sie sich treudumm in die Warteschlange zur eigenen Schlachtung eingereiht haben.*

Nach Art eines Tabubrechers und Hüters wahrer Werte veränderte ich mein Äußeres, um es dem, wie ich glaubte, angeborenen Inneren anzupassen, *meinem Deutschsein.* Jede Handlung sollte von nun an ein Bekenntnis zum weltanschaulichen Nationalsozialismus sein – die totale Identifizierung mit der totalitären Ideologie. Ich fühlte mich von ihr in keiner Weise unterdrückt oder in meiner Freiheit beschränkt. Ganz im Gegenteil: Es fühlte sich für mich befreiend an, zu wissen, was ich zu tun und wie ich mich zu verhalten hatte. Ich wollte meinem Vaterland als treuer Sohn dienen, mit jeder Faser meines Körpers Nazi sein. Niemand hat mich dazu gezwungen. Ich begehrte diese selbstgewählte Unterwerfung unter dogmatische Ideale. *Dem Guten, Wahren, Schönen* verschrieb ich mein Leben und rief dafür nach meiner dienstwilligen Knechtschaft, als ginge es um mein Heil.

Einen Tag nach meinem achtzehnten Geburtstag rief mich mein Vater in die Küche und eröffnete mir, dass er ein Konto auf meinen Namen eingerichtet habe, auf dem Geld für mein Studium liege. Ich müsse ihm dieses Konto aber nun überschreiben oder ihm zumindest eine Vollmacht dafür geben. Ich verstand sofort, dass er eines seiner Schwarzgeldkonten auf meinen Namen hatte laufen lassen, um selbst keine Probleme bei der Steuererklärung zu bekommen. Durch meine Volljährigkeit konnte ich ihm jetzt sein vor dem Fiskus verborgenes Kleinvermögen abspenstig machen. Als ich ihn fragte, warum ich ihm das Konto überschreiben sollte, wandelte sich seine Miene zum strengen Blick des Patriarchen. An diesem Tag fehlte mir noch die Kraft, gegen den Leviathan meiner Jugendzeit aufzubegehren.

Ich hatte meinem Vater bis zu diesem Tag immer geglaubt, wenn er mir sagte, wir hätten kein Geld für einen Urlaub oder die Spielkonsole, die ich mir durch den Verkauf meiner Spielsachen und irgendwelche ›krummen Dinger‹ hatte besorgen müssen. Aber mein Vater hatte wie bei so vielen Dingen schlicht gelogen. Wir hatten nur kein Geld für die Dinge, die ich mir wünschte.

Von dem fünfstelligen Betrag auf dem Konto kaufte er sich dann ein baufälliges Haus am anderen Ende der Stadt, bei dessen Renovierung ich unentgeltlich helfen musste. Das würde ja irgendwann einmal mir zufallen – wenn mein Vater endlich gefallen sein würde, dachte ich. Aber da ich, wie meine Schwester, schon mehrfach mündlich enterbt worden war, traute ich meinem ›Glück‹ nicht so recht. Immerhin erhielt ich nun die Finanzierung für einen Führerschein. Nicht für meine eigene Mobilität, sondern weil es für den Hausbau nützlich war, wie mein Vater immer wieder betonte. Beim Bau selbst musste ich dann stets als Blitzableiter herhalten, wann immer sich sein Frust über die Doppelbelastung von Berufsarbeit und Arbeit am Haus in einem Donnergrollen entlud. Ein Zustand, den ich nicht länger hinzunehmen bereit war.

Wenige Wochen nach meinem achtzehnten Geburtstag erlebte ich dann meine ganz eigene Machtergreifung. Weder rechtlich noch physisch konnte mein Vater weiterhin über meinen Körper bestimmen. Ich schnitt mir die Haare zu einer Scheitelfrisur und ließ mich zum ersten Mal tätowieren. Außerdem entschied ich mich nach einigen Totalabschüssen mit hartem Alkohol und einer Nahtoderfahrung, als ich mich im Schlaf erbrach und daran beinahe erstickt wäre, meinen Alkoholkonsum auf null einzupegeln. Kurz darauf hörte ich damit auf, Fleisch zu essen. Im Einklang mit der Maxime des weltanschaulichen Nationalsozialisten: *Was hätte der Führer getan?*

Jener Führer, dessen Konterfei Zimmerwände, Bucheinbände, Waden und Oberarme meiner damaligen Freunde und Bekannten zierte. Das Gesicht wird Symbol und Projektionsfläche der eigenen Wünsche. Seine Abbildung und Ausstellung ist Erkennungszeichen und Bekenntnis. Durch Tätowierungen mutiert der Körper zur Skulptur, die geschliffen und verfeinert werden will. Tätowierungen sind unter die Haut eingravierte Ornamente, die nach außen zeigen sollen, was innen empfunden wird. Ich selbst habe meine ersten Begegnungen mit der Nadel rituell zelebriert: Das Einstechen meines ersten Hakenkreuzes war ein weltanschauliches Bekenntnis von sinngeschwängerter, spiritueller Tiefe. Dazu kam noch der rituelle Charakter der Prozedur – als würde durch das Einstechen weltanschaulicher Symbole ein Bund mit einer Glaubensgemeinschaft besiegelt. Wie bei einem Aufnahmeritual bedeutete es für mich auch, die *männlichen Tugenden* der Standhaftigkeit, Schmerzunempfindlichkeit und Aufopferungsbereitschaft zum Ausdruck zu bringen: den Schmerz aushalten und für Deutschland bluten – ein sichtbares Bekenntnis, für immer und ewig.

Als Erstes ließ ich mir eine Abbildung von Odin auf den linken Oberarm stechen. Nur wenige Wochen später dann einen Thorshammer, der auf einem Wurzelgeflecht ruhte, das meinen linken Arm umschloss und dem ein Abbild des Weltenbaums aus der nordischen Mythologie entsprang, die Irminsul. Diese Symbole sind nur bedingt verboten. Auch wenn zum Beispiel die Irminsul als Symbol der rassistisch-esoterischen Forschungsgemeinschaft Deutsches Ahnenerbe in der Nazizeit verwendet wurde, so fällt sie nicht in allen Ausführungen in die Rubrik verbotener Zeichen. Das gilt jedoch nicht für die Swastika, ein Hakenkreuz mit abgerundeten Ecken, das ich mir in einem Kranz aus Eichenlaub auf die Innenseite meines linken Oberarms tätowieren ließ. Hinzu kamen darüber eine Wolfsangel und bis in die Achsel vier sehr unvorteilhaft angeordnete Äxte, wie der Sänger der Blue Eyed Devils sie auf dem Oberarm trug. Außerdem habe ich noch in alter SS-Manier meine Blutgruppe in die Mitte der Äxte stechen lassen. So hatte ich schon zwei Monate nach meinem 18. Geburtstag den halben Arm voller Tätowierungen. Die Schulter und das linke Bein sollten wenig später folgen.

In der Schule steigerte dies nur mein Prestige als ernstzunehmender Gesprächspartner zu einschlägigen Themen. Klassenkameraden, die mich fragten, ob das nicht ein Hakenkreuz sei, konnte ich damit beruhigen, dass es sich bloß um eine Swastika, ein Sonnensymbol der alten Germanen handele, das man so auch bei Ausgrabungen gefunden habe. Auf den Fluren zog mein Auftreten andere Reaktionen nach sich, und die Gerüchteküche bereitete den Rest. Manche Mitschülerinnen oder Mitschüler blickten angestrengt zu Boden, andere pressten sich gar gegen die Wand, um mir Platz zu machen. Ich wurde jemand, vor dem man sich fürchtete, und erhielt dadurch Macht. Es fühlte sich fast so an, als teilte sich die Masse im Schulflur, um einen Durchgang für mich und meine Kumpane zu schaffen. In derartigen Momenten überkam uns die schier unbeschreibliche Gewissheit unserer Großartigkeit. Der verschwiegene Blick, den wir am Ende des Gangs miteinander austauschten, sagte mehr als tausend Worte – stille Kumpanei pubertierender Selbstüberschätzung.

Aber da war noch mehr: Die Szene ist ein weiteres Schlüsselerlebnis im Zuge meiner Verwandlung. Ich hatte zum ersten Mal das erfahren, was die Psychologie Selbstwirksamkeit nennt. Hatte ich mich bisher fast ausschließlich durch den strengen Blick meines Vaters gesehen, so konnte ich nun ein anderes Selbstbild entwickeln, in dem ich mich durch die Augen der anderen betrachtete, wie sie aus Furcht vor mir zurückwichen. Ich war nicht länger der, auf den man nur herabblickt, ich konnte etwas bewirken, mein Handeln hatte Konsequenzen.

Meine Mentoren waren ebenfalls bemüht, mein Selbstbewusstsein auf einem überhöhten Stand zu halten. Ihren Segen für den Aufbau einer Jugendorganisation hatte ich. Nur der NPD-Mann musste noch ins Boot geholt werden. Vor ihm hatten mich meine Mentoren allerdings gewarnt: *Ein widerlich abgestumpfter Opportunist, ein karrieregeiler Parteibonze.* Die einhellige Meinung seiner NPD-Kumpanen lautete: *Wenn Wieschke mal an die Macht käme, wäre ich der Erste, der in den Widerstand geht.* Aber er sei nun einmal der einzige fähige Parteifunktionär in Eisenach, deshalb müsse man sich mit ihm arrangieren. *Und im Endeffekt wollen wir doch alle das Gleiche, nicht wahr?* Das war der immer viel beschworene nationalistische Minimalkonsens, dessen Inhalt selten wirklich expliziert wird. Er ist eher ein Aufruf der stolzen Ritter zum Burgfrieden, um gemeinsam die Prinzessin retten zu können, ohne sich gegenseitig in den Rücken zu fallen. Ihm folgte ich bereits damals nur skeptisch, und wenig später sollte ich den Burgfrieden immer häufiger offen stören. Zunächst ließ ich mich jedoch mit dem verteufelten Parteifunktionär der NPD ein, und er trommelte für mein Projekt einige Jugendliche aus den umliegenden Kleinstädten und Gemeinden zusammen.

## Vom ersten Kontakt zur Gründung

In einer meiner Stammkneipen in der Innenstadt trafen wir uns zum ersten Kennenlernen – etwas weniger als ein Dutzend Jugendlicher aus Eisenach und dem Wartburgkreis. Nach einer offiziellen Begrüßung und einer kurzen Vorstellungsrunde tranken die meisten ihr Bier oder einen Cocktail. Ich nahm genüsslich mein Ginger Ale zu mir und wir spielten Billard. Ein ganz normaler Freitagabend im Leben jugendlicher Menschen – wenn man einmal davon absieht, dass wir zusammengekommen waren, um eine Jugendorganisation aufzubauen, die sich dem historischen Nationalsozialismus verpflichtet.

An diesem Abend fiel mir auch das erste Mal eine Nazischönheit in die Augen, die meinem damaligen Idealbild einer Frau entsprach: blond, blauäugig und bereits im Alter von sechzehn Jahren Mutter eines *arischen Kinds.* Wir kamen uns während des Vorgründungstreffens näher, indem wir zunächst unverfängliche Blicke miteinander austauschten. Nach diesem Abend besuchte ich die Kameradin aus dem zwölf Kilometer entfernten Creuzburg häufiger. Schnell wurden wir das Vorzeigepärchen der Jugendorganisation.

Name und Strukturen erhielt diese Organisation von mir, meinem Stellvertreter und dem Schatzmeister in spe: Pakt Volkstreuer Jugend (PVJ) sollte *unsere Organisation* heißen und sich um den Zusammenschluss und die politische Bildung *deutscher* Jugendlicher kümmern. Die Strukturen waren für eine rechte parteiungebundene Vereinigung durchaus gewöhnlich: ein Kameradschaftsführer, manchmal auch versehentlich -leiter genannt, sein Stellvertreter und ein Schatzmeister, der Rest ist Schweigen. Denn in *meiner* Jugendorganisation herrschte das Führerprinzip. Deshalb lag die erste und letzte Entscheidungsgewalt schlussendlich bei mir. *Einer für alle und alle für einen.* Organisatorisch hieß das: Der Wille aller tat sich durch mich kund. Alle anderen Mitglieder können gerne eine eigene Meinung haben, vielleicht haben sie durchaus gute Ideen und etwas zu sagen (wenn auch nichts Entscheidendes). Aber: *Der Führer befiehlt euch, ihr habt zu folgen.*

Dieses prestigeträchtige Amt wurde mir dann feierlich im Veranstaltungssaal eines gutbürgerlichen Lokals in Stregda verliehen. Jener Vorort Eisenachs, wo sich drei Jahre später Uwe Böhnhardt und Uwe Mundlos vom NSU ihrer Verantwortung durch Suizid entzogen. Jugendliche im Alter von vierzehn bis zwanzig Jahren waren dort versammelt, um feierlich den Pakt Volkstreuer Jugend zu gründen. Der Name sollte zugleich fulminant, wehrhaft und wohlklingend sein. An diesem Abend schlossen wir stellvertretend für die gesamte volkstreue Jugend einen Pakt – so sahen wir es jedenfalls. Wir wollten mehr als nur irgendeine Politgruppe sein. Unser Pakt war unserer Ansicht nach ein Pakt derjenigen, die nicht vom rechten Weg abgekommen sind. In den meisten Filmen, die davon handeln, wird ein solches Abkommen mit Blut besiegelt. Für unseren Blutspakt musste jedoch kein Blut fließen, da ja bereits ›ein‹ Blut in unseren Adern floss. »Herkunft verpflichtet«, sagten wir oft. Sowohl der Dimension des Blutspakts als auch der rhetorischen Wirkungssteigerung nach außen waren wir uns wohlbewusst – ganz ähnlich wie die sogenannte Identitäre Bewegung, die sich durch diese Selbstbezeichnung als dynamische Strömung mit vielen Mitgliedern inszenieren will. Parallelen lassen sich auch zu ihrer Ursprungsorganisation aus Frankreich ziehen. Die Génération Identitaire versteht sich gar als Stimme einer ganzen Generation. Diese Inszenierung eines Alleinvertretungsanspruches einer gesamten Altersgruppe oder Nation ist ein klassisch strategisches Kalkül rassistischer und nationalistischer Gruppen, um die eigene Bedeutung zu steigern und sich zu Scheinriesen zu stilisieren.

An dem Gründungstreffen des PVJ nahmen immerhin etwa 35 junge Menschen aus einer einzigen Provinzstadt mit etwa 40 000 Einwohnerinnen und Einwohnern teil. Die Gruppe schmolz schnell auf einen harten Kern von etwa zehn bis fünfzehn Personen zusammen. Außerdem knüpften wir umgehend Verbindungen zu einer kleineren Gruppe aus dem etwa dreißig Kilometer entfernten Waltershausen.

Zu unseren gemeinsamen Aktivitäten zählten vor allem Wandern, Billard spielen und Filme mit geschichtsrevisionistischen Inhalten anschauen. Darin ging es zum Beispiel um Rudolf Heß, den Zweiten Weltkrieg oder den ›Krieg gegen den Terror‹. *Cui bono? Wem nützt er eigentlich und wer ist deshalb wahrscheinlich für ihn verantwortlich?* Eine der typischen Fragen verschwörungsbewegter Menschen.

SMS und Chat-Gespräche wurden mit »Heil Dir!« begonnen und nicht selten auch beendet. Bei persönlichen Treffen war der aus Film und Fernsehen bekannte römische Unterarmgriff unser Begrüßungszeremoniell. Mir war er aus Hollywoodfilmen wie »Ben Hur« oder »Gladiator« ebenso vertraut wie aus den »Winnetou«-Filmen. Damit hatten wir bereits unser geheimes Erkennungszeichen. Freimaurer drücken ja angeblich beim Handschlag mit einem Daumen als Erkennungszeichen auf das muldenförmige Areal zwischen Daumen und Zeigefinger. *Was die können, können wir schon lange.*

Insgesamt machen Nazis meist genau das, was sie ihren Feinden vorwerfen: Sie produzieren ›Geheimwissen‹, verabreden Erkennungszeichen und zelebrieren Aufnahmerituale, meist unter Ausschluss anderer. Das sind typische Kennzeichen aller Männerbünde der Geschichte. In meiner Jugendorganisation war die männliche Vorherrschaft durch die Postenvergabe ebenso konsolidiert wie durch das reine Zahlenverhältnis: zwei Kameradinnen auf ein Dutzend Kameraden. Frauen waren insofern grundsätzlich willkommen, weil das Ausschlusskriterium ja nicht an das Geschlecht, sondern an das ›Deutschsein‹ gebunden war.

Im Manifest *meiner* Jugendorganisation tönte ich mit Paukenschlagrhetorik: »Und bis der Tag erscheint, der unseres Sieges säumt, bis es soweit ist, dass unsere wahre Fahne wieder entrollt wird, solange trägt der Pakt Volkstreuer Jugend die Wolfsrad-Fahne.« Bei dem Manifest handelte es sich um eine 35-seitige Broschüre, die den Titel »Das Wolfsrad« trug. Sie klärte über den PVJ auf und gab Demoberichte und Musiktipps aus der Szene. Eigentlich hatten alle festen Mitglieder Aufgaben für diese Publikation übernommen. Schlussendlich musste ich aber fast alle Texte selbst verfassen oder zumindest so stark überarbeiten, dass ich sie auch selbst hätte schreiben können.

Das Wolfsrad ist ein nicht vorbelastetes ›germanisches‹ Symbol, das ich aus den Tiefen des Internets ausgegraben hatte. Meine Entscheidung für dieses Zeichen war von einem Mix aus Esoterik, nordischer Mythologie und völkischen Gemeinschaftsfantasien motiviert: »Das Wolfsrad soll ausgewogene Zusammengehörigkeit ausdrücken, für Gleichgewicht sorgen und die Auflösung, sowohl im gesellschaftlichen als auch im persönlichen Umfeld verhindern. Zudem ist es ein Symbol der Abwehr und des Schutzes und ist deshalb häufig als Beschlag auf Wikinger-Schilden [...] zu finden. In seiner Mitte erblickt man das Symbol der Sonne, das mächtigste aller Zeichen. Außerdem ist das Wolfsrad ein Symbol für Unabhängigkeit und Freiheit.«

Neben esoterischen Elementen durfte natürlich auch der Bezug auf die Sonne als vermeintlich höchstes Gut nicht fehlen. In den vollmundigen Worten meines jugendlichen Ichs wurde die Wolfsradfahne ein »Symbol unseres Widerstands- und Freiheitskampfes für unser aller Volk und Vaterland-Deutschland«. Unterstrichen wurde dieses Standartenpathos durch ein Zitat Ernst Jüngers, der für sein elitäres Denken und die literarische Verherrlichung seiner Kriegserlebnisse im Ersten Weltkrieg von Konservativen und Nazis gefeiert wird. Er dient derzeit den Identitären oftmals als Dandy-Posterboy auf T-Shirts und Transparentaufschriften: »Unsere Fahne ist nicht rot, nicht schwarz-rot-gold und nicht schwarz-weiß-rot, sie ist die Fahne eines neuen größeren Reiches, das in unserem Herzen begründet und aus ihm heraus gestaltet werden soll. Es wird der Tag kommen, an dem sie in Reinheit entrollt werden darf.« Das

Zitat stammt von 1926, aus einer Zeit also, in der die Hakenkreuzfahne noch erlaubt war. Ob Jünger diese Fahne gemeint hat oder nur metaphorisch sprach, ist irrelevant. Entscheidend für mich war allein meine eigene Interpretation.

Dass solche Texte von selbst ernannten Rettern der deutschen Kultur voller Rechtschreibfehler sind, war weder für mich noch für Kameradinnen und Kameraden ein Widerspruch. Im Wissen um meine damalige Rechtschreibschwäche versuchte ich diese Kritik, inklusive Rechtschreibfehler, auf ironische Weise im Editorial des Heftes vorwegzunehmen: »Wer Rechtschreibfehler findet, kann sie behalten☺!« Derartige Widersprüche und schlechte Rechtschreibung ändern nichts am ideologischen Gehalt der Aussagen. Sie in pseudokritischer Weise anzuprangern wirkt auf außenstehende und sympathisierende Menschen meist eher anmaßend und überheblich. Es genügt nicht, sich über die Rechtschreibfehler der Gegner lustig zu machen, wenn dabei die menschenverachtenden Inhalte nicht offen kritisiert werden. *Hißt die rohde Fane, mit den hackengreuz!!11!* Man weiß, was gemeint ist. Ein Schießbefehl bleibt auch voller Rechtschreibfehler tödlich.

Der Straßenaktivismus des PVJ beschränkte sich zum einen auf eher gemütliche Stadtspaziergänge durch das Spalier von Demonstrierenden der Gegenseite in Magdeburg und Dresden, zum anderen im Austragen der nationalistischen Monatsflugschrift »Wartburg-Bote«. Das Blatt wurde federführend von NPD-Funktionären geschrieben und sah genau so aus, wie man sich eine Zeitung vorstellen muss, die von Menschen ohne publizistische Kompetenz herausgegeben wird. Ich selbst hielt diese Zeitungsbotentätigkeit aber für wenig sinnvoll, da wir damit im wahrsten Sinne zu Handlangern der NPD wurden.

## Die Gewalt parlamentarischer Saubermänner

An einem Abend wurden in der Nazi-WG Geschichten aus der Zeit im Knast erzählt. Alle hatten schon mal für Gewaltdelikte eingesessen: darunter schwere Körperverletzung oder Widerstand gegen die Staatsgewalt und gegen Vollzugsbeamte. Patrick Wieschke, der bis heute ein einflussreicher Funktionär der Thüringer NPD ist, war wegen Anstiftung zur Herbeiführung einer Sprengstoffexplosion – es handelte sich um einen Anschlag auf einen Dönerladen – zu einer mehrjährigen Gefängnisstrafe verurteilt worden. Er habe damit nichts zu tun, und ohnehin sei das *eher ein an die Scheibe geklebter Böller* gewesen, sagte er dazu einmal schulterzuckend. Wie er eine Explosion einschätzen konnte, mit der er angeblich nichts zu tun gehabt hatte, wurde von mir nicht hinterfragt.

Ein anderer Kamerad erzählte mir vom Knastalltag: *Auf Bude hatten wir noch so ein perverses Schwein, der Leute an sein Auto gelockt, die mit dem Fensterheber eingeklemmt und dann gefickt hat. Mit dem haben wir öfter Volksgerichtshof gespielt. Da haben wir einen Tisch quergestellt, einer von uns hat sich da als Richter hingesetzt, ein anderer hat die Anklage gegen die schwule Sau verlesen, die in der Mitte auf einem Stuhl saß. Dann hat der kurz das Wort erhalten, aber er brauchte nicht viel sagen, weil ja klar war, dass er verurteilt wird, wie jedes Mal eben. Aber wir waren human und haben ihm die Wahl gelassen: fünfzig Brustis oder je zwanzig Äuglis.* Brustis waren Schläge mit der Faust auf den Brustkorb. Auch was Äuglis sind, wurde mir fachmännisch erklärt: *Na du setzt den am besten hin und zwei Leute halten den fest. Einer am Oberkörper, der andere fixiert den Kopf und ein dritter zieht mit Daumen und Zeigefinger der einen Hand die Augenlider auseinander und schnippst mit der anderen Hand gegen das Auge, als würde er einen Zigarettenstummel feste wegschnippen wollen. – Aber das tut doch höllisch weh, merkte ich etwas verschüchtert an. – Na, das ist ja der Sinn dabei! Das perverse Schwein kann froh sein, das wir nicht unsere Zigaretten auf ihm ausgedrückt haben!*

Er brüstete sich mit der sadistischen Selbstjustiz, die einem eigenen Strafmaß folgte. Der Mitgefangene wurde dafür gequält, dass er Sex mit einem anderen Mann hatte. *Widernatürliches Verhalten* wurde dies genannt. Schwule galten als *Perverse und Kriminelle.* Nicht die Vergewaltigung wurde zum Anlass des Schauprozesses. Das Tribunal verurteilte die sexuelle Orientierung des Zellennachbarn.

Die *Widernatürlichkeit* wird dabei an angeblich natürlichen Geschlechterverhältnissen gemessen. Man bezieht sich auf eine Sexualmoral, die dem Sex ausschließlich die Funktion der Fortpflanzung zuweist. Homosexuelle Paare würden die Erbsubstanz des Deutschen Volkes auf doppelte Weise schwächen: einerseits weil sie keine Nachkommen für die Volksgemeinschaft schafften, andererseits sei ihr Erbgut defizitär – gerade weil sie homosexuell sind. Der Widerspruch dieser Aussagen wird jedoch selten aufgelöst! Dass auch Nazis ohne erklärten Kinderwunsch Sex haben, wird nicht als Gegenargument anerkannt. Die Vorstellung, Menschen könnten einfach Freude am Sex mit Menschen unterschiedlicher Geschlechter haben, ist für sie schlicht inakzeptabel. Jede Abweichung von ihrer absoluten Norm ist für sie krankhaft. Der gleichen Logik folgt das Geschwätz vom »Genderwahn«, das die AfD ebenso verbreitet wie manche Konservative und Kirchenvertreter.

Die Erzählung, Homosexualität sei widernatürlich, krankhaft und gehe mit kriminellen Tendenzen einher, ist nicht nur in der Neonaziszene gängig. Auch in konservativen und christlichen, in akademischen ebenso wie in sogenannten bildungsfernen Bevölkerungsschichten sowie in einigen Auslegungen des Islams oder des Judentums finden sich Varianten dieser Ansicht. Homophobie ist in verschiedenen Graden in unserer Gesellschaft verbreitet. In der Ablehnung der Ehe für alle treffen sich rechtsextremistische Kräfte mit ihren parlamentarischen Ablegern in der AfD und CDU/CSU oder verschiedenen religiösen Eiferern.

Neben der wenig überzeugenden Leugnung des Bombenanschlags und diverser Knastgeschichten habe ich das Gewaltpotenzial Wieschkes auch hautnah miterlebt. Der Vorfall ereignete sich auf einer Geburtstagsfeier: Ein guter Freund hatte sich seine langen Haare zu einem etwas extravaganten Scheitelschnitt mit zwei dünnen langen Zöpfen auf der linken Seite frisiert. Das war für den alkoholisierten Wieschke eine offenbar unerträgliche Haarpracht. Er schlug dem Kameraden deshalb ohne jegliche Vorankündigung mit der Faust ins Gesicht und beschimpfte ihn als »Zecke«, eine von Nazis häufig verwendete, abwertende Bezeichnung für Linke, Hippies, Punks oder Antifa-Aktivistinnen. Als ich ihn danach zur Rede stellte, warum er einfach Menschen aus meiner Jugendorganisation angreife, antwortete er mir mit glasigen Augen und Schnapsfahne: *Der soll sich gefälligst die Haare ordentlich schneiden – rennt hier rum wie die letzte Zecke! Ein richtiger Nationalist trägt Kurzhaarfrisur. Wenn ich hier das Sagen hätte, würden alle deutschen Männer kurze Haare tragen.*

## Verliebt, verlobt, vervatert

Es war im Winter 2007. Ich hatte nichts dem Zufall überlassen. Passieren sollte es auf der Creuzburg, bei einem ›ganz normalen‹ Spaziergang. Wir schlenderten durch die Burganlage. Bei einem Mauerstück, in das ein Durchblick eingelassen war, warfen wir eng umschlungen einen Blick in die Ferne auf unsere Heimat: Wälder, Wiesen und Felder. Als wir uns umdrehten, lagen auf einem Mauervorsprung nahe eines durch den Winter um sein Grün beraubten Baumes wie von Zauberhand zwei Ringe. Sie hatte schon Tränen in den Augen, als ich meine weichen Knie auf den hartgefrorenen Boden senkte. Ich nahm ihre Hand und sagte mein Sprüchlein. Das ganze romantische Trara. Dann zog ich ihr den Ring auf, während ihr anhaltendes Nicken Freudentränen auf mich regnen ließ. Wir kannten uns erst etwas mehr als drei Monate, und doch war ich schon bereit, mit ihr einen Bund für die Ewigkeit einzugehen.

Als ich ihr den Ring überstreifte, war ihre Hand schneeweiß und kalt. Dass sie an einem anderen Finger noch den Verlobungsring von ihrem Ex trug, war mir einerlei. Sobald wir unsere Ringe angelegt hatten, griffen unsere Hände ineinander, sodass die Siegel Seite an Seite zu sehen waren. Sie trugen das Emblem der Schwarzen Sonne. Ein Symbol, das auf der einstigen SS-Ordensburg im Obergruppenführersaal in den Boden eingelassen ist. Je nach Blickwinkel besteht die Schwarze Sonne aus ineinander verschränkten Hakenkreuzen oder aneinandergereihten SS-Runen. Das Symbol diente eher den okkulten und esoterischen Strömungen in der SS und war nie ein offizielles Wappenzeichen. Daher ist es nicht verboten und wird von Neonazis mit Vorliebe als Erkennungszeichen verwendet. Die Schwarze Sonne sollte über unserer Ehe scheinen. Passend zu dieser Runenromantik legten wir den Hochzeitstermin auf einen 20. April, den Geburtstag des Führers.

Das Kind meiner Freundin stammte aus ihrer letzten Beziehung mit einem Skinhead-Nazi, der etwa Mitte zwanzig war. Ich übernahm zügig ziehväterliche Verantwortung. Vater sein, das bedeutete hier: Wenn das Baby schrie, ab und zu mal aufzustehen, Windeln zu wechseln und die Fütterzeiten zu beachten. Aber alles mit der Unterstützung der Großeltern, die unter demselben Dach wohnten. Einige Monate später und nach meiner Entscheidung, zur Bundeswehr zu gehen, sah die Welt schon nicht mehr ganz so rosig aus. Aber bis dahin wollten noch Abiturprüfungen abgelegt und eine Jugendorganisation zu Fall gebracht werden …

## In den Maschen des Weltnetzes gefangen

Das Internet wurde zunehmend das primäre Propaganda- und Vernetzungsmedium zum Austausch von Daten und Übeltaten. Damals tummelten sich die Nazis noch in Foren wie Thiazi oder auf Nachrichten- und Infoportalen wie Altermedia. Schnell erfolgten alle Bestellungen von CDs und Bekleidung hauptsächlich über Online-Shops von einschlägigen Plattformen. Um den Kontrollversuchen meines Vaters von Donnerstagabend bis Montagfrüh zu entgehen, ließ ich meine Bestellungen einfach zu Freunden oder Freundinnen senden. Mein MySpace-Profil wurde eine digitale Leinwand meiner Gesinnungsbekundungen. Ich versuchte auf ihr mehr Nazisymbole unterzubringen, als eine Krake greifen kann.

Meine Verlobte war damals eine Vorreiterin dessen, was man heute wohl als Meme Wars bezeichnet. Sie fertigte Bilder mit ihrer Ansicht nach tiefsinnigen Sprüchen an und teilte diese dann im sozialen Netzwerk. Sie stellte ihre Attraktivität ebenso wie ihren Aktivismus offen zur Schau und erhielt dafür zahlreiche Kontaktanfragen.

Die Vernetzung fand hauptsächlich über gemeinsame Themengruppen bei StudiVZ statt, einer Plattform mit ähnlichen Features wie Facebook. Die Namen dieser Gruppen waren eindeutig: »Todesstrafe für Kinderschänder!«, »Kriminelle Ausländer raus!« oder »Für ein Europa der Vaterländer!« Wie bei Facebook wurden hier anderen Benutzern die geteilten Gruppen eines Profils angezeigt. So konnten sich Mitglieder der einen mit Gleichgesinnten aus anderen Gruppen vernetzen. Neuigkeiten wurden miteinander geteilt oder es wurde zu Demonstrationen aufgerufen. Nicht wenige dieser Gruppen bestanden mehr oder weniger aus denselben Mitgliedern. Da aber ein Abgleich dieser Übereinstimmungen sehr aufwendig gewesen wäre, wirkte es nach außen hin so, als gäbe es unzählige Interessierte für diese Themen.

Heute wird mit Bezug auf die Algorithmen, die auswählen, welche News wir in unseren Timelines angezeigt bekommen, von Filter-

bzw. Informationsblasen gesprochen. Auch die StudiVZ-Gruppen waren Bubbles im doppelten Sinne: Sie waren abgeschottet und aufgeblasen. Wer eine andere Meinung hatte, wurde vom digitalen Gesinnungsgewissen niedergeschrieben. Solche Informationsblasen erzeugen oft den Eindruck, dass ein bestimmtes Thema wichtig ist, weil sich dem Anschein nach so viele Menschen damit befassen. Das weiße Rauschen der vielen Stimmen lässt den Scheinriesen wachsen, der zügig einen langen digitalen Schatten wirft. Denn für die Algorithmen zählen damals wie heute weder Inhalt noch Wahrheitsgehalt einer Aussage, sondern einzig, wie oft sie angeklickt, geteilt oder geliked wurde.

Auch in Zeiten vor dem Internet gab es bereits in allen Städten und in fast jeder kleineren Ortschaft den einen oder anderen Stammtisch, an dem Verschwörungserzählungen geteilt wurden. Um auf dem neuesten Stand der ›Erkenntnisse‹ zu bleiben, musste man sich aufwendig mit Verschwörungsliteratur eindecken, was auch ich zu Beginn meiner Politisierung noch getan habe. Personen mit Hang zu Verschwörungserzählungen hatten damals meist wenige Gesprächspartner und -partnerinnen, wenn sie nicht gerade zu einer Conspiracy-Convention fuhren, wie sie die Gesellschaft für freie Publizistik schon seit 1960 veranstaltet. Im digitalen Zeitalter ist der virtuelle Stammtisch nur eine Googlesuche entfernt.

Dubiose Bücher werden zum Teil auch bei Amazon angeboten, sei es zu geschichtsrevisionistischen oder verschwörungserzählerischen, sei es zu nationalpopulistischen Themen. Das Bewertungssystem ist dabei so unabhängig wie unvoreingenommen. Nicht nur, dass ohnehin jeder Mensch eine Bewertung schreiben kann, die dann das Ergebnis der Gesamtbewertung beeinflusst. Das Siegel »verifizierter Kauf« macht tendenziell aus jedem dahergelaufenen Hanswurst in den Augen der Unbedarften einen kompetenten Literaturkritiker. Das alles nützt einer gezielten Desinformation, die auf Instanzen behaupteter Autorität setzt.

Dies ist aber nur eine von vielen Strategien. Eine neuere besteht in der Verwendung von Bots, die automatisch Inhalte teilen, um deren Wert für die Algorithmen zu steigern. Damit sorgen sie dafür, dass die eigenen ›Wahrheiten‹ vielen anderen präsentiert werden. Eines aber bleibt gleich: Die nächste Generation der Aluhutträger versammelt sich im Internet. Dort formiert sie sich im passenden Moment zur Trollarmee: eine Horde, die sich an der provozierten Entrüstung anderer ergötzt und darauf abzielt, Menschen zu beleidigen und einzuschüchtern. Ihre Taktik ist Unterdrückung und gezielte Desinformation. Einige schrecken hierbei auch vor Vergewaltigungs- und Morddrohungen nicht zurück. In den unendlichen Weiten des digitalen Raums halten sie sich für anonym. Diese Anonymität ist ein Schutz, den sie nur brauchen, bis sie in der Gesellschaft leben, die sie sich wünschen.

## Das Unrecht des Stärkeren

Bei uns zu Hause, im Schutz des Privaten, brauchte Unterdrückung keinen Deckmantel. Ich kam mit meiner Verlobten darin überein, dass die ständigen Erniedrigungen durch meinen Vater so nicht weitergehen könnten. Daher verweigerte ich den Arbeitsdienst. Ich stellte klar, dass ich nicht länger unentgeltlich schuften und mich dafür noch anbrüllen lassen würde. Hinzu kam, dass meine Schwester inzwischen wieder die gönnerhafte Hilfe meines Vaters genoss. Als Reaktion auf ihren Auszug hatte er mir gegenüber unter unvorstellbaren Tiraden gelobt, meiner Schwester jegliche Unterstützung für alle Zeit zu verweigern. *Wir müssen jetzt zusammenhalten. Deine Schwester hat sich von deiner Mutter bequatschen lassen. Die wird wie deine Mutter.* Den Bruch dieses Eides unseres *male bonding moments* empfand ich als Verrat, und mein Vater wirkte dadurch in meinen Augen wie ein unzuverlässiger Schwächling. Ich verlor einen Teil der jahrelang domestizierten Furcht vor meinem Vater. Ich zuckte nicht mehr sofort zusammen, wenn er mich anschrie, oder bekam Beklemmungszustände, sobald er mich mit seinem finsteren Blick löcherte. Es war das erste Mal, dass ich nicht einknickte.

Meine passive Ohnmacht wandelte sich zu aktivem Widerstand. Mein Vater beantwortete die Totalverweigerung mit der Drohung, er würde mich rauswerfen. Das war weniger als ein halbes Jahr vor meiner Abiturprüfung, und er wusste, dass ich kein Geld hatte, um meinen Lebensunterhalt allein bestreiten zu können. *Du bist ja jetzt volljährig. Wenn du hier nicht mithilfst, fliegst du halt raus. Kannst ja zu deiner Freundin ziehen, wenn sie dich lässt.* Das ging leider nicht.

Trotzdem blieb ich *standhaft*. Ich verlor das heimische Dach über dem Kopf, aber dieser Verlust fühlte sich für mich wie ein Sieg an. Ich war stark geblieben, dachte ich, stärker als mein Vater.

*In der Natur gilt das Recht des Stärkeren,* hatte mein Vater mir wiederholt eingetrichtert. Diese Vorstellung entspringt dem Sozialdarwinismus, der das gesellschaftliche Zusammenleben als ›Kampf um das Dasein‹ umdeutet. Aus Darwins »survival of the fittest«, dem Überleben der am besten Angepassten, wird ein universelles Recht des Stärkeren abgeleitet. Dass sich nicht einmal das Zusammenleben von Tieren zutreffend mit diesen Vereinfachungen beschreiben lässt, hindert die Anhängerinnen und Anhänger dieses Weltbildes nicht daran, es zu verbreiten.

Meine eigenen Ansichten dazu waren von meiner humanistischen Schulbildung geprägt oder zumindest von dem, was ich daraus gezogen hatte. In der 9. Klasse entschied ich mich statt für eine naturwissenschaftliche Ausrichtung für den Altgriechischunterricht. Dort lasen wir mit dem ebenso begeisterten wie inspirierenden Lehrer ausgewählte Texte von Philosophen der Antike. Ich hörte von der Tugendethik des Aristoteles und von Platons Philosophenkönigen.

In der »Politeia« legt Platon seine Idealvorstellung des Staates dar: eine Aristokratie der Fähigsten. Diese haben Platon zufolge nicht nur ihre Triebe und Affekte am besten unter Kontrolle, sondern sich auch im mutigen Kampf und in Verteidigung ihrer Heimat heldenhaft emporgekämpft. An ihrem Lebensabend sollten sie sich dann als Schalter und Verwalter der Gemeinschaft verdingen. Nicht Geld, Vetternwirtschaft oder Korruption würden diesen guten Herrschern zu ihrer Position verhelfen, sondern hervorragende Leistungen – Tugend adelt. Das war zumindest, was ich aus der Lektüre mitnahm. Dass in den antiken Stadtstaaten ausschließlich in der Stadt geborene Männer Anteil am Reich des Politischen haben konnten und die als Metöken bezeichneten Ausländer meist keine Bürgerrechte hatten, resonierte sehr gut mit meinen Überzeugungen.

Diese simplifizierte Technokratie stützt sich auf einen heute in modifizierter Form auftretenden Sozialdarwinismus der Leistungsgesellschaft. Die Fähigsten sind in dieser modernen Meritokratie diejenigen, die am meisten leisten, und wer am meisten leistet, ist stärkste Kraft des gesellschaftlichen Miteinanders, setzt sich somit rechtmäßig durch und darf dann gern entscheiden, was das Beste für alle ist. Dafür müssen die guten Herrscher dann manchmal auch die öffentliche Meinung manipulieren oder ähnliche Mittel anwenden. Aber da sie die Fähigsten und Stärksten sind, werden sie schon wissen, was sie tun. Ohne dass es hierfür etwa eine demokratische Aufsicht bräuchte.

Für viele Menschen sind derartige Überlegungen bis heute intuitiv richtig. Wer mehr leistet, soll auch mehr haben, denn *Leistung muss sich wieder lohnen.* Was dabei als Leistung zählt, wird selten gefragt. Meist meint es nur die Wirkung eines Menschen auf das Bruttosozialprodukt und nicht etwa diejenige auf das Leben seiner Mitmenschen. Sorgearbeit und Pflege werden mitnichten als die Leistungen anerkannt und vergütet, die sie eigentlich sind. Die Vererbung von großen Reichtümern in Deutschland, einer der leistungsfeindlichsten Vorgänge überhaupt, wird nicht ernsthaft als Problem besprochen. Wo ist die Bundestagsdebatte der Leistungsideologen über die 100-Prozent-Erbschaftssteuer, um tatsächlich individuelle Leistung zum Maß aller Dinge zu machen und nicht länger die durch das eigene Elternhaus verabreichte Karrierespritze des sozio-ökonomischen Klassenvorsprungs?

Auch Philosophen wie Martin Heidegger oder Friedrich Nietzsche zogen mich an, dienten sie doch den Nazis als Kronzeugen ihrer Ideologie. Vulgäre Adaptionen sind auch gegenwärtig in nationalpopulistischen Kreisen verbreitet. Im Falle Heideggers schon allein deshalb, weil er sich aktiv den Nazis andiente und mehrfach als ausgesprochener Antisemit in Erscheinung trat. Bis heute wird er daher in Nazikreisen und ihren Ausläufern sehr positiv rezipiert. Der Chef der neofaschistischen Identitären hält Heidegger gar für den *identitären Denker par excellence.*

Bei Nietzsche ist die Aneignung anders vonstattengegangen: Der 1900 verstorbene Philosoph wurde schon frühzeitig von Faschisten für deren Zwecke ausgelegt. Die posthume Fälschung des Buches »Der Wille zur Macht« durch seine Schwester, die als überzeugte Antisemitin den Nationalsozialismus unterstützte, installierte Nietzsche als vermeintlichen Vordenker des Faschismus. Aber auch andere Werke wie der »Antichrist« und »Also sprach Zarathustra« las ich damals mit Begeisterung – die »Umwertung aller Werte«, um die

»ewige Wiederkunft des Gleichen« zu durchbrechen; aufhören »Herdentier« zu sein und »Übermensch« werden. Für mich war ganz klar, was das heißen sollte.

Auf meine Gesinnungsgenossinnen machte dieses Wissen großen Eindruck und stärkte meine Autorität in allen Belangen. Es hätte mir aber nur bedingt bei meinem wenig an intellektuellen Gesprächen interessierten Vater genützt. Sein Alltagssozialdarwinismus zeigte sich in einem krassen Antiintellektualismus und seiner Abwandlung des faschistischen Credos *Wer nicht arbeitet, der soll auch nicht essen.* Mein Vater war sehr modern: Er hatte intuitiv verstanden, dass die soziale Frage des 21. Jahrhunderts sehr stark an die Ressource Wohnraum gebunden sein würde – seine Version hätte *Wer nicht arbeitet, soll auch nicht wohnen* gelautet.

Ich stellte den Großteil meiner Sachen nach dem Rauswurf in die Garage eines Freundes und schlief für einige Wochen auf der Couch meines PVJ-Stellvertreters. Dann bezog ich ein Zimmer in der Wohnung meiner alten Klassenkameradin, der Ex-Freundin Stefans. Sie wohnte wieder allein, seit er bei ihr ausgezogen war. Zu meiner damals noch Verlobten ins Eisenacher Umland zog ich zunächst aus Mobilitätsgründen nicht. Dann kam noch ein anderes Problem dazu.

Ein ärgerliches Telefonat machte den Träumen vom Hochzeitsspektakel ein Ende, das als Themenparty in völkischer Kluft mit selbstgeflochtenen Hakenkreuzbrotkränzen für den 20. April geplant war. Sie hatte in weiser Voraussicht, dass ich demnächst bei der Bundeswehr mein Unwesen treiben würde, für Ersatz gesorgt. Ein älterer Kamerad aus Eisenach hatte sich ihrer bereits angenommen. In diesen Kreisen galt das freilich als skandalös: *Die Freundin eines Kameraden ist tabu,* oft auch noch Jahre nach der Trennung, wenn man nicht ausdrücklich Erlaubnis beim *Vorbesitzer* eingeholt hat. Frauen sind ein rares Gut und werden wie Gegenstände von einem Besitzer dem nächsten überschrieben.

Sie trug bei unserem letzten Zusammentreffen den Ring mit der Schwarzen Sonne an einem anderen Finger als zuvor. Mir kam es damals so vor, als würde sie die Ringe wie Trophäen sammeln. Ich war enttäuscht und wütend. *So sollte sich eine deutsche Frau nicht verhalten, und erst recht kein richtiger Kamerad.* Meine Tiraden gegen den sich wortreich entschuldigenden Kameraden erschöpften seine Toleranzreserven zügig und er forderte mich zum Duell. Ich lehnte dankend ab. Gegen den fast dreißigjährigen kahlgeschorenen Kameraden mit Stiernacken und Runen-Tattoo auf Hals und Kehlkopf hätte ich trotz meiner Kampfsporterfahrung dann wohl doch nicht den Hauch einer Chance gehabt. Immerhin heiratete er die damals noch Minderjährige drei Jahre später. Das Ja-Wort gaben sich die beiden, gekleidet in eine mittelalterliche Tunika mit silberner Borte und ein weißes Gewand mit schwarzer Schnürung. Und das auf eben jener Creuzburg, die der Ort meines Heiratsantrages gewesen war. Meinen Ring habe ich wenig später auf der Abiturabschlussfahrt am Strand von Lloret de Mar ins Meer geworfen. Vielleicht hat sich ja eine Krake an ihm verschluckt.

## Nationalpopulistische Rhetorik für Anfänger

Meine Deutschprüfung zum Abitur umfasste eine Erörterung des Themas »Freiheit«. Ich konzentrierte mich dabei wie selbstverständlich auf die Meinungsfreiheit, wie ich sie meinte. Der Höhepunkt meines Machwerks war eine Zitatcollage. Im Stil meines Vaters bestand diese nur aus einer Aneinanderreihung von Zitaten, die berühmten Politikern zugeschrieben würden. Als exemplarischer Gegenstand diente mir die Potsdamer Konferenz von 1945, auf der meiner Ansicht nach über die Freiheit des deutschen Volkes entschieden und die Frage der Meinungsfreiheit für Jahrzehnte geklärt worden sei. Ich legte den drei Hauptverhandelnden auf suggestive Weise Worte in den Mund, die sie angeblich irgendwann einmal geäußert haben sollen.

Harry S. Truman, der damalige Präsident der Vereinigten Staaten, habe ja bekanntlich gesagt: »Der Sieger schreibt die Geschichte.« Von Josef Stalin, Führer der Sowjetunion, sollte der Spruch stammen: »Der Tod eines Menschen ist eine Tragödie. Der Tod von Millionen nur eine Statistik.« Und der britische Premier Winston Churchill musste für das Bonmot herhalten: »Traue keiner Statistik, die du nicht selbst gefälscht hast.« Der Punkt ist für Eingeweihte klar, ohne dass es in irgendeiner Weise relevant gewesen wäre, ob die Aussagen tatsächlich von den genannten Personen so geäußert wurden. Der

›argumentative‹ Dreischritt suggeriert zumindest eine Relativierung der Opferzahlen des Holocaust. Für diesen Gesinnungsaufsatz bekam ich dann auch die schlechteste Note meiner Abiturprüfungen. Andere Konsequenzen gab es jedoch nicht. Für mich bestätigte dies nur meine Ansicht über *das ach so freiheitliche Regime sanktionierter Meinungsmache:* Wer es sich traue, *das Maul aufzumachen und unangenehme Wahrheiten auszusprechen, wird direkt ausgesiebt.* Insofern leuchtete mir die beliebte Parole von Holocaustleugnern und -leugnerinnen unmittelbar ein: »Wahrheit steht von allein. Nur Lüge braucht Gesetzeskraft!«

Die Gesetze gegen die Leugnung der Naziverbrechen gibt es genau aus dem Grund, um die Wahrheit zu schützen. Das macht aus der Perspektive des Leugners freilich keinen Sinn. Seine Erzählung ist für ihn keine Lüge im strengen Sinne. Er sagt wirklich, was er für die Wahrheit hält. Holocaustleugner lassen keinen externen Beweis zu, der ihre Lüge entkräften könnte. Ihre Beweislage basiert auf einer gegen jeden Einspruch immunen Hermetik der *eigenen Wahrheit.* Auf Anraten von Stefan und René verzichtete ich in der Abiturhauptprüfung auf eine Wiederholung eines derart *subversiven Akts für die Wahrheit.* Wie zum Dank erhielt ich dann auch eine Eins minus.

Ein weiterer meiner damaligen Texte ist aus heutiger Sicht noch interessanter. In der Rubrik »Frei heraus« von »Das Wolfsrad« versuchte ich mich an der Beantwortung der Gretchenfrage meiner damaligen politischen Identität: »Was ist eigentlich Nationalismus?« Der Text eröffnet mit einem Zitat über die Definition von Nationalismus, die noch heute auf der Internetseite der Bundeszentrale für politische Bildung (BpB) abrufbar ist: Nationalismus ist ein »[ü]bersteigertes Bewusstsein vom Wert [...] der eigenen Nation«, er »setzt andere Nationen herab«, um »möglichst die ganze Welt nach den eigenen Vorstellungen zu formen.«

Dieser Textauszug ist von mir um den folgenden Anfang des zweiten Satzes gekürzt worden, den ich heute als durchaus wichtigen definitorischen Passus ansehen würde: »Im Gegensatz zum Nationalbewusstsein und zum Patriotismus (Vaterlandsliebe) glorifiziert der Nationalismus die eigene Nation und setzt andere Nationen herab.«

Die Unterschlagung war Kalkül, da ich im weiteren Verlauf des Textes diese eher ungünstige Nationalismus-Definition der BpB auf das Auftreten und die Außenpolitik der USA bezog. Meiner Unterstellung zufolge versuchten die Vereinigten Staaten durch ihre Eingriffe in anderen Ländern, ihren dekadenten Lebensstil überall in der Welt zu verbreiten, um stolz zu verkünden, das *greatest country of the world* zu sein. Meine im Text vertretene Position beanspruchte hingegen bloß, eine *ganz natürliche und aufrichtige Vaterlandsliebe* zu vertreten.

Die rhetorische Finte, auf vermeintliches Fehlverhalten anderer zu verweisen, um von sich selbst abzulenken, wird als Whataboutism bezeichnet. Sie ist eine der wichtigsten Propagandamittel rechter Demagogen und Populistinnen aller Braunstufen. Die Taktik des ausweichenden Gegenvorwurfs ließe sich im Deutschen als *Aberwasismus* bezeichnen: *Sie werfen mir abc vor, aber was ist mit xy, der und die hat ja auch z getan. Warum sprechen wir nicht darüber?* Dieser Logik folgt die Argumentation des gesamten Textes: Ein Vorwurf gegen jeden Nationalismus lautet, dass dieser allein in seiner deutschen Spielart unzählige Menschenleben gekostet hat – die Millionen Toten des Holocaust und des Zweiten Weltkriegs sowie seiner Nachbeben, die bis heute Hunderte Opfer durch rechte Gewalt in deutschen Straßen und Polizeistationen forderten. Das ›Argument‹ gegen diesen vermeintlichen Allgemeinplatz lautet: *Aber was ist mit dem imperialistischen Nationalismus der USA?* »Was einst mit dem ›Kreuzzug für die Demokratie‹ gegen Deutschland im II. Weltkrieg begann, setzte sich in Vietnam und Nicaragua fort und ufert nun nahtlos im Krieg gegen den Irak und Afghanistan aus. Die neue Zielscheibe ist der Staat des ach so blutrünstigen Judenhasser-Diktators des Iran: Mahmud Ahmadinedschad.«

Die gesamte Argumentationskette versucht die eigene Position von vornherein gegen jegliche Kritik abzuschirmen. Im vorauseilenden Aberwasismus wird wortreich ein vermeintlich viel kritikwürdigeres Ziel angeboten, in diesem Fall die USA. *An denen* sollte man doch bitte erst mal Kritik üben, bevor man die armen deutschen Nationalisten dafür niedermache, dass sie sich für Frieden und Freiheit der Völker dieser Erde aussprächen.

*Im Vergleich zu den USA ist der Ahmadinedschad ja gar nicht sooo schlimm,* sollte daraus gelesen werden. Der iranische Präsident erfreute sich in Nazikreisen ohnehin größter Beliebtheit, da er mehrfach öffentlich eine Welt ohne Zionismus gefordert, Israel wiederholt das Existenzrecht abgesprochen und 2006 eine Holocaustleugner-Konferenz in Teheran anberaumt hatte. Dort reichten sich einige der berühmtesten islamistischen, christlichen, jüdischen und rechtsextremen Holocaustleugner der Welt die Hände. Aber auch das war *freilich nicht das Problem. – Das ist einzig der imperialistische Nationalismus der USA. Nach den unrechtmäßigen Angriffskriegen gegen Afghanistan und den Irak wollen sie nun im Zeichen von Frieden und Freiheit ihren flammendroten Bombenteppich auch im Iran ausrollen.*

»Doch was ist nun Nationalismus wirklich?«, fragt mein Text weiter und antwortet ausweichend: »Eine schnöde Definition will ich an dieser Stelle nicht geben. Ich möchte aufzeigen, dass es dieser auch gar nicht bedarf, um den wahren Geist des modernen Nationalismus und seiner Ziele zu entschlüsseln.« Die Hauptfrage des Titels hatte eine unaufgelöste Ambivalenz, die mir erst heute auffällt: Ich habe unter der Hand nicht nur den Anspruch erhoben zu bestimmen, was eigentlich Nationalismus ist, sondern zugleich *den eigentlichen, unveräußerbaren Nationalismus freigelegt, der allen normalen Menschen natürlich zu eigen wäre.* Den *einzig wahren* Nationalismus, für weniger setzte ich mich gar nicht erst an die Tastatur. Und dieser *eigentliche* Nationalismus verteidigt das Eigentliche und Eigene gegen das Äußere und Fremde. Die frohe Botschaft aber kennt nur eine Gruppe von Eingeweihten, die durch selbstbestätigende und tautologische Formulierungen wie »wie wir wissen« oder »hier wird doch jedem klar denkenden Menschen klar« beschworen wird. Seinen Höhepunkt findet diese Selbstinszenierung dann im Zitat der verschwörungserzählerischen Binsenweisheit, die ich schon in meinem Vorabitur zu Rate gezogen hatte: »Lüge braucht Gesetzeskraft, Wahrheit steht von alleine.«

Als mutige Tabubrecher sind die (Be-)Kenner *der wahren Wahrheit* im Glauben an das eigene Wissen selig. In ihren Augen vertreten sie die moralisch reine Instanz eines imaginierten Volkswillens gegen korrupte Eliten. Es gelten nur die eigenen Argumente als *uneingeschränkte* Wahrheit. Dieser Fundamentalismus beinhaltet einen offenen Antipluralismus der Sicht- und Lebensweisen und muss somit deutlich als antidemokratisch bezeichnet werden. Die spezifischen Inhalte und Ausformungen einer Ideologie sind für den rhetorischen Stil ebenso unerheblich wie für mögliche Allianzen ihrer Verfechter untereinander.

Die einer Definition noch am nächsten kommende Wortstafette ist ein Zitat ohne Quelle: »Nationalismus heißt Streben nach Unabhängigkeit, Freiheit, Einheit und Selbstbestimmung aller Völker.« Wahrscheinlich hatte ich es aus einer meiner einschlägigen Propagandalektüren, wie dem 2006 im NPD-nahen Deutsche Stimme Verlag erschienenen Machwerk »Funkenflug – Handbuch für Patrioten und Aktivisten«. Auch in diesem Titel wurde der Begriff des Patriotismus für klar völkisch-nationalistische Ansichten vereinnahmt. Die gleiche Strategie erzielt heute bei der AfD, Pegida und anderen *braven Patrioten* größere Erfolge als damals. Strukturell kann ich jedoch keine Unterschiede zwischen den Verwendungsweisen erkennen. Die Wahrhaftigkeit des Bekenntnisses zu Demokratie und Grundgesetz von AfD und anderen kann durch die Handlungen dieser Organisationen und Einzelpersonen durchaus bezweifelt werden. Andauernd überdehnen und brechen sie Grundrechte wie die Unantastbarkeit der Würde des Menschen. Oder sie sprechen bestimmten Gruppen das Recht auf Religionsfreiheit oder sexuelle Selbstbestimmung ab, um gar nicht von den offen rassistischen und menschenverachtenden Äußerungen der Gaulands, Höckes und ihrer Gefolgsleute zu reden.

Aber auch derartige Gegenargumente habe ich im damaligen Text bereits im Voraus zu blockieren versucht: »Es wird nationalen Menschen in der heutigen Zeit Tag ein, Tag aus unterstellt, sie würden einer imperialistischen, rassistischen Ideologie des Hasses und der Intoleranz anhängen. Das genaue Gegenteil ist der Fall: ›Nationalist-Sein heißt tätige Liebe zum eigenen Volk und gerechte Beachtung der Belange anderer Völker.‹«

Nur die eigenen Setzungen gelten als valide. Wer etwas anderes behauptet, hat offenbar keine Ahnung und nicht verstanden, *was es eigentlich heißt, Nationalist zu sein.* Ein unlauteres Autoritätsargument, das keine Widerrede akzeptiert. Die folgenden Sätze treiben diese Logik auf die Spitze und bedienen sich dabei des altbekannten

Bildes von lebensunwerten Feinden als zu entsorgendem Müll: »Anhänger des Nationalismus sind dies nicht aus Dummheit, Unzufriedenheit oder Hass. Nein, der wahre Nationalist hat nur den Unrat erkannt, den es in den Abfall zu werfen gilt, und dies tut er aus Liebe, aus Liebe zu seinem Volk und seinem Vaterland, im Glauben, nicht nur an ein geeintes Deutschland, sondern auch ein friedlich existierendes Europa, in dem die Völker ihr imperialistisches Hegemonialstreben endlich hinter sich lassen und gemeinsam wie Brüder dem den Kampf ansagen, der es zu spalten, zu unterdrücken und auszubeuten sucht: die USA und das Internationale Kapital.«

*Aber was ist mit den anderen? Nicht wir, sondern die sind imperialistische Kriegstreiber!* Dieses Narrativ versucht sich in die Tradition der Befreiungsnationalismen des 20. Jahrhunderts zu stellen, die an sich auch im höchsten Maße kritikwürdig sind. Aber eine solche Darstellung wirkt fast schon kolonialkritisch und plagiiert auch in der antiimperialistischen Linken weitverbreitete Allgemeinplätze. Die Rede von den *US-raelischen Kriegstreibern und vom Internationalen Kapital* mit großem I steht in der Tradition des aufgehübschten Antisemitismus und seiner Verschwörungserzählungen. Gegen deren New World Order bräuchte es nun eine tatsächliche neue Weltordnung und eine ›wahre Demokratie‹, eine Volksherrschaft innerhalb einer ›organischen Gemeinschaft‹ also.

»Es ist schon mehr als genug Blut für deren Interessen geflossen. Unsere Generation hat nun den Auftrag, Deutschland und Europa zu neuer Größe und der Welt einst Frieden zu bringen, allein es braucht junge Männer und Frauen, die bereit sind, für dieses Ziel Opfer zu bringen. Reiht euch ein! Den nur ›wer kämpft, kann verlieren. Wer nicht kämpft, hat schon verloren!‹«

Den Text mit einem kämpferischen, häufig dem kommunistischen Schriftsteller Bertolt Brecht zugeschriebenen Zitat enden zu lassen, darin steckte strategisches Kalkül. Die Aneignung von Personen *aus anderen Lagern* soll vor dem Vorwurf schützen, dem historischen Nationalsozialismus anzuhängen. Solche Strategien spielten während meiner politischen Karriere eine wichtige Rolle und sind bis heute sehr beliebt, zum Beispiel wenn die AfD antifaschistische Widerstandskämpfer und -kämpferinnen der NS-Zeit oder Rosa Luxemburg zitiert. Das strategische Äquivalent hierzu sind die Mitglieder der AfD mit jüdischem, homosexuellem oder Migrationshintergrund. Sie sollen die Partei gegen Vorwürfe der Homophobie oder des Antisemitismus absichern und ihr einen ›pluralistischen‹ Anstrich geben, obwohl sie hauptsächlich aus alten weißen Männern besteht und offen antisemitische und schwulenfeindliche Äußerungen in einigen Landesverbänden gang und gäbe sind. Dennoch ermöglichen diese Quotenfiguren Aussagen wie: *Die AfD ist nicht homophob, denn Alice Weidel steht ihr im Bundestag vor, und die ist lesbisch.* Oder; *In der Partei gibt es keinen Antisemitismus, denn es gibt ja die Gruppe Juden in der AfD.* Einige Menschen überzeugt das nach wie vor. Zugleich wird z. B. mit den in den ersten Reihen prominent ausgestellten schwulen und lesbischen Menschen und prohomosexuellen Argumenten antimuslimische Hetze betrieben.

Weniger aus dem Rahmen fällt bei solchen Vereinnahmungen der positive Bezug auf Claus Schenk Graf von Stauffenberg durch Aktivisten der neuen völkischen Nationalismen, wie beispielsweise Götz Kubitschek und Björn Höcke. Stauffenberg ist hier die perfekte Projektionsfläche: Ein ultrakonservativer Offizier der Wehrmacht aus einer angesehenen katholischen Adelsfamilie, der kein grundsätzliches Problem mit dem Nationalsozialismus und seinen völkisch-rassistischen Weltanschauungen hatte. Vielmehr wurde er aufgrund seiner Einschätzung eines aussichtslos verlorenen Krieges zum Widerständler und Märtyrer. Stauffenbergs Bekenntnis zu seinem *nationalen* Widerstand gegen die Nazis hätte sogar als Fahnenschwur für den PVJ getaugt: »Wir bekennen uns im Geist und in der Tat zu den großen Überlieferungen unseres Volkes, die durch die Verschmelzung hellenischer und christlicher Ursprünge in germanischem Wesen das abendländische Menschentum schufen. Wir wollen eine Neue Ordnung, die alle Deutschen zu Trägern des Staates macht und ihnen Recht und Gerechtigkeit verbürgt, verachten aber die Gleichheitslüge und fordern die Anerkennung der naturgegebenen Ränge. Wir wollen ein Volk, das in der Erde der Heimat verwurzelt den natürlichen Mächten nahebleibt, das im Wirken in den gegebenen Lebenskreisen sein Glück und sein Genüge findet und in freiem Stolze die niederen Triebe des Neides und der Mißgunst überwindet.«

Die Rhetorik Staufenbergs entsprach perfekt meiner damaligen Weltanschauung, es ist das Bekenntnis eines kämpferischen Nationalisten und soldatischen Mannes.

## Deutsche Wanderkultur – vom Wald auf die Straße

Einmal im Monat traf sich der PVJ zu einer Versammlung. Meist fanden im Anschluss daran Liederabende statt, die zusammen mit den Vertretern der NPD organisiert wurden. Wenngleich die nationalistischen Musiker eher aus zweiter oder dritter Reihe stammten, gab es einmal Besuch von ganz oben: Holger Apfel kam, der stellvertretende NPD-Bundesvorsitzende. Ich interviewte ihn für einen Artikel von »Das Wolfsrad«, nachdem er einem kurzen Vortrag gehalten hatte. Apfel gab sich in der Öffentlichkeit genau so, wie ich mir einen NPD-Parteibonzen vorstellte: selbstgefällig, unnahbar und offen rassistisch. Aber mit einem derart ausdruckslosen Gesicht, wie Schreibtischtäter es wohl haben.

Zu diesen Veranstaltungen bekamen wir auch Besuch von Kameraden aus Südthüringen. Vor allem Patrick aus Arnstadt, den ich bereits an meinem ersten Abend in der Nazi-WG kennengelernt hatte, und Steven aus der Nähe von Meiningen machten schnell großen Eindruck auf mich. Sie waren ehemalige Kameradschaftsführer, die sich nun in einem überregionalen Verbund zusammenschließen wollten. Den Kontakt zu ihnen nutzte ich bald, als die Jugendorganisation durch mangelnde Mitarbeit ihrer Mitglieder deutlich zu bröckeln begann.

Auf einem dieser Treffen planten wir unsere nächste Wanderung. Die letzte hatte zum mittelalterlichen Weihnachtsmarkt auf der Wartburg geführt. Zuvor hatten wir auf einer Lichtung mit freiem Blick auf die Burg Halt gemacht und das Deutschlandlied in allen drei Strophen abgesungen – deutschtümelnde Ritterromantik mit Gänsehautfeeling. Dieses Mal sollte die Wanderung durch die Drachenschlucht bis auf die Hohe Sonne gehen, eine für wanderlustige Menschen beliebte Route.

Ich ergriff das Wort: *Wenn wir uns in die Wälder unserer Heimat schlagen, sollten wir, um die Schönheit der Natur unverfälscht und rein wahrnehmen zu können, weder die frische Waldluft mit Tabakqualm noch unsere Sinne mit Alkohol vernebeln. Für mich als Konsumverzichtler ist das freilich kein Problem. Aber ich weiß, dass Biertrinken ja bei manchen von euch ein eingefleischtes Hobby ist.* So schwang ich die Moralkeule mit einem kleinen Augenzwinkern. *Deshalb würde ich sagen, dass wir einfach darüber abstimmen, ob wir während des Spaziergangs bis zum Erreichen des Wanderziels auf der Hohen Sonne weder Rauchen noch Alkohol trinken.*

Sofort wurde lautstark Widerspruch gegen meinen Vorschlag geäußert. Unerwarteterweise aber nicht wegen des Prohibitionsvorschlags. *Hier herrscht das Führerprinzip!,* wurde eingeworfen. *Abstimmungen sind für Wahlschafe und Systembüttel. Du bist der Führer, du befiehlst, wir folgen,* war in etwa der Tenor des Gedankengangs, der in eine paradoxe Sackgasse mündete. *Ich habe ja bereits gesagt, was wir jetzt machen: Wir stimmen ab!,* lautete dann meine entschiedene Antwort.

Ich hatte damals bereits einige Jahre lang eine humanistische Ausbildung am Gymnasium genossen und dort von den Grundlagen demokratischer Prozesse doch immerhin so viel zu verstehen geglaubt, dass Wahlen Menschen das Gefühl geben, mitbestimmen zu können, auch (oder gerade?) wenn am Ende doch nicht gemacht wird, wofür sie gestimmt haben. An jenem Abend fiel das Abstimmungsverhältnis aber wenig überraschend einstimmig aus. Alle hoben ihre Hand bei der offenen Abstimmung für ein Rauch- und Alkoholverbot während des ersten Teils der Wanderung.

Als wir uns dann endlich zum romantischen Spaziergang in die Wälder aufmachten, brachen wir das Schweigen des Waldes durch unsere gemeinsamen Gesangseinlagen. Ich hatte meine Gitarre umgehängt und wir sangen eine Auswahl unserer Lieblingswanderlieder: Das Rennsteiglied, die heimliche Hymne des wanderwütigen Thüringers, aber auch »Ein junges Volk steht auf« aus dem Liederbuch der Hitlerjugend. Die Wälder hatten an diesem Tag Ohren: Ein älterer Herr kam auf uns zu, als wir gerade den abschließenden Refrain schmetterten. Er blickte uns an, dann lächelte er und sagte: *Es ist schön, dass es heute noch junge Menschen gibt, die diese Lieder singen – vielen Dank!* Wir dankten und grüßten ihn pflichtbewusst zurück. Dann freuten wir uns über die unerwartete Freundlichkeit im provinziellen Gehölz.

Stolzen Schrittes gingen wir so unseres Weges, ich immer vorneweg. Nach einiger Zeit hatte sich die Gruppe von etwa einem Dutzend Menschen gestreckt. Verschiedene Laufstile, wie ich zunächst dachte. Aber mein Schatzmeister, der mir zusätzlich als ›Einmann-Gestapo‹ diente, wusste es besser. Er kam nach vorn geeilt und meldete mir, dass sich einige absichtlich zurückfallen lassen hatten, um zu rauchen und Bier zu trinken.

Um die Missetäter auf frischer Tat zu ertappen, legte ich mich in Robin-Hood-Manier hinter einem Gebüsch am Wegesrand auf die Lauer. Tatsächlich schien es einigen sichtlich unangenehm zu sein, dass ihre Verfehlung entdeckt worden war. Vielleicht hatten ihre geröteten Gesichtszüge aber auch schlicht ihren Grund im unzulässig genehmigten Wegebier.

Ich brachte meinen Unmut zum Ausdruck, hatte aber außer der moralischen Schelte keine Sanktionsmechanismen zur Hand, was für einen strafwütigen Menschen durchaus frustrierend ist. Eigentlich müsste die Motivation zur Unterordnung und Autoritätshörigkeit für *richtige Deutsche ja selbstverständlich sein. Aber die deutsche Jugend ist ein Abbild der Verhältnisse, in denen aufzuwachsen sie gezwungen wird. Wir leben in einer dekadenten Gesellschaft, in der Spaß und Geld alle wirklichen Werte ausgehöhlt haben – Ehre, Pflichtbewusstsein und Disziplin sind leere Worte für eine Generation, die von einer Drogenparty zur nächsten Orgie stolpert. Wie kann ich da erwarten, dass Menschen, die sich in ihrem Alltag in der Schule den Autoritäten nicht beugen, sich freiwillig meiner Autorität unterordnen? Natürlich wünschen solche Jugendlichen sich eine Politik, in der sie selbst die Souveräne sind; sie selbst entscheiden, was sie machen dürfen, weil sie dann einfach stets machen können, was immer sie wollen. Ein Narrenzug kann so vielleicht noch funktionieren, aber eine politische Bewegung nicht.* So lautete einer von zahlreichen großspurigen Gedankengängen, die mich den Rest unseres Waldspaziergangs und die kommenden Wochen umtrieben.

Die Lächerlichkeit der ganzen Situation stand mir klar vor Augen und mir wurde schlagartig bewusst: *Mit solchen Leuten ist keine Revolution machbar, Herr Nachbar.* Aber da ich die Menschen nicht meiner politischen Organisationsform anpassen konnte, blieb nur der Umkehrschluss: Ich musste die Organisationsform den Menschen anpassen. Nicht die Ideologie ist falsch, sondern die Menschen, die ihr nicht entsprechen.

Eine solche Modernisierung boten mir die sogenannten Autonomen Nationalisten. Damals gewannen sie im Nationalen Widerstand immer mehr Aufmerksamkeit und Einfluss. Die Anhängerinnen und Anhänger des Autonomen Nationalismus versuchten sich strategisch von den herkömmlichen Vorgehensweisen der NPD sowie von den Skinhead- und Scheitel-Pratzen der Freien Kräfte und Kameradschaften abzuheben. Um ihre ideologischen Inhalte für ein jüngeres Publikum aufzubereiten, verwendeten sie die altbekannten Mittel der rhetorischen Modernisierung und der Aneignung linker Lifestyles. Dies beinhaltete unter anderem die Abwendung vom Skinheadkult. Das Stereotyp vom Kahlkopf mit Bomberjacke und Springerstiefeln hatte seinen politischen Zenit aus Sicht einiger Neonazis längst überschritten. Aber auch die Veränderung der Kräfteverhältnisse auf der Straße war ein wichtiger Grund dafür, dass sich Nazis Elemente aus dem Black Block der autonomen Antifa und der Antiglobalisierungsbewegung der 90er-Jahre aneigneten.

Seit Bundeskanzler Gerhard Schröder 2000 zu einem »Aufstand der Anständigen« gegen Neonazis und andere Rechtsextreme aufgefordert hatte, verstärkten sich die zivilgesellschaftlichen Proteste Anfang der Nullerjahre deutlich. Die schon seit Jahrzehnten stattfindenden antifaschistischen Gegendemos waren vor allem durch ihre häufigen Gewaltexzesse berühmt und berüchtigt. Sie hatten zum Teil die Strategie verfolgt, Naziaufmärsche für die Städte durch Randale und die aus ihnen entstehenden Kosten untragbar, weil unbezahlbar zu machen. Ähnliches gilt für die Strategie, Nazischläger und Menschenjäger selbst zu Gejagten zu machen: Ein Nazi im Krankenhaus kann niemand anderen in ein solches prügeln. Diese nicht gerade grundgesetzkonformen Vorgehensweisen eines präventiven Antifaschismus fanden wenig Anklang bei den oft pazifistisch eingestellten Bürgerbündnissen gegen Rechts.

Immer öfter wurden durch unterschiedliche Protestformen Naziaufmärsche verhindert. Dies wurde aus der Sicht der noch in Reih und Glied Marschierenden stets als große Niederlage wahrgenommen. Gewalt aus den eigenen Reihen sollte sich damals ausschließlich außerhalb der Demonstration abspielen. *Wir vertreten hier das wahre Deutschland und die Polizei schützt unsere Veranstaltung vor den Chaoten und Randalierern. Sie sind eigentlich unsere Verbündeten* (was leider bis heute zu oft auch im buchstäblichen Sinne stimmt), *arbeiten aber gerade für dieses Schweinesystem. Sobald wir an der Macht sind, wird die Polizei wieder die ehrenvolle Instanz werden, die sie eigentlich sein sollte.* Dass diese Vertreter des *wahren Deutschlands* dann von Schulmädchen und Rentnern am Marschieren auf *ihren Straßen* gehindert wurden, traf einige doch sehr. Von der Beschneidung demokratischer Rechte wie der Versammlungsfreiheit wurde dann oft gejammert, obwohl man sie selbst abschaffen würde, wenn man könnte. Dieser Larmoyanz, die manchen als *weibisch* und *schwächlich* galt, wollten die Autonomen Nationalisten durch den Schwarzen Block ein Ende bereiten. Mit schwarzen Kapuzenpullovern, Halstuch und Sonnenbrille war man ausreichend gerüstet, um sich vor Pfeffersprayangriffen und den Identitätsfeststellungen durch die Polizei zu schützen. Gleichzeitig versuchte man, *die Polizeikette zu durchbrechen.* Diese Rückeroberung der Straße im Kleinformat entsprach mehr der Vorstellung, der wahre Souverän auf deutschem Boden zu sein. Auch bei den Autonomen Nationalisten rief man schon mit implizitem Alleinvertretungsanspruch *Wir sind das Volk.*

Solche Straßenaction hatte es beim PVJ praktisch nicht gegeben, und die meisten NPD-Funktionäre und Altskinheads waren dem Autonomen Nationalismus (AN) gegenüber eher feindselig gesinnt. Patrick Wieschke wurde nachgesagt, einem Kameraden eine Sonnenbrille vom Gesicht gerissen zu haben, weil es *undeutsch ist, im Winter 'ne Sonnenbrille zu tragen.* Der Aufstieg des Autonomen Nationalismus war von vielen dieser Streitigkeiten begleitet. Autonomen Nazis wurde *Spalterei* und *Zeckentum* vorgeworfen. Nichts als *entartet* und *undeutsch* sei es, sich in Aufmachung und Auftreten *den Chaoten* anzupassen und obendrein auch noch englischsprachige Parolen zu verwenden. Las man bis dahin auf Nazitransparenten meist »Kampf dem Kapital!« oder »Zinsknechtschaft brechen!«, waren nun auch liegestützenwürdige Aufschriften wie »Smash capitalism!« zu sehen.

Mit der Eisenacher Jugendorganisation waren wir nur auf Gedenkmärschen zur deutschen Wiedervereinigung, auf Veranstaltungen zum Heldengedenken oder auf den Trauermärschen in Magdeburg und Dresden gewesen. Mein immer engerer Kontakt zu Patrick und Steven, die sich den Autonomen Nationalisten zugehörig fühlten, führte zu einem wichtigen Ereignis meiner Radikalisierung. Am 1. Mai 2008 ›führte‹ ich eine Spontandemonstration Autonomer Nationalisten durch Eisenach. Mit den Südthüringern hatte ich vereinbart, die Gruppe von etwa fünfzig Personen auf einem Parkplatz zu treffen. Dort wurden die Autos abgestellt und eine kurze Marschroute durch die Innenstadt eingeschlagen. Ich lief in der ersten Reihe, um den Block so durch die Straßen meiner Geburtsstadt zu manövrieren, dass wir binnen fünfzehn bis zwanzig Minuten wieder bei den Autos sein würden. Einerseits wollten wir auf diese Weise polizeilichen Maßnahmen entgehen, andererseits waren an diesem Tag noch weitere Spontandemonstrationen im Raum Südthüringen geplant.

Es war mein erstes Mal in den Reihen des Schwarzen Blocks. Die Vollvermummung staute den durch Aufregung und Anstrengung fließenden Schweiß an meinem Körper. Angestrengt versuchte ich die Parolen mitzuschreien: »Frei, sozial und national!« Dabei überlegte ich, an welcher Ecke man als Nächstes abbiegen sollte, um an möglichst belebten Stellen der Stadt Aufmerksamkeit zu erregen und zugleich im Zeitplan zu bleiben. »Europa, Jugend, Revolution!«, hörte ich mich selber mit den anderen rufen. »Die Straßen frei der deutschen Jugend!« Mit dem Takt des Herzschlags wurden auch meine Atemzüge schneller. Der vor den Mund gelegte Stoff des Halstuchs wurde beim Einatmen angesogen und beim Ausatmen leicht weggepustet. »JETZT! JETZT! JETZT!«, grölte ich mit emporgestreckter Faust. Im heißen Atemwind meiner Schreie tänzelte das Tuch vor meinem Mund. Dann wurde die Parole noch einmal wiederholt: »Wo, wenn nicht hier? Wann, wenn nicht jetzt? Nationaler Sozialismus jetzt, jetzt, jetzt!« – Bühne frei für das Straßenkampftheater.

Es war einer der aufregendsten Momente meines bisherigen Lebens. Ich war mir der Illegalität dieser Aktion wohlbewusst. Aber was interessierten mich schon Verstöße gegen das Versammlungsgesetz und das Vermummungsverbot? »Hier marschiert die deutsche Jugend! Hier marschiert die deutsche Zukunft!« In den Minuten des ungehinderten Marschierens fühlte ich mich von einem rechtsfreien

Raum umgeben, in dem allein ›wir‹ entschieden, was als Nächstes geschehen würde.

Adrenalinkick und Sauerstoffmangel taten ihr Übriges. Die Menschen auf unserem Weg wirkten verunsichert. Viele, die Zeugen unseres Zugs durch die Straßen wurden, wussten wohl nicht genau, was sie davon halten sollen. Demos zum 1. Mai waren im Eisenach des wiedervereinigten Deutschlands eher unüblich. Der Aufmarsch eines Black Blocks erst recht. Nach etwas mehr als einer Viertelstunde war der Spuk vorbei. Wir stiegen berauscht in unsere Autos und fuhren Richtung Süden los. Erst nach Meiningen und dann nach Zella-Mehlis, wo sich das unheimliche Spektakel wiederholen sollte.

Wieschke rief mich nur kurz nach seiner eigenen 1.-Mai-Demo in Erfurt an, die wohl nach wenigen Schritten zum Stillstand gekommen war. Er hatte von unserer Aktion gehört und schäumte vor Wut. *Was fällt dir ein, einfach einen Schwarzen Block durch meine Stadt marschieren zu lassen?* Erst kein Raumgewinn auf seiner Demo und dann auch noch Verlustängste im heimischen Territorium. *Darüber sprechen wir noch, wenn wir uns das nächste Mal sehen!* Wieschkes Einschüchterungsversuche empfand ich angesichts der vollzogenen Machtdemonstration, während sich Parteibonzen im Kessel die Beine in den Bauch gestanden hatten, als unangemessen. Zugleich war dieses Reviergehabe für mich wenig überraschend. Die Gier nach Macht treibt Menschen bekanntlich oft zur himmelschreienden Selbstüberschätzung.

Die Aufnahme meines Grundwehrdienstes besiegelte die Auflösung des Paktes Volkstreuer Jugend, weil er sich eines führerlosen Kampfes als nicht fähig erwies. Während ich beim Bund im Staub liegend über den Lauf des Gewehres zielte, hatte sich die erste Station meiner politischen Laufbahn im Sande verlaufen. Im Süden Thüringens fand ich jedoch aufgrund meiner rhetorischen und musikalischen Fähigkeiten schnell Anschluss bei den Autonomen Nationalisten.

# V. Als Nazi in der Bundeswehr: Im Flecktarn des Vasallenheers

*Deutschland wird am Hindukusch verteidigt.* Diese Aussage des ehemaligen Verteidigungsministers Struck erzeugte bei mir schon vor meiner Zeit als Nazi großes Unverständnis: Was hatte Afghanistan bitte mit Deutschland zu tun? *Unsere Grenzen* waren doch nie so weitumfassend gewesen, dass sie bis dahin gereicht hätten, und überhaupt hatte ich zu Hause gelernt, dass man sich nicht in die Angelegenheiten anderer einmischen sollte. *Ein jeder kehre vor seiner Tür, und reine ist jedes Stadtquartier.* Natürlich hatte Struck auch von der Sicherheit der Bundesrepublik gesprochen, die von der Bundeswehr im Ausland verteidigt würde. Das leuchtete wiederum ein. Mir schien schnell klar, dass der Krieg gegen den Terror nur ein Vorwand sei, um den Einfluss der USA sowie den Zufluss von Öl zu sichern. Die Kriege in Afghanistan und im Irak seien von den USA selbst vom Zaun gebrochen worden.

Die Bundeswehr ist in Nazikreisen durchaus eine umstrittene Institution. Sie gilt als *Vasallenheer,* das schlicht die Befehle der *US-raelischen Besatzer* ausführe. Dass alle Kriegseinsätze der Bundeswehr für *fremde Interessen* geführt würden, hatte ich schon in der Frühphase meiner Radikalisierung aufgeschnappt. Ich konnte meine Entscheidung für den Grundwehrdienst meinen Kameraden gegenüber jedoch damit begründen, dass ich *vom System eine kostenlose Ausbildung an der Waffe* erhalten würde. *Ich werde dafür sogar noch bezahlt.* Die Besoldung während der Grundausbildung lag unter Hartz-IV-Niveau, aber da ich zuvor mit etwa hundert Euro im Monat hatte zurechtkommen müssen, fühlte sich mein erster Sold wie ein kleines Vermögen an.

Kenntnisse in militärischem Training und Strategieausbildung konnte man natürlich auch in der Szene in Wehrsportgruppen oder im Ausland auf etwas aufwendigerem Wege erhalten. Aber damals fehlten mir dazu die finanziellen Ressourcen ebenso wie die notwendigen Kontakte.

## Antreten, Auftreten, Übertreten

Für meine Musterung hatte ich eines schönen Morgens in aller Frühe nach Erfurt fahren müssen. Mein achtzehnter Geburtstag stand gerade kurz bevor. Zu diesem Zeitpunkt hatte ich noch langes wallendes Haar und eine von der Tätowiernadel unberührte Haut. Aber durch die Musterung wurde meine unschuldige Hoffnung betrogen: Nur T2 auf der Tauglichkeitsskala, das heißt »verwendungsfähig mit Einschränkungen für bestimmte Tätigkeiten«. Dieses Urteil trat meine Träume vom Gebirgsjägerdasein oder einer Scharfschützenausbildung mit Füßen – genauer gesagt mit einem »Ansatz zum Senkspreizfuß«, wie im offiziellen Musterungsbescheid zu lesen war.

Die feierliche Überreichung meines Abiturzeugnisses auf der Wartburg fand nur wenige Tage vor meinem Dienstantritt bei der Bundeswehr statt. Am 1. Juli 2008 reiste ich dann in das etwa dreißig Kilometer östlich von Eisenach gelegene Gotha und meldete mich in der Kaserne zum Antritt meines Grundwehrdienstes. Wir sollten uns in einer Reihe aufstellen und erst einmal abwarten. Nach und nach kamen alle an. Dabei stimmte uns ein Unteroffizier auf die kommenden Wochen ein. *Ihr werdet hier an eure Grenzen gebracht werden. Für manche wird das eher eine Tortur als für andere,* sagte er und deutete dabei auf meinen rechten Arm, der nun bereits bis zum Handgelenk tätowiert war. Tatsächlich gefielen mir die ersten Tage beim Bund recht gut: Nach etwa vier Stunden Schlaf gegen 4 Uhr 30 aufstehen, Frühsport, bestehend aus Joggen, Liegestützen, Situps und weiteren Übungen; dann Frühstück und anschließend soldatische Etikette oder Waffenausbildung.

Am dritten Tag ›auf Stube‹ feierte ich meinen neunzehnten Geburtstag mit Menschen, die ich kaum kannte, die mich aber bereits mehrfach nackt gesehen und schnarchen gehört hatten. Eine Atmosphäre kollegialer Kameradschaftlichkeit lag in der Luft, als wir uns gegenseitig die Werte der Waffen abfragten, die wir wenig später buchstäblich mit verbundenen Augen auseinanderzunehmen und wieder zusammenzusetzen lernten. Währenddessen lernten wir auch einander kennen und stellten schnell fest, dass wir in einigen Ansichten und Wertmaßstäben übereinstimmten.

Meine Stube teilte ich mir mit einem sich selbst als Deutschperser bezeichnenden Berliner. Er machte keinen Hehl aus seiner Unterstützung für den damaligen iranischen Präsidenten Mahmud Ahmadinedschad. Dieser stand für seine antisemitischen Äußerungen in der Kritik. In einigen kontroversen Statements titulierte er Israel als »zionistisches Regime« und »Schandfleck, [der] aus der Mitte der islamischen Welt beseitigt werden muss«. Seine Wortwahl ließ dabei wenig Interpretationsspielraum: »Das Regime, das Jerusalem besetzt hält, muss aus den Annalen der Geschichte getilgt« und »von der Landkarte gefegt werden«. Eine dieser Reden begann Ahmadinedschad selbst mit dem Ausruf »Tod Israel!« Das war Musik in unseren Ohren – wenngleich wir uns von Beginn an immer wieder versicherten, dass unser fanatischer Antizionismus sich nicht gegen alle Juden und Jüdinnen richten würde. *Nur gegen die Zionisten – und das sind wie Frau Merkel ja oft auch Gojim.* Nach Mundart antisemitischer Weltverschwörungserzählungen nahmen wir diese jiddische Bezeichnung für Nichtjuden auf und nickten uns wissend mit einem leichten Lächeln zu.

Neben unserer Liebe zum Antizionismus waren wir uns auch in Fragen der Rassentrennung einig: Wir nannten dies aber im Geiste rhetorischer Modernisierung »das Selbstbestimmungsrecht der Völker« und fabulierten über die Erhaltung von Jahrtausende alten Kulturnationen an ihrem *angestammten* Platz. *Deutschland den Deutschen, Persien den Persern und Palästina den Palästinensern.* So einfach ist das. Ethnopluralismus hieß das auch damals schon, und ich hatte ihn erst vor kurzem bei den Autonomen Nationalisten als labelkosmetische Strategie kennengelernt. Es handelt sich dabei um einen Rassismus ohne Rasse. Die Strukturen der Abstammung und die Lebensraumbezüge bleiben erhalten. Es wird aber vermieden, offene Wertungen vorzunehmen. Diese erfolgen vielmehr unter der Hand: Alle Völker seien gleich viel wert, zumindest an den ihnen angestammten Plätzen. Der Ethnopluralismus ist die Blut-und-Boden-Ideologie des 21. Jahrhunderts.

Gern beanspruchte ich mit derartigen rhetorischen Finten, in Wirklichkeit ein Retter *wahrer* kultureller Vielfalt zu sein. Die ethnopluralistische Ideologie der *natürlichen Unterschiede* agitiert gegen multikulturelle Gesellschaften. In diesen *Schmelztiegeln* würden, wie ich auf Stube ausführlich zum Besten gab, *natürliche* Unterschiede und *wirkliche* Vielfalt verwischt und am Ende bleibe nur *ein ununterscheidbarer Einheitsbrei.* Das ist eine rhetorisch geschickte Weise, Vermischungsängste und Reinheitsfantasien massenkompatibel zu verpacken. Für die Erhaltung der arischen Rasse möchten sich die meisten Menschen bis heute nicht engagieren; es ist noch immer nicht schick, offen rassistisch zu sein. Aber für die *eigene* Kultur, die *deutsche* Herkunft und jahrhundertealte Traditionen lassen sich viele Konservierungswillige aus allen Schichten der Gesellschaft finden. Diese Labelkosmetik war damals schon mein rhetorisches Erfolgsrezept in der alltäglichen Auseinandersetzung mit unbedarften Mitmenschen.

Damit konnte sich mein neugewonnener Freund aus der Hauptstadt anfreunden. Er war dann auch hocherfreut, als ich ihm sagte, dass er den Rassentheorien der Nazis zufolge als Iraner selbst Arier sei. Schnell waren wir uns daher einig: *Wir sind keine Feinde, sondern Verbündete im Kampf gegen das kapitalistische System, seine imperialistische Globalisierung, die Hochfinanz und deren zionistische Strippenzieher im Hintergrund.*

In all dem stimmte uns ein offener NPD-Anhänger zu, der aus der Nähe von Mittweida in Sachsen stammte. Ebenfalls nicht abgeneigt war ein sich als Halbvietnamese bezeichnender Rekrut, der mit Freude rassistische Witze erzählte und den Imperialismus der USA anprangerte. Unserem zweiten Berliner auf Stube ging es eher um die Erhaltung deutscher Gesangskultur, die er nach eigenen Angaben in einem nationalkonservativen Sängerbund pflegte. Ein anderer bei uns gern gesehener Gast war ein mir aus der autonom-nationalistischen Zelle Südthüringens bekannter Kamerad, mit dem ich bereits vor dem Wehrdienst Kontakt gehabt hatte. Seine Stube lag nur einige Meter weiter den Flur hinunter.

Wir sprachen auf Stube schnell offen über Politisches. Meine Tattoos und meine Versuche, diese Spuren meiner Gesinnung beim Joggen und Schwimmen vor den Ausbildern zu verbergen, wurden schnell zum Thema. Die Farbe des wasserfesten Filzstiftes, mit dem ich die Tattoos übermalt hatte, verwischte durch Schweiß oder

Chlor im Wasser. Das Abbinden provozierte die Frage, ob ich verletzt sei, was ich verneinte, dadurch aber zusätzlich große Aufmerksamkeit auf mich zog. Ich beschloss nach einigen spaßigen Wochen beim Bund meinen Dienst vielleicht auf 24 Monate zu verlängern. Deshalb wollte ich die Swastika übertätowieren lassen, die in der Mitte meines Knies in einer Schwarzen Sonne prangte. Auch das Hakenkreuz auf meiner linken Schulter in der Pranke des Thüringer Löwen sollte weichen. Ich ließ es zu einem Radkreuz schließen. So ergab es das Logo des Bandprojekts Suna, einer Nachfolgeband von Garde 18, in der ich tätig war.

Oberflächen können trügen oder entlarven. Es gibt gute Gründe dafür, dem allzu glatten Image der Bundeswehr zu misstrauen. Und so war es eine Ironie des Schicksals, als sich durch die ständige Bewegung bei den Wehrübungen die Farbe der frischtätowierten Cover-ups an der Uniform abzureiben begann. Die alten Motive schimmerten wie schon bei dem Rembrandt-Bild meiner Kinderstube aus dem Hintergrund hindurch.

## Staatsfeind in Uniform

Unsere Vorgesetzten wurden nicht müde zu betonen, dass das Hauptziel unserer Grundausbildung die »Allgemeinmilitärische Grundbefähigung« sei. Hierzu zählten aber nicht nur Waffenausbildung und Schießübungen, Märsche im Gelände, Exerzieren auf dem Appellplatz und Drill unter erschwerten Bedingungen. Es sollten auch Kenntnisse über Struktur und Auftrag der Bundeswehr sowie unsere Rolle als grundwehrdienstleistende Staatsbürger in Uniform vermittelt werden. Für Letzteres wurde jedoch nur wenig Zeit eingeplant, und auch die Umsetzung würde ich aus heutiger Sicht als fragwürdig einstufen.

Für den Großteil der Rekruten waren die im Durchschnitt drei bis fünf Stunden Schlaf pro Nacht bei ungewohnter körperlicher Anstrengung eine ziemliche Strapaze. Während der Unterrichtseinheiten für politische Bildung schliefen dann nicht wenige vor Erschöpfung ein. Aber selbst im ausgeschlafenen Zustand wären sie sicherlich aus Langeweile eingenickt. Der Kompaniechef war ein Hauptmann in den frühen Vierzigern. Er sprach derart monoton und ohne jeden Elan, dass seine Ausführungen über die Verteidigung des Grundgesetzes durch den Staatsbürger in Uniform einem regnerischen Waldrauschen als Einschlafmusik hätten Konkurrenz machen können. Auch dass er seinen Vortrag die meiste Zeit mit geschlossenen Augen hielt, trug eher dazu bei, es ihm gleichzutun.

Manchmal öffnete der Hauptmann verträumt die Augen, wie um sich selbst zu vergewissern, ob er wirklich gerade einen Vortrag über den demokratischen Auftrag der Bundeswehr hielt. Wenn er in diesen Momenten auch nur einen einzigen Rekruten schlafend vorfand, durchzuckte ein unerwarteter Schwung seinen Körper. Er rief dann jedes Mal laut schallend den Befehl »Alle auf!«, woraufhin wir uns geschlossen zu erheben und so zu verharren hatten. Dies folgte wohl der Soldatenweisheit, dass das Einschlafen im Stehen deutlich schwerer fällt. Rückblickend ist das die einzige Lehre, die ich aus seinen Vorträgen gezogen habe.

Als viel interessanter empfand ich unsere Stubengespräche nach Dienstschluss, die immer offener geführt wurden. Schon bald erreichten sie einen infamen Höhepunkt. Im Verlauf eines der typischen Gespräche über die *wirklichen* Geschehnisse der Weltpolitik hob der glühende Ahmadinedschad-Anhänger zu einem Schwur an: *Das Weltjudentum und der Zionismus haben lange genug die Welt terrorisiert. Es kommt auf Menschen wie uns an, dem ein Ende zu setzen. Lasst uns deshalb schwören, nicht eher zu ruhen, bis dieses Terror-Regime entthront worden ist – heute und für alle Zeiten!* Während dieses Aufrufs zur Verschwörung betteten wir unsere rechten Hände feierlich übereinander. An der eigenen Inszenierung berauscht, legte sich ein Grinsen voller Spott und Selbstgefälligkeit auf unsere Gesichter. *Das ist natürlich alles nur Spaß gewesen!,* würden wir später beteuern. Wir waren nie um fadenscheinige Ausflüchte und eine ›Prise Ironie‹ verlegen. Mit ihnen würzten wir all unser unrechtes Tun, um jede noch so verwerfliche Tat als ›schlechten Witz‹ zu bagatellisieren.

Einen ähnlichen Hang zu Ironisierung und Bagatellisierung bewiesen in der Folge auch einige der Vorgesetzten. Ich hatte ein schwarz-weiß-rotes Badehandtuch, das ich von einem der Südthüringer Kameraden bekommen hatte. Wie er hieß hatten sie *mit einem Dutzend davon zu Skinheadzeiten beim Kameradschaftsurlaub in Ungarn eine ganze Etage von Hotelbalkons zugehängt.* Eines dieser Handtücher hing nun bei der allabendlichen Stubenabnahme über einem Stuhl. Als der junge Fähnrich fragte, wem es gehöre, meldete ich mich schuldbewusst zu Wort. Dann sagte der kurz vor dem Aufstieg in die Offiziersränge stehende Vorgesetzte, dass ich das bloß keinen anderen Ausbilder sehen lassen solle. Sonst könnte es Probleme geben. *Wobei, wenn der andere Fähnrich morgen die Stubenabnahme machen wird, hängen Sie das mal quer über den Schrank, weil der sich dann sicher freut.* Gesagt, getan. In pflichtbewusstem Gehorsam erntete ich dafür ein breites Grinsen des anderen Fähnrichs.

Mit den beiden Vorgesetzen habe ich später beim Biwak, dem gemeinsamen Zelten im Wald, am Lagerfeuer über Verschwörungserzählungen geplaudert – auch sie wussten Bescheid: *Rothschild, Rockefeller und Soros ziehen im Hintergrund die Fäden, um sich am Kapitalismus eine goldene Nase zu verdienen.* Ihre Mitwisserschaft machte mir Mut, dass ich vielleicht auch bald bei der Bundeswehr in ihre Ränge aufschließen könnte. Denn beim Bund war ich ganz in meinem Element. Meine Uniform war wie eine zweite Haut für mich geworden und die Manöver voller erhabener Momente: Beim simulierten Gefechtsalarm schossen wir mit Manövermunition aus den selbst ausgehobenen Stellungen in die Nacht hinaus – die Wand aus Dunkelheit als Zielscheibe, die mir zur Projektionsfläche für meine Feinde wurde: *Rothschild. Rockefeller. Soros …*

Nur wenige Tage nach diesem nächtlichen *Feindbeschuss* wurden beim Antreten einige Rekruten zur Kompanieleitung bestellt. Es waren meine Zimmergefährten und der Kamerad, den ich schon aus Südthüringen kannte. Ich wurde erst kurz später mit ihnen zum Spieß und dem Kompaniechef gebracht. Hier redeten andere Offiziere auf uns ein: *Missverstehen Sie das Kameradschaftlichkeitsgebot nicht falsch! Das gilt nicht bei Verstößen gegen die Dienstpflicht und das Soldatengesetz!* Offenbar waren unsere Stubengespräche gemeldet worden. Mir ist ein Vorgesetzter in Erinnerung geblieben, der sich wiederholt empörte und auf die Pflicht der Soldaten zur Wahrung der freien demokratischen Grundordnung pochte. Ich fand, er hatte einen sehr passenden Namen. Er hieß Ritter.

Ich wurde kurz darauf in Einzelhaft geleitet, wo ich unter andauernder Bewachung stand. Dies geschah aufgrund der mir vorgeworfenen Rädelsführerschaft und um eine Einflussnahme auf die Aussagen der anderen zu verhindern. Zunächst wurde ich von einem Feldwebel bewacht, der stolz das Abzeichen der Gebirgsjäger auf seinem Barett trug. Das ist eine Truppengattung, deren Ausbildung als ›knochenhart‹ gilt. Die Bewachung durch den Elitesoldaten gab mir eine ungefähre Vorstellung vom Ernst der Lage. Deshalb war ich auch verwirrt, dass ich noch immer mein Dienstfunktionsmesser griffbereit in der Hosentasche hatte.

Nach etwa zwei Stunden wurde der Feldwebel von einem Oberfeldwebel abgelöst, der offensichtlich nicht wusste, was eigentlich los war. Ich kannte ihn von einigen Übungen, sagte ihm kurz, was ich wusste, und stellte mich dabei absichtlich etwas naiv. Er sollte mir zu einem späteren Zeitpunkt jedoch interessante Informationen zur Sache liefern, als ich ihn nach meiner Zeit beim Bund in Zivil in einer Kneipe in Südthüringen traf, die am Wochenende stark von Nazis frequentiert wurde. Nach einer weiteren Wachablösung und geschätzten zwei Stunden, wurde ich dann direkt zum Bataillonskommandeur der Kaserne beordert.

Sein Büro versprühte militärischen Charme mit seinen Bildern von Einsatzfahrzeugen der Kaserne im Feld. Dazwischen hing ein modernes Kunstwerk, an das ich mich vage erinnere. Ich blickte häufiger darauf, während ich den langen Monologen des Oberstleutnants lauschte. Er war selbstgefällig und erzählte lang und breit, was er alles über unsere Stubengespräche, meine Tattoos und Wochenendbeschäftigungen wisse. Er habe da vertrauliche Quellen. Mir war schnell klar, von wem die Rede war: einerseits von einem bei uns wenig beliebten Rekruten auf unserer Stube, der offenbar Meldung gemacht hatte. Und zweitens vom Militärischen Abschirmdienst (MAD), der offenbar aktiv geworden war. Er hatte meine StudiVZ- und MySpace-Accounts durchleuchtet und dann löschen lassen.

Den bereits gestellten Antrag auf eine Karriere als Reserveoffiziersanwärter könne ich mir schon mal in die Haare schmieren, bekam ich zu hören. Nach der geplanten zweijährigen Ausbildung wollte ich zivil studieren und in den Semesterferien an Gefechten teilnehmen, um mir etwas Geld dazuzuverdienen. Es wäre die einzige Möglichkeit gewesen, in die Offiziersränge der Bundeswehr aufzusteigen, ohne an einem der mir verhassten *Auslandseinätze für fremde Interessen* teilnehmen zu müssen.

Nazis in der Bundeswehr sind grundsätzlich nichts Außergewöhnliches – angefangen bei der Generalität der Gründergeneration nach 1955 über die vielen Neonazis und Burschenschafter vergangener Jahrzehnte bis hin zu einschlägigen Kadern rechter Parteien. Beispielsweise waren außer Holger Apfel alle Vorsitzenden der NPD seit ihrer Gründung in den frühen 60ern für einige Jahre bei der Bundeswehr und sind zum Teil noch bis heute in der Reserve. Aber auch einige der Rechtsterroristen des NSU waren beim Bund, wie etwa Uwe Mundlos und André Eminger. Letzterer diente einige Jahre vor meiner Zeit sogar in derselben Kaserne in Gotha. Auch bei den neuen Nazis in Nadelstreifen und ihren willigen Schreibtischtäterinnen und -tätern wird diese Tradition deutschen Soldatentums gepflegt. Bei ihnen finden sich vornehmlich aktive und ehemalige Offiziere: von Georg Pazderski über Götz Kubitschek bis Franco A. Der ehemalige Kommandeur des Kommando Spezialkräfte (KSK) Reinhard Günzel hielt mehrere Vorträge in Kubitscheks neofaschistischem Institut für Staatspolitik. Da wundert es vielleicht weniger, dass Soldaten des KSK unter Verdacht stehen, ein rechtsterroristisches Netzwerk aufgebaut zu haben.

Diese Führer im Inneren der Bundeswehr werfen ein fragwürdiges Licht auf ihr Markenzeichen der Inneren Führung. Offenbar haben nicht alle Soldatinnen und Soldaten diese demokratische »Wertegrundlage für verantwortliches Handeln« verinnerlicht. Die Bundeswehr hat in den letzten Jahren ein stärkeres Bewusstsein für diese Probleme entwickelt. Sie steht in Vielem aber noch am Anfang. Denn Braunschattierungen weist sie auch in Bezug auf offen ausgestellte Wehrmachtsdevotionalien in verschiedenen Kasernen auf, von denen einige noch bis vor Kurzem die Namen von Nazigenerälen trugen.

Diese Anhäufung vieler bedenklicher ›Einzelfälle‹ werfen für mich im Rückblick Fragen auf: Warum die vielen teils unterschwellig und teils offen positiven Bezüge auf völkische Nationalismen, Wehrmacht und Co. in der Bundeswehr? Warum kann scheinbar ein nicht unbeachtlicher Teil der Soldatinnen und Soldaten nicht gerade darauf stolz sein, die erste Armee auf wehrhaft demokratischem Boden in Deutschland zu sein und hieraus eine eigene Traditionslinie entstehen lassen?

Leider war dieses Credo damals offenbar weder bei mir noch bei den zuständigen Instanzen der Bundeswehr handlungsleitend. Insofern ist es vielleicht weniger überraschend, dass ich nicht sofort entlassen, sondern zunächst nur in das fünfzig Kilometer entfernte Bad Salzungen zwangsversetzt wurde. Dort trat ich meine Disziplinarstrafe an: vierzehn Tage Strafarrest im Wachgebäude, gefolgt von zwei Wochen besonders beschränkter Ausgangssperre auf der Stube. Für vier Wochen Haft in der Arrestzelle hätte wohl auch eine strafrechtliche Anklage erhoben werden müssen. Hierfür sah die zuständige Staatsanwaltschaft aber aufgrund fehlender Schwere der Tat und mangelnder Beweislage keinen Anlass. Vielleicht war das auch der Grund, aus dem ich trotz der Disziplinarstrafe, meiner Tattoos und politischen Ansichten weiter an der Waffe ausgebildet wurde.

## ~~Der Bundesrepublik~~ Deutschland treu zu dienen …

In Bad Salzungen begrüßte mich der nun für mein Wohlbefinden zuständige Kompaniechef persönlich und riet mir von weiteren ›Sperenzchen‹ ab. Das in Gotha sei zwar *eine Hexenjagd* aus Profilierungsgründen eines Karrieremenschen gewesen. Aber ich solle meine zweite und letzte Chance jetzt nutzen. Auch mein neuer Ausbilder, ein altgedienter Oberfeldwebel mit vielen Auslandseinsätzen, legte mir *Dienst nach Vorschrift ohne jede Abweichung* nahe; er werde ein Auge auf mich haben, zischte er; jede Übertretung unter seiner Aufsicht würde schwer bestraft. Diese Drohung war in meinen Augen nicht mehr als ein aufgeplustertes Brustgetrommel. Er würde auch nicht mehr tun können als ein übermotivierter Oberstleutnant.

Ich sollte den anderen Rekruten nicht sagen, wofür ich einsitzen musste und natürlich auch sonst die Füße still halten, sofern ihnen nicht das Exerzieren befohlen wurde. Der Oberfeldwebel ließ besonders gern das Marschieren mit Gesang üben und machte uns Hoffnungen, wir würden eine Belohnung erhalten, wenn wir uns nur ausreichend bemühten. Frühmorgens fuhr er mit seinem Quad auf dem Antrittsplatz vor und wurde dafür von vielen Rekruten bewundert. Es waren alles nette Jungs, die sich gegenseitig halfen und mich ohne viele Fragen in ihre Reihen aufnahmen. Auch der Oberfeldwebel wurde mir schnell sympathisch. Aber im Gegensatz zu vielen anderen Rekruten war sein Quad bei mir nicht der Grund dafür.

Beim Exerzieren ließ er uns immer das Westerwaldlied singen. Das ist ein Oldie aus dem Repertoire berühmter Wehrmachtslieder, die ich bereits von meinen Wanderungen in Eisenach kannte. Dem Oberfeldwebel war die Historie des Liedes nicht unbekannt. Er erklärte uns aber selbstbewusst: *Mit dem Lied auf den Lippen sind unsere Jungs damals von hier bis nach Russland und zurück – und das im Stechschritt.* Damals seien *ja nicht alle Verbrecher gewesen,* und dass wir im Refrain des Westerwaldliedes weder »schmeiß den Jud' vom Fahrrad« noch Schlimmeres riefen, galt ihm wohl bereits als Entnazifizierung dieses Liedes. Vielleicht war es ihm deshalb auch eine sichtliche Freude, als er uns zur Belohnung für diszipliniertes Exerzieren laut *unser Lied* singend im Gleichschritt hinaus auf die Straßen von Bad Salzungen marschieren ließ. Für mich hatte dieser Ausflug damals Gänsehautpotenzial – in modischer Uniform, *die Nase hoch, die Reihen fest geschlossen,* fehlte mir zu meinem Glück nur noch die richtige Fahne.

Auch an diesem Abend fiel erst nach Dienstschluss die Tür der Arrestzelle hinter mir ins Schloss. Ich durfte im Gegensatz zu allen anderen Rekruten ein etwa zehn Quadratmeter großes Einzelzimmer mein Eigen nennen. In meiner recht geräumigen Zelle gab es einen kleinen Tisch, einen Schrank und ein Klappbett. Ich durfte Schokolade und Bücher mit auf die Zelle nehmen, und so las ich in dieser Zeit neben den beiden Teilen des »Faust« auch einige Bücher über Freimaurer, Illuminaten und wer meiner damaligen Ansicht nach sonst noch alles die eigentlich Machthabenden der BRD-GmbH und somit der Bundeswehr waren. Außerdem schlief ich am ersten Wochenende, das ich in der Zelle verbringen musste, das erste Mal seit Wochen aus. Dass mich zum Dusch- und Toilettengang wie auch zum Essen stets eine Wachperson begleitete, war für mich kein großes Problem. In jeder Minute streng beaufsichtigt zu werden, kannte ich ja bereits aus meiner Kindheit. Im Gegenteil. Ich kam mit einigen der Wachhabenden über Soldatensmalltalk gut ins Gespräch. Auch sonst empfand ich meine damalige Bestrafung eher als einen neugewonnenen Luxus: Einzelbettzimmer mit separater Toilette und Duschraum für mich allein und kein lästiges Anstehen bei der Essenausgabe mehr. Außerdem war im Café Viereck, wie die Arrestzellen im Soldatenjargon genannt werden, genügend Platz für Liegestütze und andere Kraftsportübungen.

An Wochentagen machte ich dort nach dem Einschluss noch ein wenig Sport, las und war am nächsten Tag immer ausgeschlafen. Am zweiten Wochenende war das diensthabende Wachpersonal so nett, mir zu gestatten, mich mit meinem Laptop in den Wachraum zu setzen. Die meisten von ihnen wussten schlicht nicht, wofür ich einsaß, und ich durfte es ihnen ja auch nicht sagen. So konnte ich mich genüsslich in meine Computerspiele vertiefen.

Da wirkt es fast folgerichtig, dass mir auch das Feierliche Gelöbnis auf das Grundgesetz der Bundesrepublik Deutschland gestattet wurde. Für alle anderen war es freilich Standardprozedere der soldatischen Grundausbildung. Aber nach allem, was über mich bekannt war, hätte klar sein müssen, was ich von der freien demokratischen Grundordnung hielt. Für mich war das Gelöbnis aber ein notwendiges Übel, um überhaupt weiterhin Soldat sein zu dürfen. Außerdem war es den Rekruten danach gestattet, ihre Eltern über das Kasernengelände zu führen. Auch ich hatte die Erlaubnis dazu erhalten. Meine soldatischen Leistungen im Dienst waren seit meiner Versetzung nach Bad Salzungen *lobenswert* gewesen, und ich hätte mich *vorbildlich in die Truppe eingefügt,* wie mir meine Vorgesetzten attestierten.

Ich galt stets als sehr guter Soldat und wurde für meinen Einsatz und meine Kameradschaftlichkeit auch an beiden Standorten von Vorgesetzten wiederholt gelobt. Allein an der richtigen inneren Führung mangelte es mir. Aber die Bundeswehr sucht durchaus Menschen, deren Haltung von einigen meiner damaligen Grundüberzeugungen nicht grundsätzlich unterschieden sind: Pflichterfüllung und Unterordnung in ein Kollektiv zur Erhaltung und Verteidigung des Vaterlands. Oder wie der offizielle Werbeslogan der Bundeswehr es bündig zusammenfasst: *Wir. Dienen. Deutschland.*

Mit meinem Vater hatte ich mich nach der Abiturprüfung wieder versöhnt. Zumindest so weit, dass wir miteinander sprachen und er zu meinem Gelöbnis aus Eisenach ins etwa 25 Kilometer entfernte Bad Salzungen anreiste. Wenig später würde ich auch wieder für einige Wochen zu ihm ziehen. Zum Feierlichen Gelöbnis hatten wir im Dienstanzug mit Schlips und Kragen anzutreten. Geschlossen marschierten wir auf dem Appellplatz auf. Dann gab es die typische Zeremonie: Reden von hohen Offizieren und regionalen Politikerinnen und Politikern. Für die Show wurde ein Leopard-2-Panzer aufgefahren. Dann folgte das Feierliche Gelöbnis durch das Aufsagen des Diensteides: »Ich gelobe, der Bundesrepublik Deutschland treu zu dienen und das Recht und die Freiheit des deutschen Volkes tapfer zu verteidigen.«

Ich sprach den Eid freilich nicht mit, bewegte aber ein wenig meine Lippen, wie der Kampfpanzer nur zur Show. *Der Bundesrepublik Treue schwören? Niemals!,* dachte ich mir. *Ich liebe mein Vaterland, aber ich hasse diesen Staat!* Sein Grundgesetz, auf das ich hier ein Gelöbnis ablegen sollte, war für mich nicht mal eine valide, vom deutschen Volk gewählte Verfassung. Ich hielt es für ein durch das Besatzerregime aufgezwungenes Unterdrückungsinstrument, um den Untergang eines einst stolzen Volkes zu verwalten.

Kurz nach meinem Schweigen im Gelöbnisreigen machte mein Vater ein Foto von mir und einem befreundeten Soldaten. Er war Rekrut in der Ausbildungskompanie im Panzergrenadier-Bataillon, die neben den Panzerleuten in der Kaserne stationiert waren, deren Ausbildungskompanie ich angehörte. Ich kannte Michael schon seit fast zwei Jahren über Wieschke und die Jugendorganisation. Er war in Bad Salzungen aufgewachsen und ein stadtbekannter NPD-Kader geworden, kurz nachdem er die Strukturen der Vorgängerorganisation der Linkspartei, der PDS, unterwandert hatte. Dies war auf Antifa-Recherche-Seiten im Internet ebenso öffentlich zu lesen wie in anderen Medien. Der Verfassungsschutz musste davon wissen. Aber offenbar war das kein Grund gegen Michaels Dienst bei der Bundeswehr. Dann gab mein Vater ihm die Kamera und er schoss das letzte Bild, auf dem ich gemeinsam mit meinem Vater zu sehen sein sollte.

Auf dem Foto sind die ersten silbrigen Strähnen seiner schwindenden Kopfbehaarung zu erkennen, er zeigt den für ihn typischen strengen Blick. Auch an diesem Tag hatte er sich über mich aufgeregt, denn ich hatte ihm angedeutet, dass ich *aus politischen Gründen* einsaß. Weil ich wegen meines *politischen Unfugs mal wieder angeeckt und jetzt den wohl letzten Warnschuss* erhalten hatte, wie er es formulierte. *Wenn du so weitermachst, ist deine nächste Station der Bau. Und glaub nicht, dass ich dich hinter schwedischen Gardinen besuchen komme!* Und trotz seiner typischen Häme und überheblichen Abwertung für fast alles, was ich tat, meine ich heute, ein wenig Stolz im strengen Blick meines Vaters zu erkennen.

Stolz auf mich war er, wenn überhaupt, dann nur, weil er dachte, dass ich durch die Armee und den starken Arm der Staatsmacht zurechtgerückt werden würde. Was er nicht geschafft hatte, würden die schon noch hinkriegen. Er selbst habe ja *alles in seiner Macht Stehende richtig gemacht.* So hatte er mir schon zu meiner Abiturzeugnisverleihung selbstgewiss zu verstehen gegeben, während er mir für mein Einser-Abi gratulierte, das *natürlich noch besser* hätte sein können. Aber immerhin: All die Entbehrungen seinerseits, damit wir es einmal besser haben würden, seien nun durch meine Hochschulreife scheinbar belohnt wurden. Als wäre mein Abitur ein Zeugnis dafür, dass die Erziehungsziele unter seinem Regiment psychologischen Terrors geglückt seien. Alles dank ihm, obwohl weder meine Schwester noch ich bei ihm wohnten, als wir unsere Abiturprüfungen bestanden. Besonders stolz war er aber wohl eher auf sich selbst. Weil er ebenso wenig, wie er anderen vertrauen, auch nicht wirklich stolz auf andere sein konnte.

Ein tragisch Verlassener, ein einsamer Hüter des Richtigen und Guten, das ist mein Vater *in a nutshell* – harte Schale, innen hohl. Er steht stellvertretend für viele andere, die täglich in die Reihen sogenannter besorgter Bürger aufschließen. Neben einigen Gutsituierten sind das immer mehr Menschen, die sich nicht repräsentiert fühlen. Aus Frustration und Enttäuschung wurde Verdrossenheit, die sich gegen das parlamentarische System als Ganzes richtet. Sie sind nicht wirklich ausgeschlossen; sie wollen sich lediglich nicht von irgendjemand anderem vertreten lassen. Nur sie selbst, ihrer eigenen Hände Arbeit repräsentiere, was sie wirklich sind, und sie allein halten sich für das Volk. Nur sie selbst sind es, und sonst niemand. Deshalb rufen sie nach direkter Demokratie. Sie denken: *Volksherrschaft, das bedeutet mein Reich komme, mein Wille geschehe.* Alle vorgeschobenen Sorgen werden vom eigenen Geltungsbedürfnis hervorgerufen und überschatten alles andere. Sonst müsste man nicht Tote instrumentalisieren, weder die der heraufbeschworenen Feinde, noch die des eigenen Volkes. Dieses Volk verkörpere man angeblich. Es sind vor allem Menschen wie mein Vater, für die ich dieses Buch schreibe. Sie sind zu einem demokratischen Zusammenleben in einer pluralen Gesellschaft kaum fähig, weil sie sich über jeden Zweifel erhaben fühlen und sich eines Besseren nicht belehren lassen wollen. Und doch hoffe ich inständig, dass ich mich hierin irre und sie mich eines Besseren belehren werden.

Nur wenige Tage nach dem Gelöbnis standen mit der Abschlussprüfung und dem Dreißig-Kilometer-Marsch die letzten Etappen der Grundausbildung an. Offenbar wollte der MAD mich am Tag des Marsches unvorangekündigt verhören. Sie waren wohl sehr überrascht, als sie mich nicht in meiner seit Kurzem als Zelle fungierenden Stube antrafen und man ihnen mitteilte, dass ich auf dem Marsch gerade meine Grundausbildung vollendete.

Am darauffolgenden Tag wurde ich morgens aus meiner Stube geholt, auf der ich gerade meine besonders beschränkte Ausgangssperre absaß. Ich wurde zum Kompaniechef gebracht. Er informierte mich nach meiner Meldung darüber, dass er Befehl *von ganz oben* habe: Ich sei *mit Wirkung ab 12 Uhr des heutigen Tages wieder Zivilist.* Der Divisionskommandeur habe ihn soeben angerufen. Angeblich hatten sich meine Eskapaden irgendwie bis zum Verteidigungsminister herumgesprochen, der meine sofortige Entlassung angeordnet haben soll. Ich wurde noch am selben Tag unehrenhaft entlassen – etwas, das ich mit einem gewissen Stolz trug. Auch einige Kameraden gratulierten mir: *Auf Staatskosten an der Waffe ausgebildet und dann, wenn eh nur noch rumsitzen im Wachdienst angesagt ist, aus dem Vasallenheer entlassen. Geiles Ding!*

Ich verabschiedete mich noch von Michael, der seinen Grundwehrdienst ableistete und danach, glaube ich, noch einige Monate anhängen durfte. Nur wenige Wochen später würde ein weiterer Kamerad aus der autonom-nationalistischen Zelle Südthüringens seine Grundausbildung in Bad Salzungen beginnen.

Mit meiner Entlassung aus dem Wehrdienst war auch mein vorerst letzter Versuch gescheitert, mich mit den bürgerlichen Strukturen zu arrangieren. Es war der 13. September 2008. Binnen zwei Tagen hätte ich mich für Studienplätze an den meisten Universitäten bewerben müssen. Aber ich wusste nicht, was ich hätte studieren wollen. Ich wusste nur, dass ich mein neugewonnenes Wissen anwenden wollte: Offenbar war kein Platz für mich in den bürgerlichen Verhältnissen dieser Gesellschaft. Ich war der Ansicht, dass diese vielmehr umgestürzt werden muss, wenn nötig mit Waffengewalt.

Mein Mentor Stefan war enttäuscht von mir. Durch meinen Fehlschlag bei der Bundeswehr hätte ich jede Chance auf die beste Strategie zur nationalen Revolution verloren: Dem stillen Marsch durch die Institutionen. Nur wer einige Zeit die Spielregeln formal einhält, kommt irgendwann in wirklich einflussreiche Positionen. *Dazu müssten einfach clevere junge Menschen wie du sich mit einer klaren Agenda undercover in den parlamentarischen Prozess einschleusen. Wie Wölfe im Schafspelz müssten sie sich unter die Herde der Schafe mischen und einmal an den richtigen Stellen angekommen, die Masken fallen lassen und nationale Politik machen.* Was machen die Straches, Salvinis und Höckes derzeit anderes als zu versuchen, eine solche Strategie umzusetzen – zugegebenermaßen in nicht besonders unauffälligen Schafspelzen?

Während viele meiner ehemaligen Schulkameradinnen und -kameraden ein Freies Soziales Jahr in Deutschland oder in der weiten Welt absolvierten, entschied ich nun, mich voll und ganz meinem Leben als nationaler Revolutionär zu widmen. So begann, was ich damals selbst mein Freies Soziales Jahr im nationalen Widerstand nannte.

# VI. Mein freies Nationales Jahr

Nach meinem Rauswurf bei der Bundeswehr im September 2008 zog ich zunächst in das Haus meines Vaters und ging meiner ›politischen Bestimmung‹ nach. Mein Vater forderte mich wiederholt dazu auf, mich um einen Job zu bemühen. Er verstand nicht, dass ich bereits einen unbezahlten Vollzeitjob als Berufsrevolutionär hatte. Diese Spannungen entwickelten sich zu handfesten Streitigkeiten. Eines Nachmittags meinte er, mich als »braunen Dummkopf« und »Faschisten« bezeichnen zu müssen – ich erwiderte, er hätte gar keine Ahnung. Ich sei dem historischen Faschismus ebenso wie dem historischen Nationalsozialismus gegenüber sehr kritisch eingestellt.

Bei den Autonomen Nationalisten hatte ich mich ja bereits zunehmend von den typischen Vorstellungen der Völkischen und Skinheads gelöst. Ich sah mich als *nationaler Sozialist* – mehr rot als braun, mehr Antifaschist als Mussolini-Anhänger. Ich identifizierte mich selbst als Freidenker und Tabubrecher, der unliebsame Wahrheiten ausspricht, die sich andere nicht öffentlich zu verteidigen trauten.

Mein Vater hielt jedoch an seiner Einschätzung fest und provozierte mich damit im gleichen Maße, wie er mich dadurch verletzte. Ich saß am Küchentisch, und er hatte sich bereits vor mir aufgebaut, wie es bei früheren Konflikten seine Art gewesen war. Dann zeigte ich, wie um dem von ihm gepflegten Stereotyp zu entsprechen und zugleich aus trotziger Lust an der Eskalation einen Hitlergruß. Er gab mir reflexartig eine Ohrfeige, und in mir schäumte der jahrelang angesammelte Zorn kindlicher Ohnmacht über. Ich sprang auf und ging auf ihn los; schubste ihn einmal quer durch die Küche – das Kraft- und Kampfsporttraining hatte sich spürbar bezahlt gemacht. Ich griff ihn an den Schultern und spürte, dass er mir erstmals unterlegen und ausgeliefert war. *Ich bring dich um, wenn du mich noch einmal anpackst, du Arschloch,* schrie ich ihn an und sah die Überraschung in seinen Augen, die sich mit etwas zu vermischen schien, das ich nie zuvor darin erblickt hatte: Furcht. Ich ließ nach meiner Machtwortergreifung von ihm ab, und er versuchte sich seinem Alphamännchen-Habitus entsprechend vor mir aufzubauen: *Raus mit dir, du undankbares Gör! Hand an seinen eigenen Vater anzulegen, du solltest dich was schämen! Raus habe ich gesagt!*, schrie er mir hinterher, als ich die Treppen hinabpolterte. Ich verließ im Adrenalinrausch das Haus und schwor mir, nie wieder in einen Raum mit meinem Vater sein zu wollen, um meinet-, vor allem aber um seinetwillen. Ich brach meine Zelte in Eisenach ab und zog nach Südthüringen, wo ich von einer Couch zur nächsten pendelte.

Andere Kameraden, die aus ›zerrütteten Verhältnissen‹ stammten, versuchten ihren traumatischen Kindheitserfahrungen irgendwie etwas Positives abzugewinnen. Sie faselten davon, dass *die Schläge schon gerechtfertigt gewesen waren* und sie zu denen gemacht hätten, die sie heute seien. Genau das war ja das Problem. Auch wenn ich es damals noch nicht begriff, empfand ich derartige Aussagen bereits als Affront gegen den gesunden Menschenverstand.

Die Familienverhältnisse von René und Stefan beispielsweise hatten mit meinen nur wenig gemein gehabt. Zwar lebten damals meines Wissens bereits beide Elternpaare getrennt, zuvor jedoch hatten meine Mentoren das heile Kernfamilienglück genießen dürfen. Meine Ex-Verlobte war mit liebevollen Eltern und in nicht zu verachtendem Wohlstand aufgewachsen. Ohnehin habe ich in meiner Zeit in der Szene Nazis aus allen erdenklichen sozio-ökonomischen Milieus kennengelernt: gut situierte Wendegewinner, die heile Mittelschicht Westdeutschlands, Beamtenkinder aller Art, Polizistentöchter und Lehrersöhne. Einige hatten alleinerziehende Mütter. Ich war mit dem alleinerziehenden Vater der Ausnahmefall. Auch meine ›Broken-Home-Situation‹ war nicht wirklich repräsentativ für den Durchschnittsnazi.

## Reformation zur Revolution – Nazis für das neue Jahrtausend

In Südthüringen angekommen ließ ich mir zwei Unterlippenpiercings, sogenannte Snakebites, stechen und dehnte meine Ohrlöcher auf. Ich arbeitete für eine Zeitarbeitsfirma und baute Fenster. Nachmittags ging ich ausgiebig meinen verschiedenen sportlichen und politischen Hobbys nach. Bald konnte ich das Sofa einer WG anmieten, deren Bewohner sich selbst als ›linke Punks‹ sahen. Wir spielten in der gleichen Fußballmannschaft und verstanden uns gut. Politisch wurde ab und zu diskutiert. Sie wussten deshalb grob, welche Politik ich verfolgte. Zwar lehnten sie meine Ansichten ab, aber sie mochten mich als Mensch. So kam diese außergewöhnliche Konstellation zustande, die allerdings durchaus zu meinen damaligen politischen Vorstellungen und Ambitionen passte.

In veränderter Umgebung fand ich eine neue Marschrichtung: Der Nationale Widerstand musste sich vom haarlosen Krakenparadies und vom Universum ewiggestriger Scheitelschläger zu einer nationalrevolutionären Bewegung entwickeln, mit Rückhalt *im gesamten Volke, bei Jung und Alt.* Um dies zu erreichen, mussten Auftreten, Propaganda und Infrastrukturen reformiert werden. In den neuen Organisationsstrukturen der Autonomen Nationalisten war dies der Fall, es kamen ehemalige Kameradschaftsführer aus verschiedenen Städten und kleineren Orten in Südthüringen zum sogenannten Plenum zusammen. Es gab keinen ausgewiesenen Kameradschaftsführer mehr, weder Stellvertreter noch Schatzmeister. Die alten Hierarchien wurden durch Funktionseliten ersetzt. Es zählten *natürliche Autoritäten,* die an Fähigkeit und Leistung gemessen wurden.

In Diskussionen zeichneten sich die Konturen unseres neuen Weltbildes klar ab, das sich nicht grundlegend von unserem alten unterschied. Gleichzeitig hatte es aber einen neuen Anstrich bekommen: Unserem Empfinden nach lebten wir *in Zeiten des schleichenden Volkstods* in totaler Überwachung und Umerziehung. Die nahende Apokalypse stand uns deutlich vor Augen. Aber wir ahnten, dass uns wohl kein Messias erscheinen würde, der uns erlösen, kein starker Mann, der uns retten könnte, kurzum: kein neuer Führer.

Die Utopie der einen ist die Dystopie der anderen. Die Neuauflage des Dritten Reichs, einst meine Utopie, war nicht länger das Ziel. Die Parole *Heim ins Reich* hieß für mich nun vorwärts in ein ganz neues, Viertes Reich. Es hätte nicht mal ein Weltreich im traditionellen Sinne sein müssen. Allerdings war mir klar, dass ein kosmopolitischer Weltfrieden nach UNO-Modell wie auch der Kommunismus *ganz klar der Natur des Menschen widersprechen. Das sind alles gute Ideen, aber die Geschichte hat uns ja gezeigt wie solche Experimente enden.* Das Experiment »Nationalsozialismus« stand für uns freilich nicht auf der gleichen Ebene wie die Verbrechen, die im Namen realexistierender Sozialismen begangen worden waren. Trotzdem versuchten wir uns nun auch dem NS gegenüber kritisch zu geben. Die Frage der eigenen Verortung als *nationale Sozialisten* im Links-Rechts-Schema bot dann immer wieder Stoff für hitzige Gespräche und Grabenkämpfe.

Damals begann ich ernsthaft eine Laufbahn als Liedermacher anzustreben und gab bald darauf im gesamten Bundesgebiet Konzerte. Ab und zu trat ich auch bei Veranstaltungen auf, bei denen sogenannte Zeitzeugen, meist ehemalige Wehrmachtssoldaten, ihre Fronterlebnisse schilderten und von der tollen Gemeinschaft der deutschen Volksgenossinnen und -genossen schwafelten. Am beliebtesten waren die Erzählungen heroischer Nahtoderlebnisse von sagenumwobenen Angehörigen der Waffen-SS oder sogar von Ritterkreuzträgern. Manchmal ging dann ein vernehmbares Raunen durch die Reihen, und die Blicke wichen in Anwesenheit von einem, der *damals schon dabei war,* einander demütig aus. Ich selbst empfand dieses Gefangensein in der glorreich verlorenen Vergangenheit zunehmend als melodramatischen Nazikitsch, der uns für die aktuellen Kämpfe nichts nutzte und nach außen das Stereotyp der Ewiggestrigen reproduzierte.

Als Liedermacher coverte ich verschiedene Songs und komponierte auch einige selbst. Neben Soldatenliedern aus beiden Weltkriegen und modernen Rechtsrock-Adaptionen coverte ich auch Songs der linksalternativen Band Ton Steine Sterben. Das hatte auch die Band Landser bereits mit dem Lied »Allein machen sie dich ein« getan. Ich spielte, etwas optimistischer eingestellt, »Die letzte Schlacht gewinnen wir«. Der Text war absolut anschlussfähig für unseren vulgären Antikapitalismus: »Aus dem Weg Kapitalisten, die letzte Schlacht gewinnen wir! Schmeißt die Knarre weg, Polizisten, die Rote Front und die Schwarze Front sind hier!« So lautet es im Refrain des Songs. Mit den beiden Fronten meinte der Sänger Rio Reiser wohl eher Kommunisten und Anarchisten. Ich interpretierte das aber kurzerhand um. Neben den Anarchisten gab es nämlich noch eine andere Schwarze Front: die Kampfgemeinschaft revolutionärer Nationalsozialisten. Sie war als Abspaltung von der NSDAP von Otto Strasser gegründet worden. Strassers Schwarze Front warf Hitlers Anhängern Verrat an der *ursprünglichen Idee des Nationalsozialismus* vor, bekannte sich zu Arbeiterkampf, Antiimperialismus und teilweise sogar zur Verbrüderung mit der Sowjetunion. Ihr publizistisches Organ war »Der Nationale Sozialist«. Konzeptionell passte das alles für uns wie die Faust aufs Auge.

Einer der wichtigsten Vordenker der heutigen Neuen Rechten, Armin Mohler, sprach Strasser schon Anfang der 50er-Jahre von dem Vorwurf frei, er sei ein Nazi gewesen. Immerhin sei er von den Nazis als Oppositioneller eingestuft worden und habe das Land verlassen müssen. Seinem Bruder Gregor Strasser, ebenfalls ein hoher Funktionär der NSDAP, war dieses Glück nicht vergönnt und er wurde 1934 während Hitlers Säuberungsaktion umgebracht. Mohler dienten solche Argumente dazu, in seinem Werk »Die Konservative Revolution in Deutschland 1918–1932« den Mythos eben jener Konservativen Revolution zu etablieren. Dabei handelt es sich um eine Gruppe von Personen, die zwar deutlich antidemokratisch, antiliberal, oftmals auch rassistisch und antisemitisch eingestellt waren, aber angeblich deshalb noch lange keine Nazis gewesen seien – der gleichen Logik scheint auch heute die Bewertung nationalpopulistischer Personalien zu folgen.

All das war natürlich Wasser auf unsere Mühlen. Wir empfanden es als Legitimation, uns als Anhänger des linken Flügels einer sozialistischen Bewegung zu betrachten, deren Bezug sich auf einen Internationalismus der Nationen richtete, eine internationale Nationale: *Wenn wir, wie Wieschke und Co. sagen, nur in Deutschland eine Revolution hätten, wäre es danach doch in den Grenzen der BRD umringt von kapitalistischen Feinden. Etwas, das noch keinem sozialistischen Staat der Geschichte gutgetan hat. Deshalb brauchen wir eine Kettenreaktion nationaler Revolutionen auf internationaler Ebene.* Das fanden dann selbst wir nur schwer vorstellbar, vor allem ohne Verbündete und Allianzen. Diese Allianzen galt es nun zu schmieden. Denn wenn wir es nicht täten, würde es niemand anders tun.

Wir selbst mussten diese national- und sozialrevolutionäre Bewegung von *Arbeitern des Kopfes und der Faust* werden, die wiederauferstandene Schwarze Front, die den historischen Nationalsozialismus als *bourgeois* ablehnte und eine tatsächliche sozialistische Revolution forderte. Wir waren zu einer Querfront bereit und würden gemeinsam mit der Roten Front agieren, um *das System und den Kapitalismus* zu stürzen. Dass nach dem gemeinsamen Sturz des Systems dann die rote gegen die braun-schwarze und andere Fronten um Vorherrschaft streiten müsste, bereitete mir keine Sorgen: Es war bereits durch den Refrain des von mir gecoverten Liedes entschieden – »Die letzte Schlacht gewinnen wir.«

Auf diese Schlacht bereiteten wir uns zum Beispiel durch eine bundesweite Organisation des Schwarzen Blocks vor. Auf einem solchen Treffen in Leipzig trat ich das erste Mal in wichtiger Funktion als Protokollführer überregional in Erscheinung. Ziel des Treffens war es, für den Schwarzen Block »eine universell gültige Regelung zu manifestieren«. Die Kameraden aus Dortmund hatten den Vorsitz, weil sie über die meiste Erfahrung zum Thema verfügten. Sie hatten bereits *kollektives Blocktraining* gemacht, um auf Demos dynamischer reagieren zu können. Der Elitenanspruch, den einige der Anwesenden offen vertraten, schlug sich auch im Protokoll nieder: »[D]er Schwarze Block [soll] zu einer elitär-militanten, innerlich geradezu hermetisch abgeriegelten Demonstrationskolonne werden«. Die schwarzen Divisionen der SS wurden dabei als Vorbilder betrachtet. Meine Anmerkung, bereits die ehemalige deutsche Elite habe schwarz getragen, wurde mit enthusiastischem Applaus belohnt.

Neben weltanschaulichen Bekenntnissen wurden Tipps und Tricks für die Formation und Funktionsweise eines solchen Blocks festgehalten. Alles müsse »nach ungefähren Größenverhältnissen geordnet« sein; dabei dürfe es »keine Frauen in der Blockspitze« geben, worüber sich eine bekanntermaßen schlagfertige Kameradin erfolglos empörte. Wie in der Diskussion betont wurde, seien neben Frauen, »Provokateuren« und »Poserplagen« besonders »männliche Pussys« und »Weichwürstchen« problematisch. Sie alle hätten in den ersten Reihen nichts verloren. Für alle aber waren »überflüssige Accessoires« wie Piercings oder Ohrringe untersagt. Gegen Sitzblockaden und Bürgermengen sollte mit Leuchtspurgeschossen vorgegangen werden, wenn die Polizei nicht schnell genug mit der Räumung nachkam, und für die Auseinandersetzung mit der Polizei sollten Angriffs- und Verteidigungsformationen mit Zeichen und Kommandos eingeübt werden.

Insgesamt wurden die typischen Floskeln und Vorstellungen der Selbstinszenierung soldatischer Männlichkeit bedient: »Diese Agitationsform orientiert sich am Volksgemeinschaftsgedanken, so gilt: ›Gemeinnutz geht vor Eigennutz‹, ›Der Einzelne zählt nichts ohne die Masse‹ bzw. ›Einer für alle, alle für Einen‹.« Als am 1. Mai 2009 ein Schwarzer Block von Nazis in Dortmund einen Großteil der Innenstadt entglaste und einige Nazis eine DGB-Kundgebung angriffen, konnte man sehen, was diese Worte bedeuteten.

In Dortmund sind Hooligans seit Jahrzehnten fester Bestandteil der Naziszene. Auch an diesem 1. Mai waren Kameraden der Borussen Front ganz vorne mit dabei. Meine autonom-nationalistische Zelle hatte eine Allianz mit der rechten Hooligan-Gruppe Kategorie Erfurt (KEF) gebildet, die vor allem für Spontandemonstrationen oder andere Veranstaltungen als sehr nützlich galten, auf denen Auseinandersetzungen mit Polizei und politischen Gegnerinnen und Gegnern zu erwarten waren. Der Rest unserer Zelle sah Fußballgucken eher als Teil einer Brot-und-Spiele-Kultur, die Menschen nur vom politischen Aktivismus abhält.

Neben unserer Selbstbenennung und unseren Agitationsformen erhielt auch unser Konsumverzicht einen neuen Anstrich: Straight Edge war in den USA der frühen 80er-Jahre in der Jugendkultur des Hardcore Punk entstanden. Dort wurde der Handrücken der unter 21-Jährigen in Bars und bei Konzerten mit einem Kreuz markiert, was sichtbar machen sollte, dass ihnen kein Alkohol ausgeschenkt werden durfte. Daher das X als Erkennungszeichen der »Edger«. *My body is my temple,* war eines ihrer Mottos. Wir übersetzten es in *nur in einem gesunden Körper lebt ein gesunder Geist.*

In der sogenannten Hardline-Bewegung der amerikanischen Straight-Edge-Szene hatten sich solche Formen des Konsumverzichts bereits mit Sozialchauvinismus und offener Gewaltbereitschaft gegen Drogenabhängige, Arbeitslose oder Homosexuelle verbunden. Sie wendet sich aber auch in gleicher Entschiedenheit gegen Unterstützerinnen und Unterstützer von Schwangerschaftsabbrüchen sowie gegen jede Form von Gewalt gegen Tiere. Besonders der radikale Arm der Szene war für Neonazis attraktiv und anschlussfähig – Konsumverzicht wurde vielerorts zu NS-Straight-Edge. Dieser Lebensstil war für uns eine Frage der Disziplin und der Berufung zu Höherem als *körperlichen Gelüsten und schnödem Mammon.* Unsere Abstinenz im Konsumverzicht empfanden wir zugleich als *natürlicher* und *ursprünglicher.* Wir wollten in einfachen Verhältnissen, nur mit dem Notwendigsten leben – ganz spartanisch sozusagen.

Das antike Sparta war uns tatsächlich ein Vorbild. Zumindest in der Form, wie wir es uns vorstellten. Der Hollywoodfilm »300« war 2006 in die Kinos gekommen. Ich hielt ihn, damals in der 10. Klasse, für ein Meisterwerk. Die erste Szene des Films zeigt einen Haufen Gebeine und Totenschädel in einer Schlucht. Der neugeborene Thronfolger Spartas wird an den Felsvorsprung getragen. Eine Erzählerstimme erklärt die Szenerie: »Gleich nach seiner Geburt wurde der Knabe wie alle Spartaner genau begutachtet. Wäre er klein oder kümmerlich gewesen, kränklich oder missgestaltet, hätte man ihn ausgesondert.« Die Kamera zeigt aus der Froschperspektive die Klippe, auf der die Selektion stattfindet. In der nächsten Szene sieht man den Jungen in einem Schwertkampf mit seinem Vater, der wiederum aus dem Off kommentiert wird. »Sobald er aufrecht stehen konnte, erhielt er seine Weihe im Feuer des Nahkampfes. Er lernte, niemals zurückzuweichen, sich niemals zu ergeben, dass der Tod auf dem Schlachtfeld im Dienste Spartas der höchste Ruhm sei, den er in seinem Leben erlangen könne.« Die folgenden Szenen beschreiben den Selektionsprozess einer elitären Artgemeinschaft, die eine Armee kerngesunder und opferungswerter Körper produzieren will. Sie kommt dann in der – historisch verbürgten – Schlacht bei den Thermophylen vor etwa 2500 Jahren zum Einsatz. In ihr hat sich eine Koalition griechischer Heere unter der Leitung des spartanischen Königs in einem Gebirgsengpass gegen ein zahlenmäßig deutlich überlegenes Heer aus Persien tagelang behauptet, bevor sie aufgerieben wurde.

Die Spartiaten werden im Film als ehrenhafte Soldaten dargestellt, die sich gegen eine übermächtige Invasion von außen sowie gegen korrupte Politiker und Verrat im Inneren erwehren müssen. Damit sich diese kleine, elitäre Kaste, die mit der Macht des Schwertes regierte, nicht von Missgunst und Neid spalten ließ, war jegliche Form des privaten Luxus, ja sogar jegliche Verzierung von Waffen oder Rüstungsgegenständen strikt verboten. Sie alle trugen deshalb die gleichen Schilde, Rüstungen und Schwerter. Daher stammt wohl auch die moderne Bedeutung des Wortes spartanisch: ohne jeden Pomp leben. Der historische Hintergrund der Bezeichnung ist heute weitgehend unbekannt.

Die Bilder des Films bedienen sich oft einer faschistischen Ästhetik, wie der Regisseur Zack Snyder auch selbst zugab und kritisch intendiert haben will. Aber auch diese Kritik ist, wie schon diejenige der Darkwave- und Gothic-Musik, kaum spürbar. Es gibt keine ironischen Brüche, keine vordergründigen Dissonanzen der Figuren im Film. Stattdessen zeigt der Film heroisierende Bilder von Spartiaten, wie sie ihre oft gesichtslosen Gegnermassen abschlachten.

In Südthüringen – und nicht nur dort – galt »300« als Kultfilm. Wir erfreuten uns auch an den vielen Parodien, die es auf YouTube gab. Einige Kameraden nahmen sich die muskelbepackten Körper aus dem Film als Vorbild. Andere politische Gruppen beziehen sich heute noch offener für ihre politische Agitation auf den Film. Die Identitären verwenden das Schild der Spartiaten als Symbol ihrer ›Bewegung‹. Sie geben oft und gerne zu, dass der Hollywoodstreifen hier Vorbild ist. Sie gründen ihren Abendlandmythos auf den Spartiaten des antiken Griechenlandes in seiner verzerrten Darstellung des Actionfilms. Solche popkulturellen Referenzen werden häufig als Bezugs- und Legitimationspunkte verwendet.

Der Film lässt durch seine Gewaltverherrlichung und faschistische Ästhetik die Fantasiewelt soldatischer Männer erahnen. Viele ihrer Wünsche und Träume werden in ihm dargestellt: eine verschworene Tatelite soldatischer Männer in einer von ihnen regierten homogenen Gesellschaft. Gegen eine Invasion orientalisierter Feindströme ist diese Kampfgemeinschaft elitäre Vorhut und letzte Verteidigungslinie in einem. Gemeinsam bilden sie den Fels, der sich der anbrandenden Invasion in den Weg zu stellen wagt. Dem aussichtlosen Versuch, Volk und Vaterland zu verteidigen, opfern sie ihr Leben. Sie alle, bis auf einer: Dieser verliert im Kampf ein Auge. Sein weniger kampftauglicher Körper eignet sich aber noch für Botengänge. Er überbringt die Nachricht vom heroischen Tod seiner

Kameraden, die zur Legende geworden ist. Für sie und zugleich an ihrer Stelle kündet er von ihrem Schicksal: Einer für alle. Am Ende des Films reiht er sich dann in das griechische Heer ein, das den herannahenden Feind vernichtend zurückschlägt. Für ein Bandprojekt habe ich Auszüge der letzten Worte des Einäugigen als Intro verwendet: »Heute nun befreien wir eine Welt von Aberglaube und Tyrannei und gehen einer Zukunft entgegen, die leuchtender ist, als wir ahnen können.«

Für die eigenen Ideale leben und wenn nötig auch sterben. Das entsprach unserer Vorstellung *eines richtigen Lebens,* das kein anderes akzeptiert.

»Sei du selbst, leb nicht verkehrt,
hier hat zwar alles seinen Preis,
doch nichts davon hat Wert.
Es reicht, wenn du eines weißt,
Ideale haben keinen Preis.«

So lautete der Text eines Stahlgewitter-Songs, den ich als Liedermacher coverte. Ich legte ein aus meiner heutigen Sicht übertriebenes Vibrato in die Stimme, womit ich besonders ›mollig‹ klingen wollte. Der in meinen Kompositionen am häufigsten verwendete Akkord ist a-Moll. Beides sollte die *tiefen Gefühle und Emotionen fürs Vaterland* zum Ausdruck bringen. Wenn ich mir heute die alten Aufnahmen anhöre, klingt es eher wie ein aufgeplustertes Winseln. Es kam aber an den Wochenenden am Lagerfeuer oder auf Wanderungen bei Kameraden wie Kameradinnen sehr gut an.

Jeden Sommer gab es in Südthüringen die Nordmann-Festspiele mit Baumstammweitwurf, Stammstämmen, Bankdrücken, Tauziehen, Bogenschießen und Hindernisparcours. Bei meiner ersten Teilnahme gewann ich mit meinem Team aus Edgern den ersten Preis und alle drei Hauptpreise in der Einzelbewertung. Das verstanden wir als Bestätigung dafür, dass unsere elitären Vorstellungen von Konsumverzicht und hartem Training Früchte trugen.

Auf der anschließenden Sonnenwendfeier umstellten wir feierlich ein großes Feuer zum Lob der lebensspendenden Kraft der

Sonne. Ein großes mit Honigwein gefülltes Horn wurde von einem zum anderen weitergereicht und mit der Rechten in die Höhe gestreckt, dabei wurde ein kurzer Spruch aufgesagt. Dann nahm jeder einen Schluck und reichte das Horn an seinen Nachbarn weiter. Der multisubkulturelle Zirkel aus NSBMlern, Völkischen, Hooligans, Skinheads und Autonomen Nationalisten wurde von den Edgern aufgebrochen: Nach dem Aufsagen ihres Lobpreises traten sie ans Feuer und kippten den obligatorischen Schluck Met unter dem Ausruf »Für die Götter« ins Feuer. Das wurde teils kritisch beäugt, teils aber als respektvolle Geste gegenüber alten Traditionen betrachtet. Ich selbst empfand solche Rituale zunehmend als lächerliche Pflichttermine im nationalistischen Veranstaltungskalender. Sie widersprachen meinem elitären Selbstverständnis: Die Avantgarde muss mit Traditionen brechen, auch wenn das bedeutet, sich in den Augen anderer unbeliebt zu machen.

An einigen Traditionen hielten wir hingegen bedenkenlos fest: In unserer Zelle machten zum damaligen Zeitpunkt fast alle irgendeinen Kampfsport oder Fitnesstraining. Den Körper zu stählen wird als Training für die Schicksalskampfgemeinschaft begriffen, als Vorbereitung für den Kampf um die Straße. Ich spielte zudem noch in einem von Nazis dominierten Verein in Zella-Mehlis Fußball. Nazis schleusen sich in Sportvereine ein und gründen auch zunehmend eigene Vereine, vor allem Fußballclubs und Kampfsportvereine. Die Verbände prüfen die politische Ideologie der Neuanmelder nicht. Deshalb existiert eine Reihe offizieller Vereine, die von Neonazis geleitet werden.

Neben der nationalistischen Vereinsmeierei etablierte sich eine extrem rechte Parallelökonomie, etwa Musiklabels und Internetshops, die Musik und andere Propagandamaterialien wie Kleidung und Aufkleber, aber auch Schlag- und Verteidigungswaffen verkaufen. Außerdem gibt es einschlägige Tattooläden oder ganze Baufirmen, in denen nur Kameraden arbeiten. Tischler, Klempner, Trockenbauer, Zimmermänner – braune Handwerker aller Art vereint. Kameradinnen werden als Sekretärin oder für die Verpflegung eingestellt. Fast alle, die in einer solchen Firma tätig sind, haben ihren Lebensmittelpunkt in der Naziszene: Arbeit, Freunde, Familie und Hobbys, ihr gesamtes privates und öffentliches Leben. Sie folgen damit dem pflichtversessenen Ruf ihres soldatischen Idealismus: *Alles für die Bewegung!*

## Medien fürs Vaterland

»Media Pro Patria«, so hieß das Videoprojekt, an dem ich seit meiner unehrenhaften Entlassung aus der Bundeswehr mitwirkte. Die Internetseite präsentierte Videos für Nazis und Sympathisierende, die auf einer eigenen Website und auf YouTube hochgeladen wurden. Die Themen variierten von Aufforderungen an Gleichgesinnte, endlich umzudenken und sich in die *neue Bewegung* einzureihen, über Themen wie Straight Edge und Antikapitalismus bis hin zur *Wahrheit über die DDR* oder *die Antifa.* Auch auf den ersten Wellen von Impfverschwörungen ritten wir mit: »Werden wir krank gespritzt?«, lautete ein Titel.

Meist agierten drei oder vier Protagonisten in einem Video. Manchmal traten auch Aktivistinnen auf. Gedreht wurde vor Innenstadtkulissen, in Waldszenerien oder vor pittoresken Burgruinen, ohne dass es jeweils einen klaren Bezug zum Thema gegeben hätte. Im Hintergrund dudelte leise dramatische Musik, die manchmal als betonendes Stilmittel in den Vordergrund drängte.

Media Pro Patria (MPP) war eines von zwei damals über die Szenegrenzen hinaus bekannten Formaten, in denen deutsche Nazis die neuen Medien erfolgreich für Propagandazwecke nutzten. Volksfront-Medien hieß die befreundete Videogruppe aus Hessen. Sie machte ähnliche Videos und produzierte bald auch eine eigene Sendung für nationalistische Nachrichten.

Das erste Video, in dem ich kurz nach meiner Entlassung aus der Bundeswehr gemeinsam mit einem Kameraden und einer Kameradin mitwirkte, hieß »Mahngang des Gewissens«. Darin spreche ich den ersten Satz, während ich mich von einer Bank erhebe: »Steh' endlich auf! Oder hast du verlernt aufrecht zu gehen?« Dann folgten weitere, von uns im Wechsel gesprochene Sätze: »Warum schweigst du zu all dem ganzen Unrecht? Hat dir dieses System dein Rückgrat gänzlich gebrochen? Man redet dir bewusst ein, du seist nichts wert in dieser Zeit. Drängt dich zum Außenseiter. Um dich bewusst durch Brot und Spiele und ihre gleichgeschalteten Medien zu kontrollieren.«

Die Vorstellung der »Lügenpresse« kannten wir schon damals, ebenso die Kritik am *linksgrün-versifften Gutmenschentum.* Allein die Benennung hat sich in den letzten Jahren leicht gewandelt. Aber auch andere Evergreens heutiger Populisten waren bereits Standard in unserem Repertoire: »Was haben jene Blockparteien eingehalten, denen du vor Jahren dein Vertrauen geschenkt hast? Massenarbeitslosigkeit, Kinderarmut, Wertezerfall und das Elend des deutschen Volkes nehmen täglich zu. […] Man ist nur bedacht, Gewinne in die volksfremden und eigenen Taschen fließen zu lassen. […] Wahre Freiheit kann man nicht mit Hartz IV und minimaler Lebenserhaltung erlangen […].«

Sich als Sozialhelfer des kleinen Mannes zu gerieren und auf die Verfehlungen der Altparteien verweisen – das ist national(popul)istischer Usus, damals bei der NPD und bei uns, heute bei Identitären und der AfD. Diese Kontinuität zeigt sich auch in der folgenden Passage: »Steh' endlich auf gegen jenes System, welches den Untergang unseres Volkes verwaltet. Erkenne, dass nicht du oder ich, sondern wir alle nur gemeinsam etwas verändern können. Die nötige Veränderung wird nicht beim täglichen Bier am Stammtisch oder vor dem Fernseher erkämpft. Unsere Wut gehört auf die Straße getragen!« Dazu riefen alle MPP-Videos auf. Aber damals, 2008, konnte man über Facebook und Twitter als Nazi noch nicht so viele Menschen erreichen, wie es nur wenige Jahre später möglich wurde.

In der Endsequenz des Videos wird eine Animation des Schriftzugs der Internetseite in Weiß mit goldenem Schimmer eingeblendet. Das wirkte damals noch wie professionelles Mediendesign. Die Aufmachung ist ein wichtiger Teil der Botschaft: Ist jene professionell genug, wirkt diese seriös. Und Außenwirkung war tatsächlich alles, was uns interessierte.

Mit Blick auf aktuelle Entwicklungen ist das MPP-Video »Xenophobie – Nationalisten = Fremdenfeindlich?« überaus aufschlussreich. Es erschien in zwei Versionen mit verschiedenen Protagonisten. Der Text hat sich hingegen kaum verändert. Der NPD-Funktionär Ralf Wohlleben, Unterstützer der Terrorgruppe NSU, hatte die erste Version des Videos geschnitten und brüstete sich am 251. Verhandlungstag des NSU-Prozesses damit. Er präsentierte es als vermeintlichen Beweis, dass er überhaupt nicht ausländerfeindlich sei: »Ich weise darauf hin, dass sich auf dem […] Datenträger ein von mir geschnittenes Video ›Xenophobie‹ befindet, das sich mit der Überfremdung der Gesellschaft beschäftigt. Jegliche Art von Fremdenfeindlichkeit wird abgelehnt und als Urheber der kapitalistische Globalismus genannt.«

Eine Analyse des Videos verspricht Aufklärung über Wohllebens überraschende Aussage, er sei alles andere als ein Ausländerfeind. Beiden Videoversionen dient der deutsche Wald als Kulisse. Die Protagonisten laufen auf Wald- und Holzwegen, sitzen auf Hügeln und Bänken oder lehnen an Bäumen und Geländern, während sie abwechselnd ihre Sätze aufsagen: »Glaubst du wirklich, dass Fremdenfeindlichkeit in der heutigen Zeit seine Wurzeln im Nationalismus hat? Nein, sie wird bewusst von diesem Staat geschürt, indem man immer mehr Nachteile für unser Volk erlässt. Tag für Tag verarmt unser Volk mehr, während andere wie die Maden im Speck leben.«

Hier würde man erwarten, dass das Stereotyp des *sozialschmarotzenden Ausländers* aufgerufen wird. Das Video schlägt aber einen anderen Weg ein: »Unser Sozialstaat ist nur noch ein Sozialfall: Das Volk blutet und das Kapital kassiert.« Die Anklänge an vulgäre Antikapitalismuskritik von links sind gewollt, halb Tarnung, halb Selbsttäuschung. »Tagtäglich strömen immer mehr Fremde über unsere Grenzen. Doch wer steckt dahinter? Wer zieht seine Vorteile aus offenen Grenzen, freien Märkten, Überfremdung und Multikulti? Und wann ist dir ein Mensch hier fremd? Wenn er anders aussieht? Wenn er eine andere Sprache spricht, oder wenn er einer anderen Religion oder Kultur angehört? Doch warum wertest du bewusst Fremde ab und diffamierst sie als Menschen zweiter Klasse? Glaubst du wirklich, sie sind die Ursache für unsere Probleme? Dass Massenarbeitslosigkeit, soziale Missstände und Hartz IV von Immigranten ausgehen? Im Gegenteil: Sie sind genau wie wir nur Opfer jener Globalisten, die gewissenlos jahrtausendealte Völker und Kulturen zerstören.«

Im Video wirkt es so, als wollten die Autonomen Nationalisten sich gegen eine Teile-und-herrsche-Strategie stellen, in der Menschengruppen *vom System gegeneinander ausgespielt* werden. Das klingt wie eine gute Idee: Don't fight the player, fight the game! Nicht Menschengruppen angreifen, sondern menschenunwürdige Lebensverhältnisse und die Strukturen, die sie aufrechterhalten. Aber der oberflächlich betrachtete vielversprechende Ansatz mündet direkt in die nächste Dummheit: *Wer steckt hinter den Migrationsströmen, die ja wohl geplant sein müssen. Wer zieht aus ihnen Vorteil und Profit – cui bono?* Da haben wir sie wieder, die Gretchenfrage aller Verschwörungserzählungen.

Bei Verschwörungserzählungen handelt es sich immer um komplexitätsreduzierte Welterklärungsfantasien: Wo immer Ereignisse nach- oder nebeneinander auftauchen, wird ein Ursache-Wirkungs-Verhältnis hergestellt, das der eigenen Weltsicht entspricht. Aus Korrelation wird Kausalität konstruiert. Alles wird so zum *großen Plan* erklärt. Bei den Migrationsbewegungen der letzten Jahre sprechen Rechte vom »Großen Austausch«, einer geplanten Bevölkerungsauswechslung der weißen europäischen Völker gegen angeblich von den Eliten und Globalisten leichter beherrschbare *südländische Menschen aus Nordafrika und dem Mittleren Osten.* Diese Menschen seien selbst nur willenlose Bauernopfer in den historischen Schachzügen der *wirklich Mächtigen.* Deren Hauptfokus richte sich auf die Vernichtung der *Weißen.* Die eigenen Verschwörungsvorstellungen offenbaren den Wert, der sich selbst und anderen Menschen zugeschrieben wird.

Aber nicht die Ausländer sind hier das Problem, sondern die Globalisten des Großkapitals! Einige der vielen Chiffren der vermuteten Weltverschwörung sind Freimaurer, Illuminaten, Merkel, der ewige Jude. Es bleibt das Ausspielen der einen ›Problemgruppe‹ gegen die andere. Das Visier auf das richtige Feindbild scharfstellen und Feuer! Gesellschaftliche Probleme werden weiterhin auf Menschengruppen abgewälzt, die an allem schuld sein sollen. Der Kapitalismus ist aber keine von mächtigen Hintermännern geplante Misere, sondern planlos-eingeplante Misere mit System. Zu ihm gehören notwendig Absatzmarktpolitik und Waffenhandel, Arbeitsmarktkämpfe, Ressourcenkriege und der Export von Ausbeutungsregimen in den Globalen Süden. Diese Fluchtursachen werden meist völlig ausgeblendet und nur dann aufgerufen, wenn sie in das Argumentationsmuster der Verschwörungsvorstellung passen: Waffenlieferungen und Kriege tauchen dann auf, um die todbringende Profitgier der herzlosen Elite vorzuführen, die bestimmt bereits den Vierten Weltkrieg plant.

Historische Ereignisse, die tatsächlich den Titel »Verschwörung« verdienen würden, waren zeitlich, räumlich und personell deutlich begrenzter als jenes Geraune über die vermeintlich über Jahrhunderte im Voraus planenden Eliten. Staaten, multinationale Konzerne, einflussreiche Banken- und Börsenakteure, mächtige Instanzen aller Art sind untereinander nicht so einig, wie hier glauben gemacht wird – auch nicht in irgendwelchen Hinterzimmern. »Warum werden Menschen frei geboren und leben doch in Ketten?«, so fragt der Protagonist im Video mit Rousseau. Er spricht diesen Satz gedankenlos und verkündet auch sogleich eine Lösung: »Nur ein Volk ohne Identität wird zur leichten Beute des Großkapitals. Der Mensch verkommt zum Rohstoff, käuflich und jederzeit ersetzbar. Um dem entgegenzuwirken, müssen wir diesem Zeitgeist Einhalt bieten.«

Kapitalismus wird zum Zeitgeist verklärt und die Kritik an ihm zum spirituellen Bestreben völkischer Identitätspolitik. Nicht der Zwang zu Lohnarbeit und Selbstausbeutung, die Ökonomisierung des Lebens oder die Frage nach Eigentum und Wohnraum interessieren hier. Mit der richtigen Identität ließe es sich im Kapitalismus schon aushalten, da sie den schädlichen Entwicklungen Einhalt geböte. Das Endziel bleibt ohnehin die identitäre Monopolwirtschaft einer Volkswettbewerbsgemeinschaft (VWG).

Mit diesem Kunstwort lassen sich alle grundlegenden Vorstellungen einer völkisch-nationalistischen Ökonomie fassen: Volksgemeinschaft, Wettbewerbsgemeinschaft, Erwerbsgemeinschaft, Erbgemeinschaft. Es handelt sich tatsächlich nicht um eine politische Ökonomie, sondern um eine kultur-rassistische. Der Wettbewerb, sprich: die Konkurrenz, findet unter den Völkern und ihren jeweiligen Volkswirtschaften statt. Der oft von rechts beschworene *Kampf der Kulturen* wird hier auf die Ebene der Volkswettbewerbsgemeinschaft ausgeweitet. Das Europa der Vaterländer und Nationen wie es einst nur bei der NPD, heute aber auch offen bei der AfD heißt, solle einstige Bruderkriege auf Wirtschaftskonflikte reduzieren. Protektionismus und Zölle wären die Waffen der Wahl zum Schutz des Eigenen im volkswirtschaftlichen Wettbewerb (Donald Trump handelt bereits nach diesem Muster). Der Kampf zwischen Kapital und Arbeit, also vereinfacht ausgedrückt, zwischen Arbeitenden und denen, die arbeiten lassen, wäre in dieser Politik des Klassenausgleichs ausgelagert. In der verwirklichten Volksgemeinschaft begehrt niemand mehr gegen Ausbeutung auf. Jeder ist an dem ihm angestammten (Arbeits-)Platz, die *natürliche Ordnung* kennt keine Abweichung.

Die Volksgemeinschaft ist aber immer auch eine Erbgemeinschaft. Vererbt werden Blut und Boden, das Eigene und das Eigentum. Aber um etwas zu vererben, muss man zunächst etwas erwerben. Und das soll möglichst mit Fleiß und Schweiß erarbeitet sein, denn *wer nicht arbeitet, soll auch nicht essen.* Deshalb darf es auch kein bedingungsloses Grundeinkommen geben, weil sich sonst alle *anderen auf die faule Haut legen* und *nur die fleißigen Deutschen noch arbeiten* würden. Bedingungslos ist allein die Liebe zum Vaterland. Alles andere soll hart erarbeitet sein. Während die Männer möglichst als Alleinversorger der Erwerbsarbeit nachgehen, sollen sich die Frauen zu Hause der unbezahlten ›Erbarbeit‹ widmen. Mutter ist man ja angeblich aus Liebe und nicht, weil man dafür bezahlt wird, und das würde zugleich auch das Problem der Geschlechtereinkommenslücke lösen.

Damit sich diese identitäre Utopie verwirklichen kann, müssen alle nur noch eines verstehen: »Begreife, dass plumpe Ausländerfeindlichkeit nichts mit Nationalismus zu tun hat. Wir achten jedes Volk in seinem angestammten Lebensraum. Richte deine Wut auf dieses ausbeuterische System und nicht auf seine Marionetten.« Dieses Reinwaschen der eigenen Fremdenfeindlichkeit ist nicht mehr als eine Verdrängungsrhetorik: Es wird so getan, als wäre man nicht mehr rassistisch, weil man ja nicht mehr aktiv zu Mord und Totschlag gegen andere aufruft. *Nicht die Ausländer sind schuld. Alle Völker und Kulturen müssen geachtet werden.* Das klingt schon fast liberal. Wäre da nicht die Einschränkung, die zur Ausgrenzung führt: »an ihrem angestammten Platz«.

Kriminelle Ausländer müssen abgeschoben werden – Nulltoleranz gegenüber Deutschenfeindlichkeit. Wer sich nicht schnell integriert, fliegt raus. Die ethnopluralistischen Platzhalterallüren drängen ohnehin nicht auf Integration, sondern allenfalls auf Assimilation. Aber selbst völlig assimiliert zu leben, reichte doch nicht aus: Natürlich können die auch dann nur Passdeutsche und niemals echt biodeutsch werden. In alle Ewigkeit ist jenen, die nicht vom richtigen Geblüt sind, der Weg ins verheißene Land verbaut. Das kleine Tröpfchen Blut, das doch immer wieder den feinen Unterschied macht – rassistischer Kern ethnopluralistischen Abstammungswahns.

Die Dummheiten von Nationalismus und Rassismus werden im Ethnopluralismus nur von anderen falschen Problemen überdeckt. Wie Ralf Wohlleben glaubte auch ich fest daran, dass Ethnopluralismus nicht rassistisch sei. Doch der Wunsch nach ›Völkertrennung‹ kann nicht ohne Gewalt erfolgen. Der Ethnopluralismus will die Lebensverhältnisse unzähliger Menschen nach einer fixen Idee ausrichten und sie zu bloßen Anhängseln sich gegenseitig in Schach haltender Volkskörper machen. Den altbekannten Vorwurf gegen den Kommunismus, eine gute Idee zu sein, die aber an der Lebensrealität der Menschen vorbeiagiere, müsste ein Ethnopluralist einmal auf seine eigene Utopie anwenden. Dann würde er merken, dass auch schlechte Ideen die Lebensverhältnisse verkennen können. Denn im verwirklichten Kommunismus wären wenigstens alle Menschen von Ausbeutung, Ausgrenzung und Krieg befreit. Sein Motto lautete: *Jede nach ihren Fähigkeiten, jede nach ihren Bedürfnissen.* Im verwirklichten Ethnopluralismus ändert sich hingegen nichts. Von den Bedürfnissen der Einzelnen will er nichts wissen. An die Stelle der »freien Assoziation freier Individuen« tritt der Zwangsverband des geheiligten Kollektivs. Die gewaltvollen Ausschlussmechanismen für seine Verwirklichung werden nur rhetorisch und zeitlich verschoben.

Aufgehoben ist der Rassismus im Ethnopluralismus nur insofern, als er ihn in sich bewahrt und konserviert – vielleicht nennen diejenigen, die ihm anhängen, sich auch deshalb so gern Konservative. Sie haben den Mythos einer Konservativen Revolution tradiert. Dessen Motto lautet: »Etwas zu schaffen, das sich zu erhalten lohnt.« Aber was möchte ein echter Konservativer bewahren, wenn nicht *Althergebrachtes aus angeblich besseren Zeiten?* Altes wird hier immer wieder in einer neuen Form aufgehoben. Das Aufgehobene aber entlädt sich mit der aufgestauten Wut dann doch immer wieder gegen *die gefährlichen Fremden:* ›Flüchtlinge‹, ›Islamisten‹ oder ›kriminelle Ausländer‹. Dabei meinen *brave Patrioten* heute noch immer wie wir damals: »Nationalismus bedeutet die Liebe zum eigenen Volk – für einen souveränen Staat und dessen Fortbestehen zu kämpfen – nicht Hass auf andere Völker.«

Das Selbstbild will edel sein: Nicht ›bloßer‹ Hass trieb mich bis heute oder auch andere durch die Straßen. Es war vielmehr die vielbeschworene ›unbändige‹ Wut, die zum Ablassen nur in die richtigen Bahnen gelenkt werden müsste. National(populist)ische Politiken greifen mit Vorliebe auf Luftdruckmetaphoriken zurück. Sie suchen nach einem Ventil für den Unmut im Volk, das scheinbar wie ein überdimensionierter Windbeutel funktioniert: Der besorgte Wutbürger, der sich über das Aussterben der Deutschen erhitzt und deshalb Geflüchtete und deren Unterkünfte angreift, ist dann ganz normal. Das *reine* Blut kommt in Wallung und der hohe Wutdruck der Blutbürger muss dann einfach mal abgelassen werden. Das ist ethnopluralistische Physik: Druckausgleich im Vakuum.

## Machtwortergreifung

Meinen ersten öffentlichen Auftritt hatte ich im Juni 2009 auf dem Thüringentag der Nationalen Jugend in Arnstadt, einem von Ralf Wohlleben organisierten Sommerfest. In meiner Rede versuchte ich die Wirtschaftskrise aus nationaler Sicht zu deuten, besagtes Luftdruckgeschehen bis zum Orkan ausreizend:

»Klar ist, dass die jetzigen ›Schwankungen‹ auf dem Weltmarkt [...] nur ein ›laues Lüftchen‹ vor dem wirklichen Sturm sind, welchen uns die etablierten Medien als Schauermärchen herunterreden wollen. Die Frage ist nicht, ob dieser losbricht, sondern nur, wann er es tut [...]. Und dieser Sturm, der da naht, der muss den konservativ-freiheitlich-denkenden Bewegungen in Europa, in der ganzen Welt und natürlich besonders der unsrigen hier in Deutschland als Aufwind dienlich sein. Es wird dann unsere Aufgabe sein, diesen Sturm zu einem Orkan werden zu lassen, der alles Schlechte hinwegreißt und wie ein reinigendes Gewitter wirkt, um letztlich unser deutsches Volk, welchem nach 1945 eine Zwangsjacke aus Unmoral und Schande von den Siegermächten übergestreift wurde, die es bis heute in seiner geistigen und politischen Bewegungsfreiheit einschränkt, zu befreien. [...] Das ›moderne Gesellschaftsnetz‹, das nun fast über die ganze Welt ausgespannt ist und dessen Fäden, die den Völkern wie Eisenketten angeschmiedet sind und in den USA gezogen werden, verhöhnt eine wahrhafte Freiheit, wie sie in der westlichen Wertegesellschaft immer so angepriesen wird, im selben Moment, in dem sie sie fordert. Diese von langer Hand geplante ›Neue

Weltordnung‹ hat keinen Platz für freie Entfaltung der Kulturen und ihrer respektiven Nationen, ja der Völker und Individuen an sich.«

Deshalb so fuhr ich fort, müsse man sich zunächst von der *kriegerischen Globalisierung* der USA lossagen. In der Folge habe ich ihren horrenden Militäretat völkisch erhellt: *All die Waffen, nur um die freien Völker der Welt für den eigenen Profit zu unterdrücken.* »Und auch trotz des nun ins Weiße Haus eingezogenen [...] ›Lakritz-Golem des Friedens‹, Barack Obama, wird sich diese Summe wohl auch in diesem Jahr erneut signifikant steigern.« Diese Bezeichnung des ersten schwarzen Präsidenten der USA sollte ein ironischer Bezug auf seine Auszeichnung mit dem Friedensnobelpreis als Staatschef des Landes mit den meisten Kriegseinsätzen der Welt sein. Die mystische Figur des Golem ist eigentlich ein aus Lehm geformter Gehilfe. Wie ich auf der Klassenfahrt nach Prag gelernt hatte, ein willenloser Diener der Rabbiner, die ihm ein beschriebenes Stück Papier in den Mund legten. Ihr Wort war ihm Befehl. Auf gleiche Weise funktioniere die Abhängigkeit des angeblich *mächtigsten Mannes der freien Welt* von den *wahrhaft Mächtigen.*

In dieser Formulierung verbinden sich Rassismus und Antisemitismus und stellen zugleich ihre Eigenlogik heraus: Rassismus beinhaltet meist eine Aufwertung des Eigenen durch die Abwertung anderer als minderwertig. Sie gelten als *wild* oder *unzivilisiert* und seien leicht zu beherrschen. Antisemitismus hingegen beruht nicht primär auf Minderwertigkeitszuschreibungen. Vielmehr resultiert er Fantasien gegen angeblich äußerst mächtige Strippenzieher, die den Verlauf gesellschaftlicher Prozesse in irgendwelchen Hinterzimmern planen und aus ihnen Profit ziehen. Häufig werden solche Vorstellungen dann zusätzlich von rassistischen Ressentiments umrahmt.

Es folgte das große Finale meiner verschwörungserzählerischen Kapitalismuskritik: »[J]ede Gewehrpatrone, jede noch so moderne Rakete oder todbringende Bombe kann nur einmal verschossen werden. Der von den USA ausgehende Kapitalismus kann ohne die Kriege mit seinen unzähligen Toten jedes Jahr nicht existieren. Frieden könnte sich das Kapital gar nicht leisten! Krieg ist Kapitalismus der Tat.«

An dieser Stelle schlug der Verschwörungserzähler einen dreifach-dummen Salto: Ich reduzierte die Kritik am Kapitalismus auf seine kriegerischen Auswüchse, anstatt seine systemische Ungerechtigkeit zu benennen. Ich erhob mich in moralisierender Anklage gegen die vermeintliche Profitgier einzelner Bösewichte, und zur Kür blendete ich die strukturelle Gewalt des kapitalistischen Alltags aus. Anstatt die prekären Lebensverhältnisse zu problematisieren, in denen zahllose Menschen trotz der Wohlstandsfortschritte in vielen Ländern heute noch leben müssen, oder die verheerenden Folgen der Kriegseinsätze zu kritisieren, folgte eine vielleicht überraschende Wendung in meiner Rede:

»Der sogenannte Krieg gegen den internationalen Terrorismus ist nichts weiter als die Jagd nach einem selbstgeschaffenen Phantom, um totalitäre Überwachungsgesetze und Angriffskriege zu legitimieren. Angriffskriege wie jene, die gegen den Irak und Afghanistan inszeniert wurden und in denen seit geraumer Zeit auch deutsche Soldaten ihren Söldnerdienst im ›Kreuzzug der Demokratisierung‹ tun. [...] Es wurden in der Weltgeschichte bereits unzählige Unabhängigkeitskriege ausgefochten und werden es noch heute. In diesem Moment, da ich zu euch spreche, kämpft neben den eben genannten angeblichen Terroristen gerade [...] die HAMAS für die Befreiung des palästinensischen Volkes gegen ihre Besatzer.«

Die Terroristen der Taliban und Hamas werden als Freiheitskämpfer bezeichnet, das Gewaltregime Saddam Husseins wird gar nicht erst erwähnt. *Die Deutschen unterliegen einer US-raelischen Kolonisation und müssen sich deshalb befreien.* So lautete die Logik von damals, die sich bei heutigen Ablegern nur wenig gewandelt hat. Ihnen zufolge sind die Kolonisatoren Deutschlands jedoch derzeit die von den Eliten gesandten *muslimischen Flüchtlingsheere.*

»Der Unabhängigkeitskampf unseres Volkes [...] beginnt in unseren Köpfen, indem wir uns nicht mit unserer politischen Ohnmacht als angeblicher Souverän der Volksherrschaft abgeben. [...] ›Wir haben gelernt, dass Reden ohne Handeln Unrecht ist.‹ Darum müssen wir endlich beginnen, unseren Sozialismus nicht nur lautstark auf der Straße oder sonst wo verbal oder schriftlich zu fordern, sondern anfangen, ihn auch selbst zu leben [...].«

Be the change you wanna see – das von mir verwendete RAF-Zitat aus dem Film »Der Baader-Meinhof-Komplex«, der 2008 in die Kinos gekommen war, unterstrich diesen Aspekt des Handelns. Linksradikale Popkultur, die Nazis Freude bereiten kann. Und

»Alternative« sein wollten ohnehin auch wir schon: Wir sind »eine Alternative zum System [...], kein Rückschritt in die Vergangenheit, sondern eine progressive Bewegung, welche althergebrachte [...] Tugenden und Wertevorstellungen [...] vertritt. Wir fordern einen Staat, der dem Volke dient, der dessen natürliche Interessen vertritt und nicht jene irgendwelcher globaler Finanziers, Lobbyisten oder rüstungsindustrieller Kriegstreiber. [...] Wir müssen die nun anklingende Wirtschaftsrezession zu unseren Gunsten benützen. Deren Krise ist unsere Chance. Unsere Chance auf einen souveränen deutschen Staat, auf ein freies Europa und eine wahrhaftig neugeordnete freie Welt.«

Es ist auffällig, wie stark meine damaligen Reden an einigen Stellen denen nationalpopulistischer Politikerinnen und Politiker ähneln. Überraschen vermag es freilich nur, weil viele Menschen noch immer glauben, dass es keine strukturellen Ähnlichkeiten zwischen ›richtigen‹ Neo-Nazis und ›bloßen‹ nationalpopulistisch Gesinnten gäbe.

## Zwischen den Linien

»Ni droit, ni gauche, français« – »nicht rechts, nicht links, französisch«, sagten die ersten Faschisten Frankreichs am Ende des 19. Jahrhunderts. Seitdem ist die Phrase in verschiedenen Varianten wiederholt worden. Ich selbst verwendete sie in meiner Zeit als Nazi, und von Identitären und AfD-Vertreterinnen und -vertretern wird sie noch heute variiert: *Nicht rechts, nicht links, identitär* oder *patriotisch* heißt es dann. Solche rhetorischen Tricks sollen dabei vor allem Verwirrung stiften.

*Rechts und links sind veraltete Konzepte. Ich bin national- und sozialrevolutionär,* sagte ich immer. Cool war es, eher links und alternativ zu sein. Damit erreichte man deutlich mehr Jugendliche als mit plumpem Hass in Skinheadaufmachung. Heute sind Rechte, die *die Alternative* für Deutschland sein wollen, daran interessiert, es cool und trendy wirken zu lassen, rechts zu sein.

Auf unseren Demos ließen wir Querfrontler wie Jürgen Elsässer sprechen. Er war Anfang der 90er-Jahre noch ein Duzfreund Sahra Wagenknechts und ein antideutscher Linker gewesen. Mit Eintritt in das neue Jahrtausend hatte Elsässer dann wohl seine große Erleuchtung erlebt: Der 11. September sei ein ›Inside Job‹ der wirklich Mächtigen in den USA gewesen, und es gelte jetzt die Querfront aufzubauen.

Auch Götz Kubitschek war uns ein gern gesehener Gast, z. B. auf Veranstaltungen der Gesellschaft für freie Publizistik, die in unserem Stammlokal in Kirchheim Treffen abhielt. Ein Kamerad aus unseren Reihen war damals Vorsitzender der Thüringer GfP. Es war eben jener Kamerad, der wenige Tage nach meiner Entlassung aus der Bundeswehr in Bad Salzungen seine Grundausbildung begann. Später sollte er bei der Burschenschaft Germania in Marburg heute einflussreiche Aktivisten im Dunstkreis der AfD kennenlernen, die ebenfalls aus dieser ultranationalistischen Burschenschaft stammen. Kubitscheks Verlag Antaios war damals noch unbedeutender als heute. Sein Verlagslektor war ein guter Freund von mir und spielte Gitarre in der Nazipunkband Fight Tonight, die andauernd bei uns auftrat.

Aneignungsprozesse sind noch immer das Zugpferd rechter Ideologien. Eins aber wird wohl niemals von ihnen angeeignet werden können: der linke Minimalkonsens – die Menschenrechte zu verteidigen sowie bessere Arbeits- und Lebensverhältnisse für alle Menschen auf der Welt zu erstreiten. Denn von Rechten aller Zeiten wird bestritten, dass alle Menschen gleich von Geburt und vor dem Gesetz sind sowie ein Recht auf Leben und Freiheit haben. »Wer Menschheit sagt, will betrügen«, schwadronierte der Nazi-Jurist Carl Schmitt, der heute ein wichtiger Gewährsmann der *Alt-Neuen Rechten* ist. In einem Landser-Song klingt das dann so: »Bei der Revolution im alten Frankreich erfand man diesen Blödsinn, alle Menschen wären gleich.« Laut Beatrix von Storch oder Götz Kubitschek sind diese Unterschiede zwischen den Menschen und Völkern *gottgegeben.* Für andere, wie etwa für mich damals, waren sie *klar sichtbar und ganz natürlich.*

Dennoch wollten wir aus strategischen Gründen eher betonen, dass wir vermeintlich linke, sozialistische Werte vertraten, und nannten uns daher *nationale Sozialisten.* Das sollte eine Distanzierung von den historischen Nationalsozialisten erlauben, die uns zufolge *etwas ganz anderes gewesen* seien. Wenn sich jemand von dieser

Finte nicht recht überzeugen ließ, konnten wir geschichtsträchtig nachlegen: »Wir sind so weit links, das wir schon wieder rechts sind«, wie der Reichspropagandaminister Goebbels gesagt haben soll. Tatsächlich sind der Antikapitalismus und die Sozialpolitik dieser Ideologien link, tückisch und falsch. Sie sind rhetorische Mogelpackungen. Man tut so, als würde man sich nicht um alte Grabenkämpfe scheren, sondern einfach nur *Politik fürs Volk* machen.

Diese Rechts-Links-Schwäche wurde historisch schon in der Wahl der Bezeichnung »Nationalsozialismus« strategisch ausgenutzt. Denn sie verband Grundelemente linker und rechter Politiken: Zum einen wird der Nationalismus als rechtskonservative Politik vereinnahmt. Zusätzlich sollten Menschen aus der Arbeiter- und Arbeiterinnenbewegung geworben werden, indem man sich das Label des *Sozialismus* anheftete. Der Name der NSDAP versucht ebenfalls in beiden Lagern zu fischen: National*sozialistische* deutsche *Arbeiter*partei.

*Besorgte Bürgerinnen und Bürger* wie nationalpopulistisch Gesinnte bestehen heute darauf, dass sie schon deshalb keine Nazis seien, weil die Nazis ja National*sozialisten, also links,* gewesen seien. Sie selbst seien hingegen *kapitalistisch, konservativ und rechts. Die linksgrün-versifften Sozen und Linken sind Hitlers eigentliche Enkel,* verkünden die *braven Patrioten.* Mit dieser Wortklauberei stehen die neuen *Rechtsnationalkonservativen* in guter Tradition. Schon der langjährige CSU-Chef Edmund Stoiber vertrat die Überzeugung: »Nationalsozialisten waren in erster Linie Sozialisten.« Er warnte auch wiederholt vor einer »Verrassung« der Deutschen.

»[D]ass die Nazis auch Sozen in KZs gesteckt haben«, ist einem rechten Autor zufolge »ein Scheinargument«. Denn: »Hitlers nationale Sozialisten waren einfach unschlagbar effektiv darin, sich JEDE Art von Kritiker und Gegner vom Hals zu halten.« Das Vernichtungsregime der Nazis: »einfach unschlagbar effektiv«. Das kann man wohl nur als *echter* Rechter richtig fassen. »Und ja, auch rechtskonservative Kreise haben Hitler unterstützt. Aber das macht Hitler – verdammt nochmal – nicht zu einem Rechten.« Solche Ergüsse lassen sich in sozialen Medien und auf Onlineplattformen zu Tausenden finden – im Zeitalter von Facebook, Twitter und Co. ist rechts immer da, wo der ›Daumen hoch‹ verlinkt ist. Für zeitgenössische Faschisten gilt das Label »rechts« für alles, was gefällt, und das sind freilich nur *moralisch einwandfreie* und *unverfängliche* Dinge. Deshalb muss die eigene Identitätskategorie um jeden Preis rein gehalten werden. Wer versucht, sie durch Rassismusvorwürfe oder Nazivergleiche zu beschmutzen, gerät auf die Liste fürs nächste Großreinemachen.

Bei den Autonomen Nationalisten in Südthüringen verfolgten wir jedoch eine andere Strategie: Unsere Vorbilder waren durchaus auch die RAF und Rudi Dutschke. In fast jeder meiner Reden verwendete ich vermeintliche Zitate der RAF-Terroristin Gudrun Ensslin, die ich aus dem Film »Der Baader-Meinhof-Komplex« entnahm. Die Zitate wirkten kämpferisch, hatten eine klar antiimperialistische und antikapitalistische Note und waren selten offen antinationalistisch. Wir strebten Allianzen mit linken und anderen Aktivistinnen und Aktivisten an, die ebenfalls den Kapitalismus stürzen wollten. Diese Querfront-Strategie gilt als Zusammenschluss vermeintlich *natürlicher Feinde.* Mit vereinten Kräften soll es möglich werden, den übermächtigen Feind zu Fall zu bringen. Nach dem Zusammensturz wird dann um das gestritten, was übrigbleibt.

Dieses Kokettieren mit der RAF und anderen Linken an der Querfront hielt uns jedoch nicht davon ab, Antifaschistinnen und -faschisten weiterhin als Feinde rhetorisch anzugreifen. Besonders die antifaschistische Bewegung, die als Antideutsche bezeichnet wird, war uns ein Dorn im Auge. Media pro Patria fertigte deshalb ein Video mit dem Titel »Antideutsche (Anti)Faschisten« an. Es ist eine einzige Beschuldigungskanonade, die durch rhetorische Fragen den Eindruck zu erwecken versucht, wir wären an einer ernsthaften Auseinandersetzung oder Kritik interessiert. Vermeintliche Widersprüche und Doppelmoral werden angeprangert. Dabei werden die eigenen Vorurteile als Wahrheiten vorausgesetzt, an denen sich das Gegenüber messen lassen müsse. »Faschistoide Zustände anprangern und zeitgleich Andersdenkende attackieren – Ist das eure Vorstellung von Freiheit und Humanismus? […] Ihr […] nehmt das Elend des palästinensischen Volkes in Kauf, verdammt dessen Freiheitskampf zum Terrorismus. [Ihr] rechtfertigt Angriffskriege und Völkermord der US-Kriegstreiber unter Slogans wie ›Solidarität mit Israel‹ oder ›Koks 'n' Cola statt Koran‹.«

Währenddessen sahen wir antikapitalistische Linke, die sich mit Palästina solidarisch erklärten oder sich selbst als antizionistisch identifizierten, weniger als Feinde an, sondern vielmehr als Glaubensbrüder mit kleineren Meinungsverschiedenheiten. Unter ihnen gab es auch solche, die sich für Patriotismus und die Wahrung kultureller Eigenheiten aller Völker aussprachen. Dies wurde globalisierungs- und kapitalismuskritisch für aus unserer Sicht *fremde Kulturen* geltend gemacht. Wir forderten es aber einfach für uns selbst und *die deutsche Kultur* ein: Auch *unsere Kultur* dürfe wie *die anderen* nicht einfach durch die Globalisierung zerstört werden.

Antideutsche waren für uns hingegen das radikale Böse. Denn sie sahen nicht nur autoritär-faschistische Züge in solchen Kulturargumentationen, sie kritisierten darüber hinaus auch unsere muslimischen Verbündeten aus Palästina und dem Iran. »Was hat das Anprangern von Israels Kolonial- und Unterdrückungspolitik gegenüber Palästina mit Antisemitismus zu tun?« Eine Frage, die in dieser und ähnlichen Formulierungen auch heute die Gemüter erhitzt. Für die Antideutschen, die wir vor Augen hatten, war jeglicher Antizionismus sekundärer Antisemitismus. Für uns war er aber angeblich etwas ganz anderes. Wie schon der Ethnopluralismus kein Rassismus sein sollte, so dachten wir auch hier: *Der Antizionismus ist ein Humanismus.*

Die eigentlichen Humanisten seien eben wir – ebenso wie die eigentlichen Linken oder zumindest diejenigen, die wirklich für die Befreiung von Mensch und Tier sowie der Völker dieser Welt eintreten würden. Daher hielten wir es nur für legitim, uns auch in die Tradition linker Revolutionäre zu stellen: »Ihr sucht euch Ikonen aus den 68er-Revolutionären, aber waren es nicht gerade Männer und Idealisten wie Rudi Dutschke, der gegen jede Art Imperialismus für die Freiheit aller Völker und gerade seines eigenen einstand? ›Für das Erlernen des aufrechten Ganges in Richtung Freiheit ist das Selbstbestimmungsrecht der deutschen Nation sozialistisch zu konkretisieren.‹«

Dutschke hatte im November 1974 einen Text in der Zeitschrift »Konkret« veröffentlicht. Der Artikel trug den Titel »Pro Patria Sozi? – Über deutsche Nation und Sozialismus«. Er wird bis heute immer wieder von Nationalisten zitiert, weil sich Dutschke in ihm zur *Nationalen Frage* äußerte. Aus diesem Text habe ich mich für Reden und Videos immer wieder bedient und kurzerhand herausgestrichen, was nicht passte: »Der Kampf um die nationale Unabhängigkeit wird somit zu einem elementaren Punkt des sozialistischen Kampfes. […] Im Prozeß des Erlernens des aufrechten Ganges in Richtung Freiheit ~~mit Hilfe des politischen Klassenkampfes~~ werden wir ~~Sozialisten und Kommunisten~~ es unvermeidlich lernen müssen, das Selbstbestimmungsrecht der ›deutschen Nation‹ sozialistisch zu konkretisieren.« Klassenkampf und Kommunisten? Das war nichts für mich, aber der vermeintliche Zuspruch eines der wichtigsten Köpfe der 68er-Bewegung für die *Nationale Frage?* Das konnte man sich gefallen lassen.

Ich ließ einfach unbeachtet, dass Dutschke bei aller Deutschtümelei im Zusammenhang mit der damaligen Debatte über eine Wiedervereinigung von Ost- und Westdeutschland sich im gesamten Text gegen eine »reaktionär verklärende Identitätsstiftung mit unserem Lande« aussprach, wie wir sie propagierten. Dutschke zitiert sogar aus dem kommunistischen Manifest: »Obgleich nicht dem Inhalt, ist der Form nach der Kampf des Proletariats gegen die Bourgeoisie zunächst ein nationaler.« Dieser Unterschied zwischen der Form und dem Inhalt machte für uns keinen Sinn. Er bedeutet, zwar auf nationaler Ebene und in deutscher Sprache mit deutschen Verhältnissen zu ringen, dies aber gerade nicht für nationalistische Inhalte und Ressentiments zu tun, sondern für die internationale Befreiung des Menschen aus allen Verhältnissen, in denen er »ein erniedrigtes, ein geknechtetes, ein verlassenes, ein verächtliches Wesen ist«.

Das genaue Gegenteil unterstellten wir unseren Opponenten im Ankündigungstext des Videos, der auf verschiedensten Internetseiten und Foren geteilt wurde: »Die ›Antideutsche-Antifa‹, deren Wirken aus dem Hass, sowohl auf ihr eigenes Volk als auch auf die muslimische Gemeinde in aller Welt, hervorgeht, ist schon längst zu dem geworden, was zu bekämpfen sie vorgibt, eine faschistische – Organisation. […]. Die rote Kirsche auf dem Sahnehäubchen der ›wahren Revolutionäre‹ ist die Legitimation der Angriffskriege und Genozide der US-amerikanischen und israelischen Regierungen dieser Tage […] ›Völkermordbefürworter aller Länder vereinigt euch!‹« –

Was vielleicht kontrafaktisch erscheinen mag, war für uns ganz klar: *Die anderen sind die Faschisten! Wir selbst die wahren Antifaschisten, die für die Freiheit der Völker kämpfen!*

Auf einer unserer Demos richtete ein Redner dann auch wie selbstverständlich ein Winston Churchill zugeschriebenes Zitat gegen den politischen Gegner: »Die Faschisten der Zukunft werden sich Antifaschisten nennen.« Der sonst nur als Massenmörder und Kriegsverbrecher in Nazikreisen aufgerufene Churchill wurde hier als propagandistische Allzweckwaffe angeeignet.

Einige Kameraden erblickten in unserer Querfrontstrategie eine *Identifikation mit dem Feind.* Auf einschlägigen Internetseiten wurden unsere Abweichungen hitzig debattiert oder oftmals als wahnwitzig diffamiert. Die Puristen erhoben mahnend die rechten Zeigefinger. Sie hatten freilich keinerlei Schwierigkeiten bei der Beantwortung der Gewissensfrage dieses Grabenkampfes: *Ist das wahrer NS oder kann das weg?*

Für die Kader unserer Gruppe gehörte es zum guten Ton, Kontakte zu politischen Gegnern über Internet-Messenger wie ICQ zu pflegen. Diese Strategie wurde einerseits deshalb verfolgt, um sich rhetorisch an den erfolgreicheren Gegnerinnen und Gegnern zu schulen, andererseits hoffte man, auf diese Weise vielleicht an strategische Informationen zu kommen oder möglicherweise Querfront-Allianzen schmieden zu können. Die Kontakte waren meist über andere Internetforen, zum Teil auch über Datingseiten entstanden. Manchmal entwickelten sich daraus auch Freundschaften oder sogar ›Freundschaften plus‹.

Über ein Forum für Hardcore-Musik lernte ich Sarah kennen. Sie war in der Erfurter Antifa-Szene aktiv. Wir diskutierten intensiv und häufig über unauflösbare Widersprüche. Aber da wir uns trotzdem irgendwie sympathisch waren und die Auseinandersetzung nicht scheuten, blieben wir über einige Zeit in Kontakt. Ich ließ mich in gewissen Maßen auf einige ihrer Einwände ein, zum Beispiel darauf, dass Nationen etwas historisch Gewachsenes und nichts natürlich Vorhandenes sind. Das war mit meinem damaligen Ethnopluralismus ohne größere Schwierigkeiten vereinbar.

Im Juni 2009 diskutierten wir über die Frage einer möglichen Zusammenarbeit linker und rechter Bewegungen gegen den ›gemeinsamen Feind‹. Ich habe Teile des Originalverlaufs archiviert, weil mich unsere Diskussionen so beschäftigten. Ich zitiere eine von unzähligen Ausführungen hier ohne Anpassung der Rechtschreibung oder sonstige Glättung, um an einer Stelle zu dokumentieren, was man erwarten darf, wenn man mit Nazis reden will:

»Mensch haben sich diese konstrukte [der Nation] als eine art ›gemeinsames überdach geschaffen‹, soll heißen hier wurden nun mythen, gemeinsame wurzeln in herkunft und traditionen über jahrhunderte hinweg mit einander verwoben, so das letzlich eine art ›charakter‹ oder mentalität einer nation, also des respektiven kollektives heraus gebildet hat. Was hast du heut zu tage zuerst, deine herkunft, deutscher, türke oder sonstwas zu sein, oder einen beruf an dem du deine ideale projezieren kannst? [...] Ihr habt nicht das recht uns zu zwingen von unserem nationalen gemeinschaftsrecht abzurücken bzw menschen zu entwurzeln die fest von ihrer nation und deren nutzen usw überzeugt sind, und wir haben das recht nicht euch diesen ›unseren glauben an ein höheres ideal‹ aufzuzwingen... da es euch aber wurst ist wo ihr euren emanzipierten ›staat‹ aufbaut in dem ihr lebt wie ihr wollt, da ihr ja mit nichten an deutschland, sprich eurer ›heimat‹ an sich hängt, könnte man sich da sicherlich später diesbezüglich einmal einigen... jeder könnte dann frei entscheiden ob er in eurem kollektiv oder unserer volksgemeinschaftlichen Nation leben will... ich für meinen teil benötige kein groß deutsches reich oder solche spinnereien... aber eine Volksgemeinschaft innerhalb eines nationalen sozialismus in meiner heimat und wenns nur thüringen wäre das ist mein wunsch... ich wünsche mir wahrhafte meinungs und pressefreiheit, unantastbarkeit der wohnung usw alles ›grundrechte‹ der BRD wir beide wissen wie dehnbar diese gummiparagraphen sind... aber ich möchte auch eine ordnung in diesem konstrukt wissen und gewisse dinge die ich nicht leiden möchte von mir fernhalten, so wie ihr es auch wollt... wir sollten bei all der anarcho, kommi, nazi-kacke... bei all den für und wieder der ismen, nicht vergessen das wir hier politk für menschen machen wollen und nicht politik nur um gegen jemand anderen aggieren zu können... unsere beiden politischen parteien hassen sich so abgrundtief und bekänpfen sich so arg wie es nur geht... und wo zwei sich streiten freut sich der dritte das ist und bleibt für mich fakt...«

Sie erwiderte in aller Deutlichkeit: *Deine Kapitalismuskritik ist immer verkürzt, weil sie nur irgendwelche Mächtigen und die Kapitalisten meint, aber nicht die gesellschaftlichen Verhältnisse kritisiert, die ihre machtvollen Positionen hervorbringen und aufrechterhalten. Du wälzt alle gesellschaftlichen Probleme immer auf Menschengruppen ab. An der Ausbeutung sind nicht die Kapitalisten schuld, sondern die kapitalistische Wirtschaftsweise, die Kapital und Arbeit gegeneinanderstellt. Überhaupt ist Dein Schuldbegriff eine Moralkeule. Aber es geht eigentlich um gewissenlose Strukturen, die von Menschen durch ihr Handeln und ihre Haltung reproduziert werden, anstatt sie abzuschaffen. Auch an Gewalt, Kriminalität und Arbeitslosigkeit sind nicht die Ausländer oder Flüchtlinge schuld. Deutsche sind ebenso gewalttätig, kriminell oder finden keine Arbeit, obwohl sie oft bessere Voraussetzungen haben. Wenn du darüber nachdenkst, merkst du, dass dein Weltbild auf Ausschluss und Tod basiert. Sogar deine vermeintliche Tierliebe rechtfertigt sich noch durch die Abwertung von Menschen. Menschen und Tiere können erst dann wirklich im Mittelpunkt einer Politik stehen, der es um ihre Befreiung geht, wenn man ihr Recht auf Leben und freie Entfaltung nicht länger durch die eigenen Vorurteile darüber beschneidet, wie es natürlicherweise sein müsste oder wie es ein angeblich alternativloses Wirtschaftssystem verlangt.*

Schon vorher hatte ich oft schwadroniert, dass es nicht ausreiche *der kapitalistischen Hydra die Köpfe abzuschlagen, da diese dann einfach wieder nachwachsen.* Aber die Schlüsse, die ich daraus gezogen hatte, griffen zu kurz. Wann immer ich benennen sollte, was es zu bekämpfen gelte, konnte ich entweder nur völlig abstrakt von *dem System* oder von *dem Kapitalismus* reden. Sollte es konkreter werden, blieben mir nur *die Mächtigen im Hintergrund und ihre Diener.* Eine Schwäche nationalistischer Politiken, die sich bis heute nicht geändert hat: Wenn nationalpopulistische Politiker wie Viktor Orbán davon fabulieren, dass *George Soros durch gezielte Finanzierung Flüchtlingsströme wie eine Waffe gegen die Völker Europas zu Felde* führe, folgt dies strukturell der gleichen Logik wie das Gefasel von der *Islamisierung des Abendlandes, die von den Eliten der Altparteien befördert* würde.

Natürlich haben mich Sarahs Einwände damals nicht sofort überzeugt. Dafür war ich viel zu sehr von allem, woran ich glaubte, vor allem aber von mir selbst eingenommen. Ich habe lange gebraucht, um zu lernen, nicht allen anderen immer schon die Welt erklären zu wollen, sondern zunächst einmal zu verstehen, warum sie in der Welt leben, die sie mir zu erklären versuchen.

## »Nie wieder Krieg – nach unser'm Sieg!« Zu Besuch in der Nazihochburg

Die Vormachtstellung bei den Autonomen Nationalisten hatte der später verbotene Nationale Widerstand Dortmund (NWDO) inne. Nach seinem Verbot 2012 ist dieser nahezu geschlossen in die Partei Die Rechte übergegangen und hat es mit Wahlslogans wie: »Wir hängen nicht nur Plakate!« sogar in den Dortmunder Stadtrat geschafft.

Eine oft verwendete Parole der Angehörigen des NWDO war: »Damals wie heute, Hitlerleute!« Und das war Programm: Sie organisierten Veranstaltungen, auf denen besprochen wurde, wie viele der 25 Punkte des gleichnamigen Programms der NSDAP von 1920 heute noch aktuell seien. Die Antwort lautete: alle. Was auf viele Weisen fragwürdig ist, da sich darunter auch die Aufforderung zur Aufhebung der Friedensverträge von Versailles findet. Das Programm fordert zudem die Abschaffung des Arbeitslosengeldes, was bei der strategischen Hartzerei der Dortmunder Kameraden geradezu widersprüchlich anmutet. Denn viele der Dortmunder Kameraden waren aus Überzeugung Hartz-IV-Empfänger. Ihre Devise lautete: *Keinen Cent für dieses Scheißsystem* (eine Parole, die heute in ähnlicher Form von Vertretern der Identitären verwendet wird). Sie hartzten die ganze Zeit und ließen sich von der BRD dafür besolden, täglich Politik zu deren Abschaffung zu betreiben. Jobcenter-Prädikat: unvermittelbar; Berufsziel: Nazirevolutionär.

Andere Punkte des ersten Programms der NSDAP umfassten das Blutsprinzip der deutschen Staatsbürgerschaft, Sondergesetze für Ausländer und einen sofortigen Einwanderungsstopp. Das sind leider auch heute wieder vieldiskutierte Themen. Insgesamt gibt es erstaunlich viele Überschneidungen zwischen dem 25-Punkte-Programm und dem »Programm für Deutschland«, dem Grundsatzprogramm der AfD, und anderen Dokumenten der Partei – ein detaillierter Vergleich wäre zweifelsohne ein interessantes Unterfangen.

Jedes Jahr im Spätsommer organisierten die Dortmunder den »Nationalen Antikriegstag«. 2009 war ich als Redner und Liedermacher zu der Veranstaltung eingeladen und reiste bereits zwei Wochen davor anlässlich der sogenannten Aktionswochen an. Diese bestanden aus täglichen Kundgebungen, Spontandemos, Flugblatt- sowie Nacht-und-Nebel-Aktionen: Graffiti sprühen, Wurfflyer auf Schulhöfen verstreuen und Banner aufhängen. Hier war ich zwei Wochen lang ganz in meinem Element – Ganztagsaktivismus und Selbstentfaltung gingen für mich Hand in Hand. Ich entwarf mit einem Kameraden das Design des Fronttransparents für den Antikriegstag: eine Freiheitsstatue, die statt der Fackel als Zeichen des Fortschritts Dollarnoten und Pistole in der Hand hält. Abgerundet wurde das Banner durch den Schriftzug: »Krieg ist Kapitalismus der Tat.«

Zur Aufnahme des Mobilisierungsliedes für den Antikriegstag wurde ich ins Studio der Band Stahlgewitter eingeladen. Ich sang selbst nur wenige Zeilen des Songs, aber an der Schaffensstätte alter Idole zu arbeiten, machte auf mich großen Eindruck. Am Wochenende traf ich dann eine der Bandmitglieder persönlich: Wir fuhren zu einem Konzert von Stahlgewitter in die belgische Provinz. Dort wurde mir der Sänger der Band Daniel »Gigi« Giese vorgestellt. Das Treffen mit einer solchen Szenegröße auf vermeintlicher Augenhöhe nährte in mir die Überzeugung, nach kurzer Zeit ganz oben angekommen zu sein. Denn nicht nur für Reden und Konzerte, sondern auch zu konspirativen Treffen wurde ich eingeladen, da ich das Vertrauen einflussreicher Kameraden genoss. Ich wähnte mich auf dem Gipfel meiner Macht.

Die Luft internationaler Bühnenerfahrung hatte ich bereits geschnuppert. Über die Dortmunder hatte ich Anfang 2009 tschechische Kameraden des Národní odpor kennengelernt, wie der Nationale Widerstand in Tschechien genannt wurde. Ihr Anführer war ebenfalls Straight Edge und stimmte in vielen Punkten mit der südthüringischen Linie überein. Auch er sah die Vorteile einer Neuausrichtung durch den Verzicht auf offene Bezüge zum historischen Nationalsozialismus. Angesichts der negativen Wahrnehmung der Nazi-Ideologie in Tschechien leuchteten solche Übereinstimmungen unmittelbar ein. Immerhin hatte neben den jüdischen Bürgern und politischen Gegnern die Mehrheit der als »slawisch« eingestuften tschechischen Bevölkerung unter der Herrschaft der Nazis gelitten – aber das antikommunistische Ressentiment der jüngeren Vergangenheit überlagerte diese Erinnerungen offenbar im Gedächtnis einiger Menschen.

Der tschechische Nazikader hatte jedoch ähnlich wie wir in Deutschland ein größeres Krakenproblem. Hiervon hatte ich mich nur wenige Wochen vor meiner Reise nach Dortmund auf dem sogenannten Festival für die Freiheit südlich von Prag selbst vergewissern können. Ich trat als Liedermacher auf und sang hauptsächlich englischsprachige Lieder. Ein Großteil der Konzertbesucher und -besucherinnen war standesgemäß in Bomberjacken und Springerstiefel gekleidet und hatte bis über beide Ohren kreisrunden Haarausfall.

Einige der tschechischen Aktivisten und Aktivistinnen, die sich dem Autonomen Nationalismus angehörig fühlten, zog es nun zu den Aktionswochen nach Dortmund. Ein paar von ihnen waren auch bei einem meiner persönlichen Highlights dieser Wochen dabei. Wir reisten mit etwa dreißig Menschen nach Hamm und betraten in kleinen Gruppen getrennt voneinander einen Saal, in dem Sahra Wagenknecht sprechen sollte. Sie war damals bereits eine hochrangige Funktionärin der Linkspartei. Etwa 85 Prozent aller im Raum verstreuten Menschen unter dreißig Jahren waren Naziaktivisten und -aktivistinnen. Einige bekanntere Aktivisten, wie der damals aufstrebende Jungkader Michael Brück, wurden von den Organisatorinnen und Organisatoren sofort als Nazis erkannt, und man beriet sogleich über ihren Ausschluss von der Veranstaltung. Die darauf folgende Entscheidung, dem politischen Gegner zunächst die Anwesenheit zu gestatten, vielleicht sogar in einen offenen Dialog zu treten, sollte sich jedoch noch rächen.

Der Vortrag von Sahra Wagenknecht war wenig ereignisreich, bis sie begann, den millionenfachen Mord und die industrielle Menschenvernichtung des Nationalsozialismus zu erwähnen. Ein historisches Verbrechen ohnegleichen, empörte sich Wagenknecht, das jedoch einige im Raum nicht dazu bewege, mit der politischen Ideologie des Nationalsozialismus zu brechen. Kaum hatte sie dies ausgesprochen, erhob sich der schmächtige deutsche Michel aus seinem Schlummer und schwadronierte von den sechzig oder gar achtzig Millionen Toten des *Roten Terrors* überall auf der Welt, die Frau Wagenknecht auch nicht dazu veranlassen würden, die politische Ideologie des Kommunismus als Verbrechen gegen die Menschheit anzuerkennen.

Nach diesem verbalen Schlagabtausch stimmten die Naziaktivistinnen und -aktivisten wie zuvor abgesprochen das Hitlerjugendlied »Ein junges Volk steht auf« an. Es erhielt einen performativen Charakter, weil sich zugleich alle Nazis im Raum erhoben und gemeinsam einen Walk-out initiierten. Sahra Wagenknecht und die Verantwortlichen auf dem Podium betrachteten die Szenerie sichtbar angewidert, aber auch überrascht über die Vielzahl junger Menschen, die jetzt unter mehr oder weniger melodischen Klängen den Raum verließ.

Diese Selbstinszenierung, die eher einem March-out gleichkam, war eine klare Machtdemonstration. Brück stellte sie dann auch auf der Rückfahrt nach Dortmund vollmundig in die Tradition der Saalschlachten während der ›Kampfzeit‹ des Nationalsozialismus der 1920er-Jahre. Wenige Tage später sprach Gregor Gysi auf dem Marktplatz in Dortmund. Auch diese Veranstaltung wurde von Nazis gestört. In Dortmund war dies damals Standard (und ist es leider bis heute noch immer).

Insgesamt verfuhren die Dortmunder anders mit ihren politischen Gegnern als wir in Südthüringen. Für sie waren Diskussionen, wie ich sie mit Sarah hatte, ausgeschlossen – sie kannten den Feind nur als zu vernichtenden Antagonisten. Eine Abstufung, einen Gegner, mit dem man sich streiten, aber auch Kompromisse finden könnte, gab es für sie nicht. Sie neigten eher zu offener Gewalt und Einschüchterungsstrategien gegen alle, die sich ihnen in den Weg stellten. Sie schreckten nicht davor zurück, die Privatwohnungen oder Autos politischer Gegnerinnen und Gegner anzugreifen und gingen an Wochenenden auf *Jagd nach Antifas,* indem sie zum Beispiel Kneipen überfielen, in denen sich linke Jugendliche aufhielten.

Einige von den Dortmunder Nazis hatten als halbironische Entgegnung zum NS-Straight-Edge eine eigene Kreation etabliert: »Straight Assi«. Sie hatten T-Shirts mit der Aufschrift gedruckt. Den linken Ärmel zierte ein SA-Symbol. Das machte auf eindrückliche

Weise deutlich, in wessen Tradition sie sich sahen. Trotzdem motzten sie über die Skinheadfront Dorstfeld, die dem Namen entsprechend ein veritables Krakenkommando darstellte: *Das sind wirklich richtige Assis,* sagten sie, *aber gut trinken kann man mit denen!*

In Südthüringen hatten wir zu Gewalt ebenso eine andere Einstellung wie zu Skinhead-»Assis«: »Keine Gewalt gegen Einzelsubjekte!«, hieß unsere Parole. Sie betraf das Verbot, in unserem Territorium politische Feinde wie Antifa-Personen oder andere mit dem Stigma des Hasses Gebrandmarkte tätlich anzugreifen. Die marodierenden Gruppen von Nazischlägern waren in unseren Augen nichts weiter als schlechte Publicity. Unser Ansatz war vielmehr, Gewalt nur auf Anordnung zu gestatten, z. B. wenn auf Demos die Polizeikette durchbrochen oder wenn politische Feinde gezielt eingeschüchtert werden sollten. Diese Strategie benötigte einen deutlich höheren Grad an Disziplin als die Anything-goes-Agenda von Nazischlägerkameradschaften. Das Radikale an unserer Position war außerdem ein funktionierender Sanktionierungsapparat, also die Fähigkeit, Zuwiderhandlungen gegen dieses Gebot auch bestrafen zu können. Hier nahmen wir es mit der Gewaltfreiheit gegen Personen dann nicht mehr so genau. Als ein Kamerad aus unserem Unterstützerumfeld betrunken eine Gewalttat beging und sich mit einem politischen Gegner prügelte, wurde er dafür von einem ihm körperlich überlegenen Kameraden gemaßregelt.

›Unser‹ Territorium galt uns als nationalbefreite Zone. Wir allein wollten bestimmen, wer dort was auf welche Weise tut oder lässt. Das war zumindest die elitäre Attitüde, mit der wir auftraten. Dieses Hegemoniebestreben bekamen auch andere Nazigruppen zu spüren: Einige Skinheads hatten einen Jugendclub mit Konzertraum in einer kleinen Gemeinde angemietet, die in unserem Territorium lag. Dort lebten sie ihre Lust am Saufen und Raufen aus. Jedes Mal, wenn wir zu Besuch waren, uferte die ohnehin recht raue Art des Pogo-Tanzens mit steigendem Alkoholpegel in Prügeleien zwischen den Stammgästen aus. Für uns bestand ihr »Krakenkommando« aus nichts als »Kameradenschweinen« und »Dumpfbratzen«. Wie zu erwarten war, flog die Gruppe bald aus dem Jugendclub – *Wahrscheinlich haben die die Miete versoffen,* witzelten wir, während wir die Möglichkeit ergriffen, die Immobilie selbst anzumieten.

Wir ließen einige der alten Stammgäste des Etablissements weiterhin ein, um aus ihrer Saufwut Profit zu schlagen. Hineingelassen wurde aber nur, wer sich auch im alkoholisierten Zustand noch einigermaßen im Griff hatte. Andererseits warfen wir Leute, die sich unserer Ansicht nach nicht angemessen verhielten, rigoros raus, meist unter Anwendung körperlichen Zwangs. Sie waren für uns *asozialer Abschaum* und dennoch ein ökonomisch *notwendiges Übel.*

Eines Tages wurde ein Einbruch in unseren Club verübt, und uns kam der Name einer Person zu Ohren, die von uns geklaute CDs im Dorf verkauft habe. Wir berieten, was zu tun sei, *um den Kraken ein klares Zeichen zu senden.* Wir machten ausfindig, wo die Person wohnte. Dann gab es einen Hausbesuch. In unseren Augen war er freilich *ein konterrevolutionärer Assi* und wir selbst *die nationalrevolutionäre Avantgarde.* Der obligatorische Waffennarr aus unserer Gruppe trat die Haustür mit zwei gezielten Tritten ein. Für die Wohnungstür aus Holzfurnier im dritten Stock genügte ein einziger Tritt. Wir nannten ihn ab diesem Abend oft nur noch »das Schlüsselbein«. Eine Nachbarin öffnete wegen des Lärms kurz die Tür, sah ein halbes Dutzend maskierter Gestalten im Hausflur und schloss die Tür prompt, ohne zu grüßen.

Zum Glück für den Wohnungsbesitzer mit dem kaputten Türschloss war er selbst gerade nicht zu Hause. Deswegen litt nur seine Einrichtung unter unserem Ansturm. Sein Fernseher, die Hakenkreuzflagge im Wohnzimmer und einige andere Gegenstände wurden heruntergerissen oder mit schnellen Handschlägen und Fußtritten zerstört – Gleiches wäre wohl ihm widerfahren.

Gewalt richtete sich innerhalb der Szene aber nicht nur gegen Männer. Während der zwei Wochen in Dortmund gab es einige Ereignisse, nach denen ich fest davon überzeugt war, dass man in der Szene *keine anständigen Mädels finden könne, die wirklich verstehen, was Treue heißt.* Mehr und mehr hielt ich das sexistische Klischee für wahr, das ich und andere häufig wiederholt hatten: *Weiber findest du an jeder Straßenecke, aber echte Freunde gibt es nur ein paar im Leben.* Natürlich wurde bei uns »Freund« häufig durch »Kamerad« ersetzt. Aber diese beiden Worte waren für mich zu diesem Zeitpunkt ohnehin bereits zu Synonymen geworden.

Unsere Auslegung von Straight Edge schloss zwar den Verzicht auf ständig wechselnde Geschlechtspartnerinnen ein. Das bedeutete aber nicht, dass wir im Zölibat lebten. Man(n) hielt die Augen im eigenen Kameradschaftsumfeld oder auf Konzerten und Demos offen, datete wie andere auch über Online-Foren und Messenger und schaute, wohin sich das Ganze entwickelte. Meist kam dann nichts Gutes dabei raus.

Meine eigene Unsicherheit im Umgang mit *dem anderen Geschlecht* äußerte sich in emotionaler Aufdringlichkeit, die nicht selten auch nahtlos in physische überging. Mein übergriffiges Verhalten stützte sich auf die Überzeugung, Männer müssten der aktive Part einer Romanze sein und Frauen gleichsam erobern und vollkommen für sich einnehmen. Diese machohafte Vorstellung passte nicht nur gut zu den Fantasien eigener Ritterlichkeit, sie kaschierte zudem mein fehlendes Vertrauen und meine Verlustängste.

Eine gleichberechtigte Beziehung ist damit von Anfang an ausgeschlossen. Ohne Rücksicht auf sich selbst soll sich *die Eine* dem Anderen voll und ganz hingeben. Jede Umarmung wird zur Umklammerung, jedes Streicheln ein sanftes Schlagen und der erste Kuss ein unausgesprochenes Ehegelöbnis – *in schlechten Zeiten, bis dass der Tod uns scheidet* –, und das *alles nur aus Liebe.* Solche parasitären Beziehungsweisen nähren sich am Leben der Anderen und überhäufen sie dabei noch mit unmöglichen Forderungen. Denn meinen moralischen Superioritätsansprüchen konnte ohnehin keine Frau jemals wirklich gerecht werden: Meine Partnerin sollte zugleich unbefleckte Jungfrau und ungenierte Sexgöttin sein – Alleinversorgerin meiner emotionalen Nöte und sexuellen Fantasien in einem.

Eines der gesellschaftlich am weitesten verbreiteten Männlichkeitskonstrukte ist die toxische Maskulinität. Sie umfasst Misogynie, Homophobie, Gewalt und die Unfähigkeit, anderen Emotionen als Hass und Wut Ausdruck zu verleihen. Toxische Männlichkeit ist nicht nur in der Naziszene ein dominantes Modell.

Für das Verständnis, was eine gleichberechtigte Beziehung oder Sexualität auf Konsensbasis sein kann, brauchte es bei mir auch nach dem Ausstieg noch einige Zeit. Zum Leidwesen all der wundervollen Menschen, die sich auf mich eingelassen haben und die dann meist bitter enttäuscht und verletzt worden sind. Das Leid, das ich anderen durch meine fragile (Hyper-)Maskulinität zugefügt habe, hält mich heute dazu an, vor allem meine Mitmänner über einen kritischen Umgang mit ihrer eigenen Männlichkeit aufzuklären. Ich tue dies in der Hoffnung, dass mehr und mehr Menschen beginnen, behutsam Sorge füreinander zu tragen, statt den anderen durch irrwitzige Idealvorstellungen Sorgen zu bereiten.

Während meiner aktiven Nazizeit benutzten wir Kameradinnen zum Verteilen von Flugblättern. Dies taten wir deswegen, weil sie als unschuldig und unpolitisch wahrgenommen wurden. Wir machten uns also ein weitverbreitetes sexistisches Vorurteil zunutze. Der geneigte Bürger nimmt tatsächlich eher ein Flugblatt entgegen und lässt sich auf einen kurzen, unverfänglichen Plausch mit einer jungen Frau ein als mit einem Hünen mit tätowiertem Gesicht. Zudem waren die Kameradinnen lebende Werbeflächen, Litfaßsäulen aus Fleisch und Blut, die, ohne zu sprechen, etwa *Seht her: bei uns gibt es hübsche deutsche Mädels!* sagen sollten. Nach außen wirkten einige Kameradinnen dann durchaus gleichberechtigt. Wenn es hart auf hart ging, galt aber das Wort der Vertreter des *starken Geschlechts.*

Nur wenige Frauen genossen ein so hohes Ansehen, dass ihrem Wort dieselbe Autorität wie männlichen Kaderfiguren zuteilwurde. Ich habe von diesen Frauen nur wenige getroffen und nur eine einzige etwas besser kennengelernt. Anne-Marie lebte in einer der Nazi-WGs in der Thusneldastraße in Dortmund-Dorstfeld. Ihr Zimmer zierte ein großes Graffito mit dem Konterfei Nietzsches. Sie hatte eine eigene neofaschistische Nietzsche-Auslegung entwickelt, und wir diskutierten ab und an angeregt darüber. Sie unterhielt Kontakte zur Casa Pound in Italien und war die Hauptverbindungsperson der Dortmunder zu den »Faschisten des dritten Jahrtausends«, wie diese sich selbst bezeichnen. Casa Pound kooperiert nicht nur mit der Lega Nord, die derzeit mit Matteo Salvini den italienischen Innenminister stellt. Auch Götz Kubitschek, deutsche Identitäre und AfD-Politiker halten gute Kontakte zu dieser neofaschistischen Gruppe. Sie alle haben die Zeichen der Zeit verstanden und beschäftigen sich mit der Schaffung rechter Infrastrukturen. Casa Pound besetzte Häuser, öffnete eigene Tattoo-Geschäfte, Restaurants und Läden für Szene-Kleidung. Sie veranstalten bis heute Konzerte,

Theateraufführungen und organisieren eine Kampfsportveranstaltung, die dem »Kampf der Nibelungen« in Deutschland gleicht.

Anne-Marie verhielt sich anders als gewöhnliche Kameradinnen, irgendwie intellektueller und verantwortungsvoller. Sie meldete selbst immer wieder Veranstaltungen an und hielt auf ihnen Reden. Zudem wurde sie nicht, wie für Kameradinnen üblich, als Objekt sexuellen Begehrens gehandelt. Das war sonst recht offen der Fall: Manche Kameradinnen spannten Brücken zwischen zwei Gruppen, indem sie *ihre Beine breit machten.* Dies galt in den clanähnlichen Strukturen der Naziszene als ganz normal.

In heutigen rechten Politiken werden Frauen vor allem als Aushängeschilder und Postergirls benutzt. Von AfD, Identitären bis hin zu nationalpopulistischen Parteien in Frankreich oder Belgien will man sich mit Frauen in gehobenen Positionen als modern und aufgeschlossen darstellen. Diese fortschrittliche Rückschrittlichkeit sollte jedoch nicht darüber hinwegtäuschen, dass es sich um männerdominierte, frauenfeindliche Politiken handelt. Nicht die freie Entfaltung der Potenziale und Fähigkeiten von Frauen steht im Mittelpunkt. Vielmehr haben sie sich so zu verhalten, wie es *sich für richtige Frauen und Mädchen gehört.* In letzter Instanz haben dabei weiterhin die Männer das Sagen. Sorry, Mädels, aber die Natur, Gott und der Führer wollen es nun mal so. Und nicht wenigen bereitet es offenbar auch Freude, zu wissen, dass der Platz der einen am Herd und im Kreißsaal ist und der Platz des anderen in den Chefetagen und im Schützengraben.

Anders als man erwarten könnte, genossen auch einige nichtdeutsche Männer respektvolles Ansehen, sofern sie als Verbündete betrachtet wurden. Direkt am kleinen Marktplatz in Dortmund-Dorstfeld trafen wir uns mit einem palästinensischen Aktivisten. Er sei aus Israel bzw. »Palästina«, wie er es nannte, als Terrorist ausgewiesen worden, gab er an. Ich sollte Grußworte von ihm auf dem Antikriegstag vortragen. Er gab mir einige Notizen in gebrochenem Deutsch und ich schrieb diese dann nach eigenem Gutdünken um. Das Endergebnis klang wenig überraschend: »Es lebe Palästina! Stoppt die deutsche Hilfe gegenüber den palästinensischen Unterdrückern aus Israel und deren Terrorherrschaft! Stoppt den US-raelischen Massenmord an unschuldigen Männern, Frauen und Kindern im Gaza! Freiheit für Palästina. Lasst uns gemeinsam für den Frieden auf dieser Welt heute ein Zeichen setzen. Europäer und Araber vereint gegen den gemeinsamen Feind!«

Nicht Araber und Muslime waren die zu bekämpfenden Feinde des nationalistischen Antiimperialismus. *Der wirkliche Feind* sind bis heute diejenigen geblieben, die im Hintergrund Kriege und Zerstörung orchestrieren sowie *Umvolkung* und *Islamisierung* planten. Muslime und Islam sind keine *natürlichen* Feinde deutscher Nazis. Vielmehr werden sie zur strategischen Zielscheibe. In Zeiten weitverbreiteter antimuslimischer Vorurteile lässt sich so leicht eine größere Gefolgschaft rekrutieren.

Vor allem bei islamistischen Auslegungen des Korans lassen sich einige Ähnlichkeiten zu extrem rechten Weltanschauungen feststellen: Kriegsrhetorik und Legitimation von Gewalt gegen Andersgläubige, Absolutheitsanspruch der eigenen Wahrheit und Moralvorstellungen, konservative Geschlechterrollenbilder und Antifeminismus, Erwähltheitsmentalität und Missionierungsbestrebungen. Diese Ähnlichkeiten waren in der Vergangenheit oft Anlass für Allianzen und Schulterschlüsse, wie der Historiker Volker Weiß in »Die autoritäre Revolte« herausgearbeitet hat: Ultrakonservative »Intellektuelle wie [Karl-Heinz] Weißmann sind selbstverständlich in der Lage, zwischen der Religion und ihrer politischen Ausbeutung zu differenzieren. Sie sind nicht unumwunden ›islamophob‹, wie es eine fatale Fehldeutung unterstellt. Ihr Hauptfeind ist nicht die Lehre Mohammeds, sondern die globale Moderne mit all ihren Konsequenzen. In manchem gleichen sie ihrem islamischen Feind sogar, denn die geistige Welt des autoritären Ultrakonservatismus, wie ihn der politische Islam darstellt, entspricht ihrer eigenen viel mehr als die der ›dekadenten‹ westlichen Zivilisation.« Weißmann war selbst lange Jahre federführend beim Institut für Staatspolitik tätig und sitzt heute im Kuratorium der AfD-nahen Desiderius-Erasmus-Stiftung.

Wir selbst sahen die Überschneidungen nicht nur an gemeinsamen Feindbildern und geteilten Wertvorstellungen. Historisch ließ sich die Koalition an der Person des sogenannten Großmufti von Jerusalem, Mohammed Amin al-Husseini, festmachen. Er war ein palästinensisch-arabischer Nationalist, der eng mit den Nationalsozialisten zusammenarbeitete. Der islamistische Geistliche gilt als Schlüsselfigur bei der Verbreitung des modernen Antisemitismus im arabischen Raum. Er soll Heinrich Himmler am Ende des Zweiten Weltkrieges dazu aufgefordert haben, die Vernichtung der Juden über jedes militärische Kalkül zu stellen. Al-Husseini half bei der Mobilisierung der muslimischen Waffen-SS-Einheit »Handschar«, deren Wappen ein Krummsäbel zierte, und wird häufig als Galionsfigur des antizionistischen Befreiungskampfes zitiert.

Damals unterstützten wir bereitwillig die großangelegten Boykottaufrufe gegen Israel, die nicht wenige Kritiker in der Tradition des »Kauft nicht bei Juden!« sehen. Dieser transnationale, vornehmlich von links positionierten Gruppen initiierte Boykott gegen Israel auf wirtschaftlicher, kultureller und politischer Ebene ist ein gutes Beispiel für Formen des Antizionismus und der ›Israelkritik‹, die Einfallstore für Querfrontstrategien bieten können.

Auf dem Fronttransparent des Antikriegstages 2008 war ein Zitat Adolf Hitlers ohne Angabe seiner Urheberschaft zu lesen gewesen. Die Hauptparole lautete »Nie wieder Krieg! – nach unser'm Sieg!« Denn würde der Nationale Sozialismus erst einmal die ganze Welt beherrschen, gäbe es weder Krieg noch Terror; alle Probleme wären aus der Welt geschafft und wir hätten das Paradies auf Erden. Weil alle Feinde der natürlichen Ordnung ausgemerzt wären, bräuchte es keinen Krieg mehr. Dann wäre endlich alles an seinem angestammten Platz – nationalistische Harmonie. Eine fromme Hoffnung, geboren aus völliger Realitätsverweigerung.

Einige Antifa-Gruppen hatten auch 2009 wieder in der Dortmunder Nordstadt zu Aktionstagen gegen die Aktionswochen der Nazis aufgerufen. Wir hielten daher Wache im Naziwohnhaus in der Thusneldastraße, in dem viele der Aktivisten wohnten, und hatten ausgehängte Türen neben die Fenster gestellt. Im Falle eines Angriffs hätten wir sie benutzt, um uns zu verbarrikadieren. Steine und andere Gegenstände lagen als Wurfgeschosse am Fenster bereit. Darunter waren auch einige Flaschen, für deren Nachschub die Kameraden im Nachbarzimmer sorgten. Ich hielt mit einem Kameraden aus Südthüringen bis etwa zwei Uhr nachts Wache. Dann gingen wir schlafen, um am nächsten Tag der großen Veranstaltung ausgeruht zu sein.

Mitten in der Nacht wurden wir durch einen lauten Knall und Schreie geweckt. Durch das Fenster sahen wir einen rötlichen Schein, der flackernd auf der Scheibe zitterte. Ich sprang auf und rannte ans Fenster, wo ich die Quelle des Lichtspiels erblickte: Der BMW-Geländewagen der Eltern einer Kameradin, den sie in den letzten Tagen als Versorgungsfahrzeug benutzt hatte, stand in Flammen.

Jetzt wurde alles chaotisch, und ein aufgescheuchter, zum Teil mit nichts als Boxershorts, Sturmmaske und Baseballkeule gekleideter Haufen Nazis stürmte auf die Straße. Ich stieg zusammen mit drei Kameraden in ein Auto und wir berieten, was man tun solle. Die Dortmunder wollten Vergeltung: entweder *einen von denen erwischen oder auch 'ne Karre abfackeln* – Auto um Auto, Zahn um Zahn. Ich schob vor, dass solche Aktionen nicht überstürzt ausgeführt werden sollten. Der Grund für meine Bedenken war neben taktischen Erwägungen aber auch die Angst vor unkalkulierbaren Nebenwirkungen. Denn was die Dortmunder aus Rache zu tun bereit waren, hatte sich mir nur allzu deutlich in mein Gedächtnis gebrannt.

Im Jahr zuvor war ein Kamerad, der durch die Nazi-Videoprojekte bundesweit Berühmtheit erlangt hatte, mit zwei anderen zusammen aus der Szene ausgestiegen. Er hatte sich entschieden, direkt zu einer Antifa-Gruppe überzutreten, und es kursierten Gerüchte, denen zufolge sein Umzug durch den Verfassungsschutz geschützt worden war. Er galt somit als *Verräter auf voller Linie* und schwebte ab diesem Zeitpunkt in Lebensgefahr. Auf einem überregionalen Treffen, bei dem ich selbst nicht anwesend war, wurde über den Umgang mit *John und den anderen Verrätern* beraten. Die Dortmunder sollen einen Hausbesuch in der neuen Wohnung vorgeschlagen haben. Sie wollten die Fenster mit Holz vernageln und die Wohnung in Brand stecken. Sie hätten den Tod der drei billigend in Kauf genommen, um *ein klares Zeichen zu senden.* Der Abgesandte aus unserer Thüringer Zelle lehnte ein solches Vorgehen ab. Es sei nicht zielführend und widerspreche unserer Agenda. Außerdem hatten wir John telefonisch zugesichert, dass er von uns keine Racheakte zu erwarten habe.

Die einen schrecken nicht davor zurück, Autos in Brand zusetzen, die anderen sind sogar bereit, Menschen anzuzünden. Dies markiert den deutlichen Unterschied zwischen sogenannter linker und rechter Gewalt, wie ich nach meinem Ausstieg selbst erleben konnte: Denn während meiner gesamten Zeit im Nationalen Widerstand habe ich nie um mein Leben gefürchtet. Auch nicht, als die Antifa später meine Adresse kannte und nachts meinen Briefkasten sprengte. Das störte natürlich meinen Schlaf. Aber Albträume hatte ich erst, nachdem ich meinen Ausstieg in den Medien publik gemacht hatte. Erst dann erhielt ich Morddrohungen und hatte Angst um mein Leben.

Der Versuch einer Gleichsetzung von links und rechts scheitert besonders an der Frage der Gewalt. Und niemand hat diesen Unterschied meiner Meinung nach prägnanter auf den Punkt gebracht als das angeblich in der Wohnung des bekannten Kabarettisten Marc-Uwe Kling lebende Känguru: »Es gibt einen Unterschied [zwischen rechter und linker Gewalt]. Die einen zünden Ausländer an, die anderen Autos. Und Autos anzünden ist schlimmer. Denn es hätte mein Auto sein können. Ausländer besitze ich keine.«

## Deutsche Erinnerungskultur zwischen Totenbeschwörung und Vergangenheits(ü)be(r)wältigung

Meine letzte öffentliche Rede vor größerem Publikum hielt ich am 14. November 2009 auf der »Heldengedenkdemo« in Arnstadt: »Nationen [gedenken] ihrer Helden und unschuldigen Opfer in stiller Andacht und Ehrfurcht. Das Gedenken der Helden der deutschen Nation jedoch wird heute meist aufgrund des etablierten Geschichtsbildes in den Hintergrund gestellt, die deutschen Soldaten der zwei Weltkriege gar als Verbrecher denunziert.« Man müsse endlich wieder der gefallenen und getöteten Deutschen gedenken können, ohne sich dafür schlecht fühlen zu müssen.

Der stetige Bezug auf ein Früher hatte dabei immer etwas von einer Totenbeschwörung. Die toten Helden erheben sich, das Heer der Gefallenen wird beschworen und seine Ehre dadurch vermeintlich wiederhergestellt. Die Wiedererweckung eines Geistes aus ferner Vergangenheit, der die Gegenwart heimsucht. In der Vorstellung der Totenbeschwörer sind jene Geister ein Spiegel des eigenen Wünschens und Strebens, zu einstiger Größe und Stärke zurückzukehren.

Palingenese oder auch Wiedergeburt wird das in der Faschismusforschung genannt.

Der italienische Faschismus um Benito Mussolini beschwor die Legionäre und Cäsaren des Römischen Imperiums als Gewährsmänner der eigenen Herrschaft. Die Nazis erfanden gar den Mythos einer kriegerischen Hochkultur der Germanen – blonde Bestien, aus denen ihr Wunsch nach einer Herrenrasse seine Ahnen rekrutierte. Bei der Festigung dieses Mythos halfen Archäologen an deutschen Universitäten der Nazizeit kräftig mit, wofür sie vom Regime großzügige Forschungsgelder und Prestige erhielten. Dabei hat es niemals ein Volk gegeben, das sich »die Germanen« genannt, oder eine Gruppe, die den Projektionen der Nazis und ihrer Archäologen entsprochen hätte. Aber der von offizieller Seite orchestrierte Germanen-Hype des Dritten Reiches gipfelte in der Präsenz von Kulturgütern, die den Mythos im Alltag zementierten: Skulpturen und Festumzüge in Germanenkostümen, Sammelbilder und Filme. Die wilden Germanenkrieger wurden Werbeträger für Brot und Bier oder verzierten die Stundenpläne von Schulkindern.

Derartige Totenkulte sind immer Geisterbeschwörungen, weil es dasjenige, was wiedererweckt werden soll, nie gegeben hat. Es ist die Geburt eines Mythos aus dem Geiste der eigenen Ideologie. Der nekromantische Idealismus braucht Labels und Slogans. Slogans sind »Schlachtrufe der Toten« wie Elias Canetti herausgearbeitet hat: »Bei den *Kelten* des schottischen Hochlandes wird das Heer der Toten mit einem besonderen Wort bezeichnet: sluagh. Dieses Wort wird englisch mit ›spirit-multitude‹ oder ›Geister-Vielzahl‹ wiedergegeben. [...] Das Wort ›gairm‹ bedeutet ›Schrei, Ruf‹, und ›sluaghghairm‹ war der Schlachtruf der Toten. Daraus ist später das Wort ›slogan‹ geworden: Die Bezeichnung für die Kampfrufe unserer modernen Massen stammt von den Totenheeren des Hochlands.« Der Schlachtruf der aktuellen Wiedererweckungspolitik in den USA war in der Wahlkampagne Donald Trumps die Erschaffung des *MAGA*-Mythos: *Make America Great Again.*

In Worten, wie sie sich heute auch bei *braven Patrioten* wie Björn Höcke und Co. finden, habe ich das Lob der Toten in meiner Rede mit der Absicht verbunden, sich historischer Verantwortung zu entziehen: »Wir [...] haben die ewigen Selbstkasteiungen und Stigmatisierungen aufgrund der immer noch nicht erfolgten Vergangenheitsbewältigung satt. Ich weiß nicht, wie es euch da geht, aber ich habe selber nicht einen Menschen erschossen, verschleppt oder gar vergast und sehe es auch nicht ein, das immer wieder auf mich abwälzen zu lassen. Ich bin für kein Verbrechen der Vergangenheit, welche ich zutiefst verurteile, verantwortlich. In keinster Weise will ich begangene Gräueltaten irgendeiner Art relativieren, jedoch muss eine objektive Auseinandersetzung mit der Vergangenheit und gewissen Jahrzehnten der deutschen Geschichte endlich möglich werden. Der homo schuldcomplexicus germanii muss endlich überwunden werden!«

Theodor W. Adorno brachte die Problematik, die in solchen Plattitüden steckt, schon 1959 in »Was bedeutet: Aufarbeitung der Vergangenheit« auf den Punkt. Diesen Text las ich das erste Mal Ende des ersten Uni-Semesters im Frühjahr 2010: »Der Nationalsozialismus lebt nach, und bis heute wissen wir nicht, ob bloß als Gespenst dessen, was so monströs war, daß es am eigenen Tode noch nicht starb, oder ob es gar nicht erst zum Tode kam; ob die Bereitschaft zum Unsäglichen fortwest in den Menschen wie in den Verhältnissen, die sie umklammern. […] Daß die Vergangenheit in Deutschland keineswegs bloß im Kreis der sogenannten Unverbesserlichen, wenn es denn so sein soll, noch nicht bewältigt ward, ist unbestritten. Es wird da immer wieder auf den sogenannten Schuldkomplex verwiesen, oft mit der Assoziation, dieser sei durch die Konstruktion einer deutschen Kollektivschuld eigentlich erst geschaffen worden.«

Das Pochen auf die eigene Unschuld war schon in der Generation der Schuldigen weitverbreitet. Versuche der Aufarbeitung werden noch heute zum Komplex pathologisiert. »Komplex« ist ein Begriff, der dem psychologisch-psychiatrischen Vokabular entstammt. Er bezeichnet dort ein Krankheitsbild, das eine Gruppe von Leiden umfasst, die häufig gemeinsam auftreten. Dass die Debatte in Deutschland bis heute solche an Krankheiten anschließende Bilder für die Debatte der Aufarbeitung der Nazizeit verwendet, ließe sich als Zeichen dafür deuten, wie weit wir seit den Reden von menschlichen Krebsgeschwüren gekommen sind. Diese und ähnliche Abwehrhaltungen finden sich im Verhalten von Politikerinnen und Politikern ebenso wie bei ›besorgten Bürgern und Bürgerinnen‹ auf der Straße. Adornos Einschätzung scheint sechzig Jahre später aktueller denn je zu sein. Gerade weil es viele nicht interessiert und sie sich, wie ich damals, nicht verantwortlich fühlen wollen. Adorno versucht dafür eine Erklärung zu liefern: »Unbestreitbar gibt es im Verhältnis zur Vergangenheit viel Neurotisches: Gesten der Verteidigung dort, wo man nicht angegriffen ist; heftige Affekte an Stellen, die sie real kaum rechtfertigen; Mangel an Affekt gegenüber dem Ernstesten; nicht selten auch einfach Verdrängung des Gewußten oder halb Gewußten.« Damals von allem nichts gewusst, heute mit allem nichts zu tun haben wollen – Politikverdrossenheit und Kritikverschlossenheit.

Was dabei immer wieder übergangen wird: Die meisten Opfer des Holocaust oder ihre Angehörigen wurden nie entschädigt. Die Aneignung jüdischen Eigentums durch sogenannte Arisierung wurde nur in wenigen Fällen rückgängig gemacht. Der deutsche Wirtschafts- und Finanzsektor hat durch den Holocaust immense Gewinne verzeichnet, die bis heute nachwirken. Mit dem Finger auf Schweizer Banken zu zeigen, die immens von den Arisierungen profitiert haben, verschiebt erneut die Verantwortung auf andere. Aus einer gelungenen Bewältigung der Geschichte muss eine bewusste Befürwortung von Adornos Forderung folgen, dass Auschwitz sich nicht wiederholen darf. Das Gerede vom Schuldkomplex verweist tatsächlich auf eine nicht erfolgte Aufarbeitung: Selfies mit traurigem Duckface an Gedenkstätten zu schießen, kann ebenso wenig als Anzeichen einer gelungenen Aufarbeitung gelten wie das Unterstützen einer Partei, die »eine 180-Grad-Wende in der Erinnerungskultur« fordert.

Die materielle Wiedergutmachung von erzwungener Arbeit und gestohlenem Eigentum ist bis heute nicht in angemessener Weise erfolgt – vom Verlust von Millionen Menschenleben, der sich nicht in materiellen Werten ausdrücken lässt, gar nicht zu sprechen. Aber wie ist es um die offizielle deutsche Erinnerungskultur bestellt? Auch sie scheint häufig dasjenige zu vereinnahmen und für eigene Zwecke zu verwenden, dessen sie zu gedenken vorgibt: Es wirkt auf mich tatsächlich so, als würde seit Jahrzehnten eine Erinnerungskultur staatlich ritualisierten Gedenkens etabliert. Das geschieht aber weder mit dem Ziel, das deutsche Volk umzuerziehen, noch in der Absicht, den Interessen einer vermeintlichen Holocaust-Lobby zu dienen. Vielmehr soll dadurch das Ansehen Deutschlands in der Welt auf ideelle statt materielle Weise wiederhergestellt werden. Statt Reparationszahlungen vorzunehmen, werden Kulturprogramme und ein Erinnerungsmarathon nach dem nächsten finanziert, um die eigene moralische Integrität vorzuführen – Bühne frei für den Aufarbeitungsweltmeister im Gedenktheater.

Das beste Beispiel hierfür bietet jenes Land, das dem Theater seinen Namen gab: Griechenland. Statt Reparationszahlungen, die in Milliardenhöhe für die Verbrechen der Wehrmacht und SS angemessen wären, werden lieber großangelegte Dokumentations- und Zeitzeugenprojekte mit deutschen Geldern finanziert. Das ist in doppelter Hinsicht sehr günstig: Es kostet deutlich weniger und man kann sich damit zugleich in ein erinnerungstechnisch günstiges Licht rücken – man beschäftigt sich ja sichtbar mit den Verbrechen der Vergangenheit und tut *die moralisch richtige Sache.* Man ist nur nicht bereit, für die Verbrechen auch geradezustehen und finanziell für sie Verantwortung zu übernehmen. Viel lieber kümmern sich deutsche Unternehmen direkt vor Ort um die Verwaltung des während der Krise erworbenen öffentlichen Eigentums – Griechenland, moderner Schauplatz einer europäischen Tragödie.

Aber nicht nur materiell sind die Deutschen gut bei der Shoa ›weggekommen‹. Die Nürnberger Prozesse ebenso wie die sogenannten Auschwitzprozesse werden bis heute als Symbole juristischer Aufarbeitung hochgehalten. Dies soll den Mythos der geschichtsbewussten Deutschen zementieren, obwohl die meisten Kriegsverbrecher überhaupt nicht juristisch belangt wurden. Oft fanden sie sich schnell in hohen Positionen der Bundeswehr, des BND oder in den politischen Kabinetten der BRD wieder.

Sinnvolle Erinnerungsarbeit erzeugt nicht das Gefühl der Schuldigkeit, sondern vielmehr den Wunsch zu verantwortlichem Handeln. Sie braucht weder das nach außen gekehrte moralische Politikum, mit dem sich staatliche Würdenträger gern schmücken, noch den sentimentalen Versöhnungskitsch oder Gedenkstättenbesuche als Pflichttermine, die zu Wandertagen der etwas traurigeren Art verkommen. Eine verantwortungsbewusste Erinnerungskultur bräuchte einen andauernden Prozess gelebter Bescheidenheit – jenseits von Totenbeschwörungen und vorauseilendem Abwehrverhalten.

# VII. Der Anfang vom Ende – Jena und die Folgen

Weil unsere Reformträume in ihren Kinderschuhen starben und für uns an Revolution nicht zu denken war, versuchten wir bei den Autonomen Nationalisten auf anderer Ebene die Welt evolutionär zum Besseren zu wenden: *Beim Tierrecht können wir noch zu Lebzeiten Fortschritte erwarten.* Wir hatten NS-Straight-Edge um den Verzicht auf tierische Produkte erweitert und versuchten nun auch andere auf dogmatisch-militante Weise zu diesem Lebenswandel zu bewegen.

Ein Zirkus, der mit Elefanten und Tigern als Attraktionen warb, machte 2009 Halt in Ilmenau. Wir organisierten eine Kundgebung am Eingang, verteilten Flyer über die »nicht artgerechte Haltung der Tiere« und forderten Besucherinnen und Besucher zum Boykott der Vorstellungen auf. Einige ließen sich von uns tatsächlich zur Rückgabe ihrer Tickets bewegen. Das sahen wir als kleinen Erfolg auf *unserem Weg zur Befreiung von Mensch und Tier.*

Ich richtete eine Internetseite unter dem Titel »Smash the Exploiters« ein, auf der wir mit unseren Ansichten und Aktionen warben. Unser Treiben wurde schnell von den lokalen Medien aufgegriffen. In der »Thüringer Allgemeinen« erschien ein Artikel über unsere Zirkusaktion in Ilmenau. Darin wurde uns vorgeworfen, den Kampf für Tierrechte für die eigenen Propagandazwecke zu instrumentalisieren. Das alles sei nichts als die verschleierte Demagogie von »Gesinnungstätern, die nicht nur die Kamele in ihre Heimatländer zurückschicken wollen, sondern die rumänischen und mongolischen Artisten des Zirkusbetriebs gleich dazu«. Wir fühlten uns missverstanden und fehlerhaft wiedergegeben. In einem Flugblatt, das auf den Artikel antworten sollte, forderte ich dann »Maulkörbe für Pressekamele«, die mit Lügen und »haltlosen Anschuldigungen« versuchten, »national orientierte Menschen zu diffamieren und ihr idealistisches Handeln als plumpen Dummenfang und Propaganda darzustellen«.

In der Nacht vor einer geplanten Spontandemo gegen die ›Lügenpresse‹, auf der das Flugblatt verteilt werden sollte, hatte ich mich mit einem Kameraden und einer Kameradin noch zu einer anderen Aktion verabredet. Unser Ziel war die Zweigstelle der »Thüringer Allgemeinen« in Arnstadt, genauer gesagt: deren Scheiben. Die benötigten Steine hatten wir beim Ausspähen am Nachmittag in der Nähe des Objekts deponiert. Im Schutz der Nacht nahmen wir sie aus dem Versteck und dann ging alles ganz schnell: Anlaufen, werfen, wegrennen und zum um die Ecke geparkten Fluchtfahrzeug hechten, in dem eine Kameradin wartete. Am nächsten Tag marschierten wir dann an der mit Holzplatten vernagelten Fensterfront der Zeitung vorbei.

## Brandschatzen, einschüchtern, denunzieren

Die Gruppe in Südthüringen bestand aus konzentrischen Strukturen – einem Kreis von Kreisen. Den innersten Kreis bildeten nie mehr als eine Handvoll Kameraden, die in alle strafrechtlich relevanten Aktionen eingeweiht waren. Dabei konnten wir uns nie sicher sein, ob wir nicht V-Leute in den eigenen Reihen hatten. Wie überall im Leben musste man zunächst allen mit einer gesunden Portion Misstrauen ›vertrauen‹. Gab es Auffälligkeiten in ihrem Verhalten oder komische Fragen? Wenn gegen jemanden ein Verdacht geäußert wurde, brodelte die Gerüchteküche. Der Ruf einer Person konnte durch eine solche Unterstellung nachhaltig geschädigt werden. Aber eigentlich sind die Chancen, einen Informanten aufzudecken, fast aussichtslos. Mutproben oder Ähnliches sind keine verlässlichen Tests, weil V-Leute ja ohnehin Strafverfolgung weniger fürchten müssen. Außerdem sind sie selbst mehr oder weniger von der Szene überzeugt. Denn es handelt sich bei V-Leuten ja nicht um Undercover-Agenten oder -Agentinnen, sondern um echte Nazis, die vom Verfassungsschutz einzig für den Verkauf von Informationen angeworben werden. Nazis bekommen dann Geld, um andere Nazis zu verpetzen. Dabei ist nicht davon auszugehen, dass sie alles erzählen oder die eigenen engen Freunde belasten. Ohne Zweifel ist es eine sehr gute Geldquelle, und offenbar haben viele V-Leute in den vergangenen Jahren die durch ihre ›unehrenhaften‹ Tätigkeiten erworbenen Gelder wieder in die Szene zurückfließen lassen. Der Verfassungsschutz finanziert so indirekt Teile der Naziszene.

Bei einem unserer konspirativen Treffen, auf denen Handys auch mit entnommenem Akku streng untersagt waren, fassten vier von uns einen Entschluss: *Dass uns die Bullen einfach einkesseln und zur Not auf Zuruf der Gegendemo niederknüppeln, kann so nicht weitergehen. Die Richter, Polizeichefs und Medienfuzzis, die uns denunzieren und versuchen, uns unser Recht auf die Straße zu nehmen, müssen auf die harte Tour lernen, dass auch sie nicht unantastbar sind. Wir wissen, wie sie heißen und wo sie wohnen.* Wir spielten mit dem Gedanken, ihre Autos anzuzünden und Briefkästen zu sprengen. Das ›reinigende Feuer‹ sollte unsere Waffe sein. All das war von unserer Faszination für die RAF bzw. durch den Film »Der Baader-Meinhof Komplex« inspiriert. Ein Sample davon wollte ich sogar als Intro für eines meiner Musikprojekte verwenden: »Wir müssen einen klaren Strich ziehen, zwischen uns und dem, was wir bekämpfen wollen. Wir müssen uns aus dem System ausklinken und alle Brücken hinter uns abbrennen.« Genau dies planten wir in die Tat umzusetzen.

Wir gingen in den Wald und bauten Molotowcocktails. Für mich waren Aktionen wie das Scheibeneinschmeißen oder das Hantieren mit den ›Mollis‹ stets ein wenig zu aufregend. Meine Hände begannen zu zittern und ich bekam leichte Schockzustände. Ich bin nie sehr mutig gewesen, als ich versuchte heldenhaft zu sein. Im Wald warfen wir die Mollis gegen einen dafür präparierten Hang und erfreuten uns am Feuerspiel. Das Zerschellen des Glases am Waldboden verursachte einen dumpfen Knall, bevor für einen kurzen Moment eine dunkle Wolke an der Einschlagstelle aufstieg. Dann war alles vorbei – Schweigen im Walde, nur das Zwitschern der Singvögel und das Hämmern eines Spechtes.

Neben den geplanten Einschüchterungsstrategien hatten wir bereits andere Agitationsformen gegen politische Gegner und Gegnerinnen eingeübt: Wir outeten sie einfach. Das bedeutet, dass man in der Nachbarschaft oder im Job auf die politischen Tätigkeiten einer Person hinweist, oft mit Flugblättern und einer kleineren Kundgebung. Tatsächlich sind den Möglichkeiten kaum Grenzen gesetzt. Was sonst Antifa-Gruppen mit Nazis machten, damit diese sich nicht einfach als nette Nachbarn und Arbeitskolleginnen inszenieren und Sympathisanten anwerben können, praktizierten wir kurzerhand mit der für Recherchen zuständigen Person der Antifaschistischen Gruppe Südthüringen, die uns stets auf unseren Demos fotografierte und mehr oder weniger akkurate Texte zu unseren Personalien veröffentlichte. Wir bauten uns mit einem Transparent vor dem Haus seiner Eltern auf. Wir benutzten ein Megafon, um Aufmerksamkeit zu erzeugen, und warfen Flugblätter in die Briefkästen seiner Nachbarschaft, in denen wir ihm »Bespitzelungstätigkeiten nach STASI-Manier« vorwarfen, weil er nur über uns, aber nicht mit uns reden würde. Nur wenige Wochen nach dieser Aktion folgte Mitte Juli die Vergeltung. Ich wurde in meiner nur einen Monat zuvor bezogenen Wohnung in Jena geoutet. Mit etwas mehr Tamtam in Form von Feuerwerkskörpern, A3-Plakaten, Flugblättern und Aufklebern zu meiner Person und einer ersten Briefkastensprengung, der weitere mitternächtliche Explosionen folgen sollten.

## Repressive ›Rechtsausleger‹

Unser eigenes Reformkonzept scheiterte damals vor allem am Unwillen der meisten Kameraden, die lieber Kraken sein als an einer nationalrevolutionären Bewegung partizipieren wollten. Was uns nicht gelang, wird gegenwärtig recht erfolgreich durch die nationalpopulistischen Strömungen aller Couleur betrieben, die eifrig am Rechtsruck der Gesellschaft mitarbeiten. Sie profitieren heute auch von Strukturen und Ideen, die damals aufgebaut wurden. Gleichzeitig schöpfen diese Kräfte – aus gutem Grund – häufig nur einen Bruchteil der rassistischen und nationalistischen Einstellungen in der Bevölkerung ab, die in den letzten Jahren nach und nach an die Oberfläche gedrungen sind und bis heute dringen.

Der Autonome Nationalismus erfuhr damals herbe Repressionen durch staatliche Organe, Gerichte und Polizei. Aber auch der zivile und antifaschistische Widerstand im Alltag und auf Demos entmutigte uns zunehmend. Die Revolution, der Tag X, stand offenbar nicht vor der Tür, sondern rückte in unerreichbare Ferne. Seit damals hat sich erschreckend viel verändert. Innerhalb von nur zehn Jahren haben fast überall in Europa faschistoide Parteien an parlamentarischer Macht gewonnen oder sind gar in Regierungspositionen gelangt. Die USA, die Philippinen, Brasilien und andere Staaten kennen eine neue Form autoritärer Politik von rechts. Für mich wären das damals paradiesische Zustände gewesen. Natürlich wäre in unseren Augen auch das nur ein Anfang gewesen, denn die Weltrevolution hätte erst noch erstritten werden müssen. Aber immerhin, so hätten wir wohl damals die heutigen Entwicklungen kommentiert, in denen rechte Bewegungen in ihrem Marsch durch die Institutionen bereits zahlreiche Anfangserfolge verbuchen können und Gelder und immer mehr Infrastrukturen in nationalistischen Händen liegen. Mehr und mehr Menschen werden von rassistischen und autoritären Politiken angeworben und sind auch offen zu Gewalt gegen Andersdenkende, Medienvertreter und -vertreterinnen und andere Feindbilder bereit – oft sind das Flüchtlinge und Moslems. In Chemnitz waren es dann aber auch wieder jüdische Menschen.

Als besonders demotivierend für unsere damaligen Bestrebungen ist mir die »Volkstod«-Demo im Oktober 2009 in Leipzig in Erinnerung. Sie stand unter dem Slogan »Recht auf Zukunft«. Dieses Recht würde durch »Überfremdung« und »Multikulti« genommen. Auf der Demo fasste man dies auf einem Transparent zusammen: »Die Demokraten bringen uns den Volkstod«. Die Kampagne war federführend von einem Naziaktivisten aus Südbrandenburg organisiert worden, der sich heute bei den Identitären gegen den »Volkstod« und »Überfremdung« engagiert. Aber auch andere bekannte Identitäre wie Dorian Schubert und Mario Müller waren damals schon in Leipzig auf der Straße. Strukturell gesehen ist der »Volkstod« der Nazis das propagandistische Äquivalent zum »Großen Austausch« der Identitären und der »Umvolkung« in der AfD.

Polizeikräfte und Gegendemonstrantinnen und -demonstranten vermiesten uns den Aufmarsch in Leipzig mit Konfetti- und Wasserwerfern, mit Trillerpfeifen und Pfefferspray. Auf viele der Kaderfiguren in der Szene wirkte das Vorgehen der Polizei kalkuliert. Sie kesselten die Nazidemo von Beginn an ein und räumten die Blockade der Gegendemo trotz der bereits auf diese ausgerichteten Wasserwerfer nicht. Als es dann nach drei Stunden zu Ausschreitungen aus dem Naziblock gegen die Polizei kam, war die Demo gelaufen, ohne dass wir auch nur einen einzigen Schritt marschiert waren. Solche

Enttäuschungsmomente häuften sich in der Folge. Die von anderen und mir unternommenen Versuche, Kameraden und Kameradinnen auf Demos von willkürlichen Provokationen und Gewaltausschreitungen abzuhalten, scheiterten immer wieder.

Im Verlauf des Jahres 2009 ereigneten sich aber auch weniger gewaltsame Zusammentreffen mit dem starken Arm des Gesetzes: Wir hatten im April in Arnstadt eine Infoveranstaltung zum Verbot der Heimattreuen Deutschen Jugend besuchen wollen, die in einer Musikschule stattfinden sollte. Mit unserer Gruppe von etwa vierzig Nazis bildeten wir im Publikum die Überzahl, und das, obwohl Menschen aus dem rechten Spektrum offiziell ausgeladen worden waren. Unser gespielt interessiertes Auftreten war berechnend. Den Raum einnehmen und die Veranstaltung besetzen – die Einschüchterung durch unsere Anwesenheit war eine Machtdemonstration, die ihre Wirkung zeigte, noch bevor wir ›ganz friedlich‹ Platz nahmen, um uns anzuhören, was die berühmte antifaschistische Journalistin zu sagen hatte. Die Veranstalter begriffen unser Erscheinen sofort als strategischen Störungsversuch und machten von ihrem Hausrecht Gebrauch. Als wir uns weigerten, die Räumlichkeiten zu verlassen, und darauf drängten, die Veranstaltung wie geplant zu beginnen, wurde die Polizei gerufen. Diese erschien eine Stunde später mit einer Hundertschaft, eskortierte die Nazis aus dem Veranstaltungssaal und nahm unsere Personalien auf.

Einige Wochen später hatte ich dann einen Strafbefehl im Briefkasten. Hausfriedensbruch wurde mir vorgeworfen. Alle anderen Kameradinnen und Kameraden erhielten ähnliche Schreiben, aber mit unterschiedlichen Geldbeträgen, die sie zu zahlen hatten, damit es nicht zum Gerichtsprozess komme. Ich sollte das Dreifache eines Kameraden zahlen, der in Österreich sehr gut verdiente, während Ralf Wohlleben zweimal so viel wert war wie ich. Wir sahen in der Ungleichverteilung von Strafbeträgen ein Ranking von Kaderfiguren durch die staatlichen Instanzen. Immerhin hatten wir alle die gleiche Straftat begangen, sollten nun aber meiner damaligen Ansicht nach ungleich bestraft werden. Für mich ein klarer Fall von Doppelmoral: »Eine unabhängige Justiz gibt es nur auf dem Papier« – hatten Landser in einem Lied gesungen, *für Nationalisten gibt es in diesem Staat keine Gerechtigkeit vor Gericht,* hatte ich einige oft schwadronieren hören.

Fast alle Kameraden und Kameradinnen legten Widerspruch ein und bei einigen wurde das Verfahren sogar eingestellt. Ich selbst musste etwa anderthalb Jahre später vor Gericht erscheinen und war über die Sonderbehandlung selbst ernannter ›Aussteiger‹ sehr überrascht. Ich hatte mich zur Zeit des Gerichtsverfahrens bereits seit etwas mehr als einem Jahr aus den Strukturen zurückgezogen, wie ich auch vor Gericht aussagte. *Warum sagen sie das denn nicht gleich?*, fragte mich mein Jugendgerichtshelfer sichtlich verblüfft. *Dann kommt es vielleicht gar nicht zu diesem Gerichtsverfahren.* Das war eine Aussage, die ähnlich auch von der Richterin wiederholt wurde und mich schon damals sehr nachdenklich stimmte. Dass Nazis vor Gericht häufig mit bemerkenswerter Nachsicht behandelt werden, ist in den vergangen Jahren wohl nicht besser vorgeführt worden als im Fall Ralf Wohllebens, dessen zehnjährige Haftstrafe wegen Beihilfe zum Mord in neun Fällen von den Richterinnen und Richtern im NSU-Prozess ›freundlicherweise‹ nach sechs Jahren und acht Monaten U-Haft zur Bewährung ausgesetzt wurde.

Vor seiner Inhaftierung im Zuge der Ermittlungen zum NSU konnte er in seiner geräumigen Wohnung in Jena seinem Namen alle Ehre machen und es sich mit seiner Frau und seinen beiden Töchtern ganz gut gehen lassen. Seine Wohnung war bürgerlich eingerichtet und entsprach seinem Auftreten zur damaligen Zeit: keine große Hakenkreuzfahne, keine Nazi-Insignien. Rückblickend betrachtet ist das natürlich die perfekte Tarnung für einen hohen NPD-Funktionär und Naziterroristen.

Weil das Braune Haus in Jena wegen Problemen mit der Statik unbegehbar war, fanden zu meiner Zeit dort von Mitte 2009 bis Mitte 2010 die allwöchentlichen Treffen am Mittwochabend im Garten statt. Hier gab es dann ab dem Herbst immer ein Lagerfeuer. Wohlleben warf einige Male die alten Plakate der NPD ins Feuer und witzelte, dass man hierfür ohnehin keine andere Verwendung mehr hätte. Die Frage, die ich mir damals wie heute stelle, war, ob er damit auch die NPD als Partei meinte. Ich wusste, dass er im wahrsten Sinne ein NPD-Stratege war. Das heißt, er benutzte seinen Parteiausweis vor allem, um damit einfacher politische Versammlungen anmelden zu können. Die meisten der größeren Demos, Kundgebungen und Festivals, die ich mit ihm organisiert habe, wurden von ihm angemeldet. Wenn parteiungebundene Kameraden anmeldeten, konnten die Veranstaltungen viel leichter verboten werden. Als ich später davon erfuhr, dass Wohlleben bei einer Terrorgruppe aktiv gewesen ist, war ich überrascht. Ich hatte innerhalb der Szene nichts vom NSU gehört und Wohlleben immer für einen bedachten Strategen gehalten. Heute reiht sich diese Einschätzung als ein weiterer Punkt auf der langen Liste eklatanter Fehleinschätzungen und Dummheiten meiner Jugendzeit ein.

Ansonsten war Jena nicht gerade ein nationalrevolutionäres Pflaster. Ich konnte Ralf Wohllebens Enttäuschung über die jüngeren Kameraden lebhaft nachvollziehen. Unsinnige Diskussionen zur Frage des Fleischkonsums hatte ich schon in Eisenach und Südthüringen erlebt. In Jena erreichte das Thema jedoch einen intellektuellen Tiefpunkt. Ein Jenaer Skinheadnazi packte mir gegenüber einmal die Nazikeule aus: *Vegan sein ist voll undeutsch! Die Wikinger und Germanen wären ohne Fleisch niemals so groß und stark geworden.* Stumpf ist Trumpf. Der dann von mir vorgetragene Verweis auf den Vegetarismus Hitlers und den Veganer Himmler belehrte ihn jedoch umgehend eines Besseren: *Dann ist das natürlich in Ordnung* – Autoritätsargumente ziehen offenbar immer.

Autonomer Nationalismus und Schwarzer Block haben sich nicht langfristig als permanente Lebens- und Agitationsform in der Naziszene durchsetzen können und verloren spätestens 2012 stark an Bedeutung. Ein Revival erlebten die ›autonomen‹ Nazis pünktlich zur Neueröffnung der Europäischen Zentralbank in Frankfurt am Main im März 2015. Dort traten erstmals Vertreter des sogenannten Antikapitalistischen Kollektivs in Erscheinung, das sich in Weltbild und Symbolik in die Tradition der Strasser-Brüder stellt. Ihr Erkennungszeichen, ein mit einem Hammer gekreuztes Schwert, wurde in der Zeit des Nationalsozialismus als Symbol für die »Volksgemeinschaft aus Arbeitern und Soldaten« verwendet. Es soll auf schwarzen Fahnen auch bei gewalttätigen Ausschreitungen auf dem Hamburger G20-Gipfel 2017 gesichtet worden sein.

Dass unser Projekt des Autonomen Nationalismus gescheitert ist, hatte wohl mehrere Gründe. Die Regeln des politischen Diskurses haben sich seit meinem Rückzug aus der Szene gewandelt: Uns fehlten noch die Wutbürgerbataillone, die heutigen Nationalrevolutionären den Rücken stärken. Eine elitäre Avantgarde ohne ein ihr nachfolgendes Massenheer ist eben doch nicht mehr als ein Haufen Überambitionierter mit Hang zu größenwahnsinniger Selbstüberschätzung. Rassismus als vorgeblich konservative Position ist inzwischen im öffentlichen Raum salonfähig geworden. Ein Großteil der ideologischen Grundannahmen, für die wir damals noch am rechten Rand des politischen Spektrums stritten, zählt heute zum Kanon konservativer Migrationspolitik. Auch auf supranationaler Ebene gibt es einen Bund der Nationalpopulisten. Diese nationale Internationale koordiniert sich in verschiedenen Allianzen und unterstützt einander ökonomisch wie ideell.

## Wissen – Macht – Zweifel

Die Wahl meiner Studienfächer in Jena fiel auf Philosophie sowie Sprechwissenschaften und Phonetik im Nebenfach. Philosophie wählte ich, weil ich dachte, dass Geschichte von den Ideen großer Männer gemacht würde, die andere dazu antreiben, sie in die Tat umzusetzen. Ich lernte schnell, wie falsch ich gelegen hatte. Mein Nebenfach beinhaltete neben Sprechbildung auch Rhetorikkurse, von denen ich mir eine Verbesserung meiner rednerischen Fähigkeiten versprach. Außerdem begann ich Persisch zu lernen. Ich spekulierte darauf, im Fall der Fälle politisches Asyl im Iran beantragen zu müssen. So weit kam es dann nicht, weil ich mich vorher aus der Szene zurückzog.

Der Auszug der alten Mitbewohner und Mitbewohnerinnen kurze Zeit nach meinem unfreiwilligen Outing machte mich zum Hauptmieter. Ich hatte ihnen gegenüber absichtlich zu erwähnen vergessen, was ich so in meiner Freizeit tat. Die neue Mitbewohnerin war eine Kameradin aus dem Rheinland. Die Kommilitoninnen und Kommilitonen ihres Studienfachs der Volkskunde und Kulturgeschichte würden sie schon bald liebevoll »Lisa Braun« nennen. Sie suchte einen neuen Mitbewohner, nachdem sich die letzte Zimmernachbarin verabschiedet hatte, die wenig erfreut über unsere politischen Ansichten war und sich überall in Jena rechtfertigen musste, warum sie mit mir zusammenwohne. Die Kameradin schlug Erik vor, einen »Halbägypter«, wie sie ihn mir anpries. Ihm hatte sie die

Wohnung bereits schmackhaft gemacht und auch erzählt, dass die WG *einen Haken* habe, *oder besser gesagt vier,* wie sie witzelte. Mit Erik hatte ich später viele spannende Diskussionen während der ersten Phase meines Austiegs. Mit Eric hatte ich später viele spannende Diskussionen während der ersten Phase meines Ausstiegs.

Es hatte auch in der Gruppe in Südthüringen Schwierigkeiten gegeben, weil ich zunehmend Nazi-Popstar-Allüren entwickelte. Ich erwartete wie selbstverständlich zu Konzerten und Reden gefahren zu werden, da meine Anwesenheit für die Sache doch unerlässlich sei. Die Überschätzung der eigenen Bedeutung und meine Übertreibung der eigenen Rolle gingen Hand in Hand mit der alles zertrümmernden Moralkeule gegen alles und alle, die sich nicht meinem Wort beugen wollten oder nicht meinen Vorstellungen entsprachen. Wie ein Kleinkind, das immer zu schreien beginnt, weil sich die Sternchenform nicht in das kreisrunde Loch drücken lässt.

Allen anderen »politische Korrektheit« und »Moralismus« vorwerfen, ohne selbst vom eigenen Hypermoralismus abrücken zu wollen – das ist die Logik dieses Denkens. An der eigenen Dummheit soll sich alles messen lassen. Ich selbst sollte das Maß aller Dinge sein. *Denn es kann nur einen geben, der Recht hat, und das bin dann wohl ich. Denn wer nicht für mich ist, ist gegen mich. Also mein Feind. Der Feind ist mir selbst fremd und alles Fremde ist schlecht und böse.* Eine bestechende Einfachheit, ebenso leicht verständlich wie einfältig. Der Komplexität der Welt ist diese Logik nicht gewachsen – sie erstickt jede Nuancierung und jedes dialektische Denken im Ansatz. Vielfalt und Abweichung sind nur als strategisches Kalkül zulässig. Der Versuch, das eigene Leben frei von Widersprüchen zu halten und den eigenen Dogmen zu einhundert Prozent zu entsprechen, erzeugt Ungereimtheiten und Widersprüche.

Aber ich war in Jena nicht der Einzige mit einer zweifelhaften Selbsteinschätzung und einem völlig verzerrten Blick auf die Welt. Peter, ein Kamerad aus Augsburg, arbeitete gerade an seiner Doktorarbeit in Biochemie über Algen – einer seiner besten Freunde war bei der bayrischen Polizei und zog abends mit ihm um die Häuser, wenn er zu Besuch in Jena war. Trotzdem hatte er Peter nicht rechtzeitig vorwarnen können, als die Wohnungen der Kameradschaftsmitglieder und auch Peters Labor von der Polizei durchsucht wurden. Darauf gab es *ein kurzes ernsteres Gespräch mit der Chefin,* wie er sagte, und ein Mitarbeiter mied ihn danach eher. Sonst blieb man im Labor ›wissenschaftlich objektiv‹ und betrachtete seine politischen Ansichten als Privatsache, die so lange kein Problem darstellten, wie sie sich nicht negativ auf den Arbeitsprozess auswirkten. Damit war aber nicht zu rechnen. Peter war ein arbeitsamer Mensch, hochgradig diszipliniert, organisiert und streng zu sich selbst und anderen – ein Hybrid des Schlimmsten, was ›deutsche Leitkultur‹ zu bieten hat: ein preußischer Bayer.

Peter wollte nur regionale Produkte essen, verzichtete auf Plastik und war auch sonst der strikteste Öko, den ich jemals kennengelernt habe. Man kann sinnvolle Dinge aus sehr unsinnigen Gründen tun. Denn im Endeffekt ging es ihm nicht primär um die Rettung der Umwelt, sondern um die Reinhaltung seines eigenen Körpers von Miniplastik und anderen Fremdkörpern, die im Stoffwechselprozess eines *richtigen Deutschen* nichts verloren haben. Seine empirische Arbeit mit Algen hatte tatsächlich einen tiefen Eindruck in ihm hinterlassen und diente ihm ein ums andere Mal als Legitimation seiner Weltanschauung:

*Also bei Algen lässt sich nachweisen, dass sie sich nur mit Algen der gleichen Art vermehren, solang ihr Biotop in Homöostase ist und keine besonderen Vorkommnisse ihr Leben zeichnen. Kommt es aber zu einer Krise im Lebensraum, wird dieser verunreinigt oder auf andere Weise unsicher, beginnen sie sich mit fremdartigen Algen zu vermehren, um ihre Chancen auf einen erweiterten Genpool zu erhöhen, der vielleicht besser an den unsicheren Lebensraum angepasst ist.* Genauso sei es auch in der multikulturellen Gesellschaft: *Deshalb vermehren sich in der unnatürlichen und krisenhaften Multikulti-Gesellschaft Deutsche in größerem Ausmaß mit Artfremden.*

Diese Vermischung zerstöre auf lange Sicht die Vielfalt. Ein Prozess, der durch Kapitalismus und Globalisierung noch verstärkt würde. Insofern seien er und sein Ethnorassismus die eigentlichen Retter der Vielfalt. Ich war davon nicht mehr so überzeugt: *Wenn die multikulturelle Gesellschaft, wie du sagst, einen Einheitsbrei erzeugt, der die Vielfalt zerstöre, du z. B. aber das Spiel durchschaut hast und dich nicht ›artfremd‹ vermehren wirst, wie z. B. auch der türkische Faschist der Grauen Wölfe, dann bleiben ja neben dem Einheitsbrei noch die anderen Gruppen, die sich, ob absichtlich oder nicht, nicht vermischen, oder? Und das heißt doch, dass am Ende die multikulturelle Gesellschaft doch mehr Vielfalt erhält als die ethnorassistische Apartheid, nämlich die ›Reinen‹ plus die ›Vermischten‹. Das ist doch mehr Vielfalt, weil drei noch immer mehr ist als zwei?* Das fand Peter dann weniger witzig und äußerte sein Bedauern darüber, dass mein gesunder Menschenverstand mehr und mehr abbaue. Ich wiederum hatte in einer Philosophievorlesung gelernt, dass Argumentationen wie diejenige von Peter einem naturalistischen Fehlschluss unterliegen: *Dies oder jenes ist so oder so im Tierreich bei Wölfen, Ameisen, Algen etc. Deshalb sei es nur natürlich und gut und gelte somit auch für den Menschen.* Der Versuch, Verhaltensweisen aus dem Tierreich eins zu eins auf menschliche Gesellschaften zu übertragen, ist aber nicht nur bei Nazis beliebt. Er findet sich auch in verschiedenen Varianten in den Erzählungen über ›das Recht des Stärkeren‹. Peter hielt über sein Promotionsprojekt sogar einen Gastvortrag in Harvard. Die Antifa-Gruppen in Jena hatten ihn jedoch überhaupt nicht auf dem Radar, wie ich später erfuhr.

Peter äußerte großes Bedauern, als ich ihm irgendwann mitteilte, ich würde nicht mehr daran glauben, dass Völker wichtige politische Instanzen sind, da sie zwar historisch gewachsen seien, sich aber andauernd verändern und sich eindeutiger Bestimmbarkeit entziehen. Als ich dann noch vorschlug, Marx oder gar Adorno zu lesen, um unsere politischen Gegnerinnen und Gegner, aber auch den Kapitalismus und seine Folgen besser zu begreifen, dämmerte es Peter, dass ich *für die Sache nicht mehr zu gebrauchen war.*

An der Uni wurden an den Einführungstagen Flugblätter zu meiner Person verteilt. Meine Kommilitoninnen und Kommilitonen wussten offenbar alle Bescheid – oder zumindest dachten sie das. Die meisten grüßten mich absichtlich nicht, einige schrieben den Dozierenden, sie würden mit mir keine Gruppenarbeiten machen, oder forderten die Lehrkräfte auf, mich doch einfach von Veranstaltungen auszuschließen. Ich erfuhr vom Ausmaß dieser Versuche erst, als ich einige Semester nach meinem Rückzug aus der Szene mit vielen von ihnen bekannt oder befreundet war.

Für kurze Zeit konzentrierten sich damals fast alle antifaschistischen Bestrebungen Jenas nur auf mich und das führte zu bemerkenswerten Situationen: Im Wintersemester 2009 besetzten Studierende während des sogenannten Bildungsstreiks einige Hörsäle. Ich ging mit einem Kameraden aus Weimar, der ebenfalls in Jena studierte, in einen der besetzten Hörsäle, um mir die studentischen Widerstandspraktiken anzuschauen. Ich betrachtete die Informationswand, an der auch Bilder von bekannten Nazis aus Thüringen aushingen. Darunter befanden sich einige meiner guten Freunde aus Südthüringen, aber auch der Kamerad aus Weimar, der freudig grinsend neben mir stand. Ich hatte kaum zwei Minuten dort gestanden, da wurde mit Fingern auf mich gezeigt und zwei Personen kamen wild gestikulierend auf mich zu. Ich solle den Raum verlassen, weil Nazis hier unerwünscht seien, sagte die eine mit fester Stimme. Ich gab ihr freundlich zu verstehen, dass ich kein Nazi sei und mich nur informieren wolle. Als Studierender der Uni hätte ich ja auch ein Anrecht, am Studierendenprotest zu partizipieren. Dies wurde vehement abgeschmettert und ich wurde erneut dazu aufgefordert, den Raum zu verlassen. Der andere Kamerad hingegen durfte bleiben. Er verharrte noch kurz unerkannt vor dem Infobrett, an dem sein Porträt, im Gegensatz zu meinem, aushing. Mein Gesicht war damals allen offenbar bekannt. Jemand machte sich sogar die Mühe, eine Graffiti-Schablone mit meinem Konterfei anzufertigen und im Westviertel Jenas zu sprühen, sodass mein Gesicht Hauswände und Stromkästen zierte – ich war ein fester Teil der Stadtkultur geworden.

Das verdankte ich vor allem auch einer großangelegten Outing-Aktion der Antifa, die auf einen kontroversen Artikel in einer der Studierenden-Zeitungen gefolgt war. In einem der Studi-Magazine war Nico, ein guter Freund und Aktivist aus dem Braunen Haus in Jena, unter dem Pseudonym Emil G. interviewt worden. Eine kritische Einordnung des Interviews und der Aussagen von Nico fehlte ebenso wie zuvor bei Interviews, die der Chefredakteur Fabian mit einem Hamas-Journalisten geführt hatte.

Fabians propalästinensisches Engagement und dass er Nico die Möglichkeit gab, sich im Interview zu äußern, hatte mich für ihn eingenommen. Vor zehn Jahren war es noch nicht üblich, nationalistischen und rassistischen Ressentiments und ihren Verschwörungserzählungen viel Platz in der Medienlandschaft einzuräumen – vom selbst gepflegten Rassismus etwa der »Bildzeitung« oder anderer ›konservativer‹ Blätter einmal abgesehen.

Antifa-Aktivisten und -aktivistinnen hatten den E-Mail-Account von Nico seit einiger Zeit gehackt und darüber Informationen über seine Schlüsselposition als Vermittler zwischen der NPD, nationalkonservativen Kräften in ultrarechten Burschenschaften und den Autonomen Nationalisten erhalten. Bereits kurz nach der Veröffentlichung dieser Leaks wurde eine Vollversammlung der Studentenschaft einberufen. Die Uni-Zeitung, die das Interview veröffentlichte, war mit Geldern des Studierendenrats finanziert worden. Nun forderten nicht wenige, diese finanzielle Unterstützung einzufrieren, da das Geld offenbar in unkritische Berichterstattung über Antizionismus und Nationalismus fließe und der Chefredakteur zu Nazis freundschaftliche Kontakte unterhalte. Ich ging zu dieser Vollversammlung, erlitt jedoch dasselbe Schicksal wie zuvor und wurde sofort des Raumes verwiesen. Die damals strikte Politik, Nazis keinen Raum zu geben und sie konsequent von Veranstaltungen auszuschließen, überraschte mich doch sehr. Vor allem weil ich aus Eisenach und Südthüringen oft anderes gewöhnt war.

Nico selbst hatte zuvor angedeutet, dass er mit der Situation in der Szene unzufrieden sei. Die Jenaer Aktivisten und Aktivistinnen bestanden zum größten Teil aus völlig idiotischen Skinheads, die zudem fast alle aus dem als ›Krakennest‹ bekannten Kahla stammten. Nico hatte sich deshalb stärker auf seinen Job konzentrieren wollen und mit seiner Familie wieder festere Bindungen aufzubauen versucht, die unter seinem politischen Aktivismus gelitten hatten. Damit war nach der Outing-Aktion erst einmal Schluss. Probleme mit dem Job und der Familie waren die Folge. Er zog sich nicht weiter zurück, ging vielmehr, in die Enge getrieben, zum Angriff über und engagierte sich wieder mehr im Braunen Haus und bei der Burschenschaft.

Während die Outing-Aktion Nico stärker zurück in die Szene trieb, hielt sie mich umso mehr dazu an, mich von vielem, was dort geschah, deutlich zu distanzieren – erst räumlich und organisatorisch, dann auch immer stärker auf ideologischer Ebene. Insofern hat die Aktion verschiedene Effekte gezeitigt, ohne dass dies vorhersehbar gewesen wäre.

Eine der vielleicht eher unbeabsichtigten Auswirkungen waren die Sympathiebekundungen, die ich von einigen Menschen erhielt, die das Vorgehen der Antifa-Aktivistinnen und -aktivisten als fragwürdig und unethisch empfanden. Sie sahen darin eine Form der Selbstjustiz oder hielten das Ganze für eine diktatorische Denunziationskampagne. Denn auch wir Nazis hätten Persönlichkeitsrechte, die zu achten wären, und: *Solange ihr nur eure Meinung vertretet und niemandem schadet, muss eine Demokratie das aushalten und für alles andere gibt's doch den Staats- und Verfassungsschutz* – überzeugter Glaube oder naives Vertrauen in staatliche Institutionen? Gerade heute gilt es daran zu erinnern: Investigativer Journalismus und Antifa-Recherche müssen in einer wehrhaften Demokratie wirksam geschützt werden. Besonders, wenn immer wieder sie es sind, die eklatante Missstände bei Polizei, Bundeswehr, Verfassungsschutz und anderen staatlichen Behörden und deren Führungspersonal aufdecken. Sie helfen bei der Enttarnung von rechten Terrornetzwerken und der Aufklärung von Straftaten. Somit machen sie, etwas zugespitzt gesagt, was eigentlich Aufgabe der nachrichtendienstlichen Arbeit des Verfassungsschutzes wäre.

Mir ist heute bewusst: Weder die Antifa-Aktionen noch die zahlreichen Enttäuschungen in der Szene allein haben mich zum Ausstieg bewegt. Entscheidend war vielmehr die taktische Vielfalt meiner politischen Gegnerinnen und Gegner, gepaart mit einem neuen Umfeld und attraktiven politischen Strukturen, in denen ich mich engagieren wollte. In ihnen wurde ich trotz der Fehler meiner Vergangenheit nach und nach akzeptiert. Natürlich spielte dabei auch mein eigener Wunsch eine Rolle, nicht länger die unerträgliche Leichtigkeit, Nazi zu sein, ertragen zu wollen; ich wollte nicht mehr leben und agieren wie bisher.

# VIII. Anatomie einer Verwandlung

Menschen verändern sich nicht über Nacht. So etwas gibt es tatsächlich nur im Mythos. Die Deradikalisierung ist ein langjähriges Unterfangen. Es hatte gut zwanzig Jahre gedauert, bis ich ein ausgewachsener Nazi geworden war. Es vergingen wiederum Jahre, bis ich neben den offensichtlichen auch die weniger augenscheinlichen autoritären Charaktereigenschaften abgelegt habe, die eine solche politische Identität einschließt.

Aber ich habe mich nicht erst in einen Nazi-Werwolf und dann einfach wieder zurückverwandelt, als wäre nichts geschehen. Meine Zeit in der Neonaziszene hat Spuren hinterlassen: auf und in mir selbst, aber auch bei anderen. Die Geschichte meiner Verwandlung ist weder mit dem Rückzug aus der Szene beendet noch mit meiner Distanzierung oder meinem Ausstieg. Meine heutige Identität ist Teil dieser Verwandlung, die bei Weitem noch nicht abgeschlossen ist. So wie keine Identität jemals völlig klar und festgelegt wäre, wenn man sie nicht mit Gewalt einzwängt.

## Die Logik der Dummheit

Eine Minderheit gegen die andere ausspielen, bleibt eine der erfolgreichsten Strategien rechter Identitätspolitiken bis in die Regierungsparteien vieler Länder hinein. *Es ist ja o.k., wenn Leute herkommen, die wirklich verfolgt sind. Wir sind weltoffen, hilfsbereit und liberal,* und dann folgt das kleine Wörtchen, das alles zuvor Gesagte aufhebt: *Aber was ist mit all den Deutschen, jung und alt, die in Armut leben? Aber was ist mit den Eigenen, denen fehlt es ja auch an Vielem?* Das ist ein Argument, das von amtierendn und ehemaligen bayrischen Ministerpräsidenten ebenso verwendet wird wie von der unbedarften Linken. Dabei wird so getan, als wären es nicht etwa politische und ökonomische Verhältnisse, die Armut hier und Krieg an anderen Orten begünstigen oder schlichtweg hinnehmen würden.

Vielmehr seien es vermeintlich *ganz natürliche* Verhältnisse, auf die man *einfach rational* mit sehr knappen Ressourcen reagieren müsse. So, als könne man *schlicht nicht alle durchbringen* und müsse sich deshalb *für die Eigenen* entscheiden. Das ist eine ethnopluralistisch informierte Alltagsdummheit, die aber leider viel zu vielen Menschen einleuchtet. Unter der Hand schätzen sie eben nicht jedes Menschenleben um seiner selbst willen, sondern die Menschen *von hier* etwas mehr. Sie mögen sich dessen nicht bewusst sein, aber ihr Handeln offenbart es immer wieder. Leider werden solche Ansichten in den Medien mit Nachrichten wie *Bei einem Flugzeugabsturz befanden sich unter den 200 Toten auch zwei Deutsche* (mit-)erzeugt und gestützt. Eine Information, die durchaus Nachrichtengehalt haben mag. Zugleich schürt sie aber bei manchen den Glauben, dass *deutsche* Leben sei besonders wertvoll und schutzwürdig.

Die Logik dieser Dummheit haben Faschisten und Nationalpopulistinnen in Frankreich seit einigen Jahren ›weitergedacht‹. Bei den von ihnen organisierten Essensausgaben für Obdachlose und andere Bedürftige werden die Gerichte prinzipiell mit Schweinefleisch zubereitet, um Muslime auszuschließen. Das betrifft aber auch jüdische Menschen. In Deutschland wurde dies in ähnlicher Form von Identitären und im AfD-Umfeld nachgeahmt. In Griechenland macht sich die »Goldene Morgenröte« nicht einmal die Mühe, die eigentliche Absicht solcher Essensverteilungen zu kaschieren: Die neonazistische Partei gibt Essen nur gegen Vorlage eines griechischen Passes samt der ›richtigen‹ Hautfarbe heraus. Alle diese Gruppen versprechen sich davon, Sympathiepunkte oder gar Wählerinnenstimmen zu erhalten. Leider denken viele Menschen dumm genug, um darauf hereinzufallen. Dass einige Bedürftige aufgrund dieser Strategie tatsächlich satt werden, ändert nichts an ihrer grundsätzlichen Fragwürdigkeit.

Solche ausschließenden Identitätspolitiken, die sich meist ein Freund-Feind-Schema zunutze machen, lösen das Problem der Armut nicht. Es stillt nicht den Hunger aller, sondern nur derjenigen, die im wahrsten Sinne als *lebenswerter* behandelt werden. Ihr Hunger wird gestillt, während ein obdachloser Moslem, aber auch eine verarmte Jüdin entweder ihren Glauben verraten oder verhungern sollen. Wer nicht arbeitet, darf hier ausnahmsweise mal essen, solange er das Rechte isst und danach, so ihr perfides Kalkül, vielleicht die Rechten wählt.

Wer vom Kapitalismus nicht reden will, sollte auch von Armut und Flucht schweigen. Denn ihre Ursachen sind keinesfalls *natürlich* oder *gottgegeben.* Sie werden von unserer Art zu wirtschaften, Ressourcen, Reichtümer und Waffen zu verteilen, immer wieder hervorgebracht und ließen sich durch gemeinsame Anstrengungen auch verändern. Wie der indische Historiker Dipesh Chakrabarty herausgestellt hat, stehen die aktuellen Migrationsbewegungen zudem in direktem Zusammenhang mit der Kolonialgeschichte Europas: »Wir leben in einer Welt, die in einem doppelten Sinn postkolonial ist. Wir alle waren von Wellen der Entkolonisierung betroffen, welche die zweite Hälfte des Jahrhunderts erschütterten. Und inzwischen sorgen große, über die ganze Welt reichende Bevölkerungsbewegungen – die durch alle erdenklichen Krisen, von politischen bis hin zu Umweltkrisen, angetrieben werden und hauptsächlich von Süden nach Norden gerichtet sind – dafür, dass in den meisten entwickelten Ländern eine beachtliche Anzahl von Menschen aus jenen Teilen der Welt lebt, die früher einmal durch europäische Mächte kolonisiert wurden.« Was in Europa konsequent verleugnet wird, lässt sich treffend in den Worten Ambalavaner Sivanandans aus den 1980er-Jahren beschreiben, wonach die Geflüchteten heute hier sind, weil wir damals dort waren. Dies anzuerkennen wäre nur ein winziger Schritt im Prozess der Dekolonialisierung Europas.

Die Logik der Dummheit zielt auch auf die Sicherung von Privilegien. Sie stabilisiert Identität dadurch, dass sie das Eigene gegen das Fremde ebenso abgrenzt wie das Natürliche und Normale gegen das Abweichende. Wo immer die vorgebliche Natürlichkeit dieser Strukturen problematisiert wird, geraten die Vorstellungen über ›angeborene‹ Kultur- und Nationenzugehörigkeit, aber auch die ›natürliche‹ Geschlechterordnung in die Kritik. Die rechten Fundamentalisten können jedoch kein Projekt, das ein historisches Gewordensein und die Veränderbarkeit der Lebensrealität von Menschen berücksichtigt, neben ihrem eigenen dulden. Dies würde ihre Natürlichkeitsdogmen als willkürliche Setzungen offenlegen und die Pfeiler ihrer menschenverachtenden Ideologie untergraben. Es ist also kein Wunder, wenn nationalpopulistische und andere rechte Strömungen versuchen, die Kritik an der ›natürlichen‹ Geschlechterordnung dadurch zum Schweigen zu bringen, dass sie diese als »Genderwahn« bezeichnen. *Wer die natürliche Ordnung anzweifelt, ist gaga und eigentlich geisteskrank.* Weil die Geschlechterforschung die Grundpfeiler ihres Fundamentalismus der Natürlichkeit antastet, wollen Nationalpopulistinnen und Nationalpopulisten sie aus den Universitäten verbannen, wie dies in Ungarn bereits geschehen ist.

Die Koordinaten dieser Geschlechterordnung werden von vielen als ebenso alternativlos angesehen wie die kapitalistische Produktionsweise. Der weitverbreitete Glaube an ein anhaltendes Wirtschaftswachstum und die grenzenlose Anhäufung von Reichtum, Expansionsstreben und Vermehrungswunsch waren immer schon mit männlicher Herrschaft verbunden. Diese Allianz zwischen kapitalistischem Wirtschaften und Männlichkeitskonstruktionen legen geschlechtertheoretische Perspektiven seit über einem halben Jahrhundert unentwegt offen.

Ohne Zweifel ist die Politisierung der ›natürlichen Geschlechterordnung‹ und der partielle Verlust als selbstverständlich betrachteter Privilegien etwas, das sich besonders für Männer wie eine Benachteiligung anfühlen kann, wenn man(n) sie zuvor nicht als völlig unverdienten Vorteil begriffen hat. Einen Angriff auf ihre Privilegien empfinden viele nur als Verlust ihrer Machtposition, anstatt es als Chance zu begreifen, gemeinsam eine Gesellschaft zu gestalten, in der es allen besser ginge als heute.

## Entfesselung der Freiheit

Die eigene Identität, die ›eigenen Wurzeln‹ können zu Fesseln werden. Sie werden zu vermeintlich unveränderlichen Instanzen erklärt und binden einen dann an bestimmte Vorstellungen und Erwartungen der sozialen Umwelt – *wie muss ich, wie müssen sich alle richtigen Deutschen verhalten?* Wenn die eigene Identität erster und letzter Ankerpunkt des Alltags und des Selbstverständnisses wird, führt das eigentlich immer zu hochgradig fragwürdigen Lebensentwürfen, egal ob man deutsch-national, salafistisch, christlichen oder jüdischen Glaubens ist. Der Grad der Gewalt variiert erfahrungsgemäß jedoch deutlich.

Auch unsere Glaubenssysteme sind Fesseln, weil sie oft begrenzen, was wir zu denken in der Lage sind. Nicht umsonst sprechen wir davon, dass wir unseren Horizont (altgr. »Grenze« oder »Begrenzung«) erweitern, wenn wir beginnen, etwas anders zu denken als bisher. Die eigenen Grenzen des Wissens über etwas haben sich dabei verschoben, und das beinhaltet zugleich ein Wissen über uns selbst. Nämlich das Wissen, dieses Etwas jetzt auch anders zu kennen und anders denken zu können.

Freiheit kann dieser Vorstellung zufolge also niemals dadurch erreicht werden, dass man einfach alle Ketten sprengt, die einen gefesselt hielten. Wir können prinzipiell keine Position einnehmen, die frei von Identität, Glaubenssystemen, kurz: frei von Ideologie wäre. Dieser Glaube selbst ist eine der erfolgreichsten zeitgenössischen Ideologien. Solang wir in Gesellschaft zusammenleben, werden uns soziale Verhältnisse, Identitäten und Glaubenssysteme in verschiedenem Maße auferlegt. Wenn wir es nicht bereits selber tun, dann schreiben uns andere diese aufgrund unseres Handelns oder vermeintlicher Eigenschaften zu. Wir müssen dann damit umgehen lernen. Ob wir es wollen oder nicht. Unsere Fesseln sind Bedingung unserer Freiheit. Es muss also in erster Linie darum gehen, sich selbst weniger starre Fesseln anzulegen, die den Lauf des eigenen Lebens wie dasjenige anderer möglichst nicht behindern, verletzen oder vernichten. Sinnvolle Freiheit umfasst eine bedürfnisorientierte Entfaltung der eigenen Potenziale und Fähigkeiten, ohne andere damit einzuschränken und ihnen zu schaden, sofern deren freie Entfaltung anderen nicht selbst Gewalt antut. Das ist nicht einfach ein Raunen des liberalen Mantras der negativen Freiheit von äußeren und inneren Zwängen zum Schutze von Leben, hauptsächlich aber von Eigentum. Meine Vorstellung bedürfnisorientierter Freiheit fordert ein Umdenken und anderes Handeln von Liberalen, die als solche nicht nur auf wirtschaftlicher, sondern auch auf gesellschaftspolitischer Ebene gelten möchten.

Ich weiß heute, dass Freiheit nicht bedeutet, alle Ketten und dabei noch vieles andere zu sprengen, wie es Politiken der Jugend und der Tat faschistischer Machart bis heute zelebrieren: Ihre Freiheit ist nichts als bloße Willkür. Und doch habe ich mich in meinem Leben niemals freier gefühlt als im Schutze meines Männerbundes, in dem wir es waren, die über den Ausnahmezustand entschieden. Wir waren der Souverän. Machten, was immer wir wollten. Es war eine Form von Willkür, die sich großspurig »Freiheit« nannte – ein Dogmatismus, der sich zum Idealismus stilisierte. Das Gefühl von Freiheit ist dabei aber nicht mehr als das: ein Gefühl – auch wenn heute mehr und mehr suggeriert wird, dass gefühlte Bedrohungen den realen in nichts nachstehen würden. »Perception is reality«, schwadronieren nationalpopulistische Politikerinnen und Politiker. Sie haben verstanden, wie Sprache Bilder und Stimmungen erzeugt und wie sich Menschen durch die Macht der Sprache beeinflussen lassen.

Der jüdische Literaturprofessor Viktor Klemperer hat dies bereits in »LTI«, seiner unter Lebensgefahr geschriebenen Analyse der Sprache des Dritten Reiches und ihrer Propagandastrategien beschrieben. Seine Erkenntnisse sind für mich heute spannend, weil ich in ihnen nicht nur mein eigenes Verhalten, sondern auch das der aktuell immer stärker werdenden neofaschistischen Strömungen gespiegelt finde: »Sprache dichtet und denkt nicht nur für mich, sie lenkt auch mein Gefühl, sie steuert mein ganzes seelisches Wesen, je selbstverständlicher, je unbewußter ich mich ihr überlasse. Und wenn nun die gebildete Sprache aus giftigen Elementen gebildet oder zur Trägerin von Giftstoffen gemacht worden ist? Worte können sein wie winzige Arsendosen, sie werden unbemerkt verschluckt, sie scheinen keine Wirkung zu tun und nach einiger Zeit ist die Giftwirkung doch da. Wenn einer lange genug für heldisch und tugendhaft: fanatisch sagt, glaubt er schließlich wirklich, ein Fanatiker sei ein tugendhafter Held, und ohne Fanatismus könne man kein Held sein. Die Worte fanatisch und Fanatismus sind nicht vom Dritten Reich erfunden, es hat sie nur in ihrem Wert verändert und hat sie an einem Tage häufiger gebraucht als andere Zeiten in Jahren. Das Dritte Reich hat die wenigsten Worte seiner Sprache selbstschöpferisch geprägt […]. Aber [die nazistische Sprache] ändert Wortwerte und Worthäufigkeiten, […] und in alledem durchtränkt sie Worte und Wortgruppen und Satzformen mit ihrem Gift, macht sie die Sprache ihrem fürchterlichen System dienstbar, gewinnt sie an der Sprache ihr stärkstes, ihr öffentlichstes und geheimstes Werbemittel.« Sprache und die Verbreitung bestimmter Bilder und Vorstellungen durch sie, sind bis heute eine der wichtigsten Waffen aller Feinde der Freiheit geblieben.

Veränderungen sind sowohl auf gesellschaftlicher als auch auf individueller Ebene meist langwierige und kraftzehrende Prozesse. Die Verklärung des Ausstiegs zu einem Ereignis ist dabei selten mehr als die nachträgliche Mystifizierung eines Prozesses, der sich weder an einem Tag noch in einem Jahr einstellt. Sicherlich gibt es darin wie auf jedem langen Weg Anhaltspunkte und Wegmarkierungen, die einem besonders im Gedächtnis bleiben, während anderes zunächst gar nicht in den Blick gerät, das substanziell zu diesem Prozess beigetragen hat. Dabei mag man auch eine Zeit lang auf Holzwegen wandeln oder in einem schier undurchdringlichen Wirrwarr an Informationen und Problemen herumirren. Deshalb ist es leichter gesagt als getan, nicht vor der Komplexität der Welt zu kapitulieren und Zuflucht zu einfachen, meist aber falschen Antworten zu nehmen. Das ist anstrengend und kann manchmal dumm enden.

Radikalisierung und Deradikalisierung haben etwas von einer Metamorphose: Einem Verpuppungsprozess ähnlich findet auch hier ein Umgarnen und Einspinnen statt. Aber es waren nicht einfach andere, die mich »eingewickelt« haben, wie sich viele einen Prozess der Politisierung in solchen Bezügen vorstellen mögen. Ich selbst verschlang wie die kleine Raupe Nimmersatt Informationen und Eindrücke, eignete mir Verhaltensweisen, Reaktionsabläufe und ein komplexes Gesten- und Argumentationsrepertoire an. Das ließe sich als Larvenstadium der Radikalisierung beschreiben. Die Einübung der typischen Verhaltensweisen schließt dabei an alltägliche Verhaltens- und Denkweisen an: *Jungen kennen keinen Schmerz und weinen nicht. Einer geordneten Arbeit nachgehen ist das Wichtigste im Leben, wer das nicht macht, liegt anderen nur auf der Tasche. Leute, die unsere Sprache nicht sprechen und sich nicht anpassen, sollten wieder gehen.*

Mit jeder Umwicklung spinnt man sich etwas weiter ein, während man über die große Weltverschwörung oder jahrtausendealte Blutsbande und Traditionslinien vor sich hin spinnt. Man bezieht sich mehr und mehr nur noch auf sich selbst, die selbst gesponnene Identität samt imaginierter Opferrolle. Je stärker sich der Kokon zu schließen beginnt, desto weniger Einflüsse lässt man an sich heran, seien es fremde Argumente, seien es Gefühlseindrücke. Jede Sprechhandlung ist ebenso ein Teil der Verpuppung wie das körperliche Training oder andere Vorkehrungen für den Ernstfall – immer beliebter wird bei Vaterlandsverteidigern derzeit übrigens der legale Waffenbesitz und ebenso ausgeklügelte wie teilweise skurrile Vorkehrungen, die gegen eine herbeigesehnte Katastrophe apokalyptischen Ausmaßes wappnen sollen. In ihrem Bedrohungsszenario spinnen sie meist einen nahe bevorstehenden Bürgerkrieg aus, der in den Köpfen so mancher schon längst begonnen hat.

Unsere Sprache spricht in Bildern und erzeugt einen Rahmen dafür, wie wir eine Situation betrachten. Die Art und Weise, wie wir etwas sagen, präfiguriert bereits die Antworten, die wir zu geben geneigt sind. Sprechen wir von »Hilfsbedürftigen aus Kriegsgebieten« oder von »einer Flut von Asylurlaubern«? Die Gleichsetzung mit einer Naturkatastrophe erschwert die Fähigkeit zur Empathie, weil sie die Hilfesuchenden entmenschlicht. Die niederträchtigen Bagatellisierungsversuche der lebensgefährlichen Fluchtrouten zu Urlaubsausflügen sind menschenverachtend: Noch immer sterben jedes Jahr Tausende auf der Suche nach einem Leben ohne Angst, Armut und Krieg. Solche Formulierungen versuchen das Menschenrecht auf Freiheit und Leben sowie das Anrecht auf Asyl zu delegitimieren. Außerdem dürfen wir nicht vergessen, dass Bundesregierung und EU jenes auf AfD-Demos geforderte »Absaufen« im Mittelmeer kalkuliert verwalten – Europa, die Wiege der Aufklärung und Menschenrechte, bleibt mit Frontex und sogenannten Flüchtlingsdeals leider vor allem seinem kolonialistischen Erbe der Ressourcensicherung und zahlreichen Toten treu.

Das ist das Enttäuschende an den hochgelobten europäischen Instanzen: Sie beabsichtigen tatsächlich nicht ernsthaft, die Fluchtursachen zu beheben. Denn dies würde bedeuten, eigene wirtschaftliche Nachteile zu akzeptieren. Es hieße, Waffenexporte auszusetzen und zumindest zeitweise nicht auf die Durchsetzung von Verträgen auf dem afrikanischen Kontinent zu dringen, die der Wirtschaft vor Ort schaden. Auf Profite und Privilegien für das Wohl anderer zu verzichten, war aber noch nie die bestimmende Maxime europäischer wie globaler Außenpolitik.

Auch die Politikerinnen und Politiker leben in den Realitätsblasen ihrer Kokons. Diese sind sicherlich etwas durchlässiger als der

Kokon meiner Jugendzeit, aber auch ihre Realitätsblasen führen dazu, dass einige Überlegungen ausgeklammert, andere gar nicht als Probleme wahrgenommen und manches sogleich als lächerlich verworfen wird. Das macht sie nicht per se zu ›schlechten Menschen‹. Wir alle leben in unseren kleinen abgeschotteten Welten, in denen einige Dinge sagbar sind, während andere als unerhört gelten. Es scheint mir heute wichtig, die blinden Flecken der eigenen Realitätsblase zu finden. Was wird von meinen Überzeugungen, von meiner Ideologie legitimiert, was stellt sich mir durch sie als Problem dar oder nicht und warum?

Ich hatte in meiner Jugend als Nazi beispielsweise immer das Gefühl, wenigstens nicht so doppelmoralisch zu sein wie alle anderen, die zwar auch etwas gegen Ausländer und Politiker sagten, aber sich nicht trauten, auch danach zu leben. Ich dachte, ich sei einer der wenigen, die das gepredigte Wasser auch trinken, anstatt sich selbst heimlich Wein einzuschenken.

Dinge mit besonderer Wichtigkeit zu belegen und sich anhaltend zu empören ist Teil der meisten Formen von Radikalisierung. Andernfalls löst sich ein Teil der Verpuppung wieder auf. Hier reißt ein Faden oder dort ein ganzes Bündel, weil man Dinge doch nicht so wichtig nimmt und sich lieber auf etwas anderes konzentriert, umdenkt und anderes fühlen lernt. Wichtig ist, diese Verwandlung als einen anhalten Prozess zu verstehen, der sich mit jeder Handlung, jedem Wutausbruch, jedem unterdrückten Schrei in unsere Körper einschreibt. Am Ende dieses Verpuppungsprozesses hatte ich mich in einen stahlseidenen Kokon eingesponnen, aus dem ein Ausbrechen lange Zeit gar nicht beabsichtigt war.

Dem Bild ließe sich eine positive Wendung geben: Denn am Ende der Metamorphose entschlüpft im besten Fall ein zauberhafter Falter seinem Kokon. Die Verwandlung ist innerhalb des Kokons nie abgeschlossen, solange die Person lebt, vermag sie es, sich aus ihrem Kokon zu befreien. Freilich entschlüpft ein Schmetterling in freier Natur aber auch mit größerer Wahrscheinlichkeit seinem seidenen Gefängnis als die Verhärteten ihren Körperpanzern. Ihnen fehlt zuweilen die Kraft, den Kokon anzuritzen und zum Platzen zu bringen. Deshalb ist manchmal äußere Hilfe vonnöten, eine Person oder ein unvorhersehbarer Zufall.

Ein Ausstieg ist nichts, das ohne fremde Hilfe gelingen kann. Sarah, Fabian und viele andere, die an dieser Stelle unerwähnt bleiben müssen, haben, manchmal ohne es zu wissen, einen immensen Einfluss auf mich ausgeübt, mich auf verschiedenen Ebenen in neue Richtungen gestoßen und dazu beigetragen, dass ich anders wahrnehmen, denken und fühlen lernte. Auch Aussteigerorganisationen können bei einem solchen Prozess eine sinnvolle Unterstützung leisten. Aber nicht jede Aussteigerorganisation ist gleichermaßen hilfreich. Ein guter Name allein steht noch nicht für gute Qualität. In der Bundesrepublik Deutschland sind diejenigen Organisationen zu empfehlen, die Mitglied der Bundesarbeitsgemeinschaft »Ausstieg zum Einstieg« sind.

Sicherlich spielte bei meinem Radikalisierungsprozess auch sexuelle Frustration eine Rolle, die ich im vorliegenden Buch nur am Rande erwähnt habe. Von meiner Verlobten aus damaliger Sicht derart hintergangen zu werden und in der Szene keine ›jungfräuliche Sexgöttin‹ zu finden, wie ich sie mir damals wünschte, hatte mir immer wieder Anlass zu sexistischen Hasstiraden gegeben. Auch damit musste Schluss sein. Aber es dauerte noch bis ins dritte Jahr meiner Distanzierung und ins sechste Semester meines Studiums, dass ich meine Sexualität und die mit ihr zusammenhängenden Männlichkeitskonstruktionen erstmals aus einer kritischen Perspektive heraus betrachtete. Auslöser hierfür waren Texte zu Fragen sozialer Geschlechtsidentitäten, die ich in der Universität las und die mich stärker dazu anhielten, über meine Vorstellungen von Männlichkeit und mein allgemeines Auftreten nachzudenken. Bei der Aussteigerorganisation, die mich für kurze Zeit betreute, waren solche Fragen aus verschiedenen Gründen überhaupt nicht in den Blick geraten. Die Geschlechterrollenbilder und die Verkörperung dominanter Männlichkeit stellen jedoch eine äußerst wichtige Dimension von Radikalisierungsprozessen dar. Sie müssen daher auch als Teil einer ernstzunehmenden Deradikalisierung reflektiert und verändert werden. Dies liegt bisher jedoch leider noch nicht im Fokus vieler Deradikalisierungsinitiativen.

Meine sich verändernden Lebensverhältnisse waren zweifelslos immer wieder ein wichtiger Faktor im Zuge meiner Verwandlung: Ich bin aus dem gewaltvollen Umfeld meiner Kindheit ausgebrochen und in eine Umgebung eingetreten, in der Gewalt zwar immer noch das leitende Motiv war, aber ich selbst zu deren Urheber avancierte. Es folgten der Umzug nach Jena und das universitäre Umfeld, in dem kritische Wissensvermittlung im Mittelpunkt stand.

Mein Ausstieg war eine Umwertung aller Werte, aber nicht so, wie ich sie mir bei meiner Nietzsche-Lektüre vorgestellt hatte. Zunächst trennte ich mich von meinen ethnopluralistischen Rassismen und meinem antizionistischen Antisemitismus. Dann folgten einige der häufiger verwendeten logischen Fehlschlüsse und Kategorienfehler. Zugleich hörte ich auf, Kampfsport zu machen, und reduzierte nach und nach auch das Kraftsporttraining. Bald trieb ich für einige Zeit gar keinen Sport mehr. Ob dies Auslöser oder Folge meiner ersten depressiven Episode war, weiß ich nicht.

Ein ganzer Freundeskreis, der mir zum Familienersatz geworden war, fiel binnen kürzester Zeit weg, als ich mich entschied, alle Brücken zur Szene hinter mir abzureißen. Dem anhaltenden Distanzierungsprozess fielen nach und nach auch alle absoluten Wahrheiten zum Opfer, die zuvor die Pfeiler meines Alltags gewesen waren. Es war ein sehr schmerzhafter Prozess für mich: Alles, woran ich so lange so felsenfest geglaubt hatte, fast alle meine Orientierungsmuster gingen über kurz oder lang verloren, und ich war auf eine beunruhigende Ungewissheit zurückgeworfen, die andere wohl ihr ganz normales Leben nennen.

Ich hatte glücklicherweise Freundinnen und Freunde außerhalb der Naziszene, von denen ich viel Unterstützung erfahren habe. Sie waren meine Familie. Von meinem Vater erfuhr ich während dieser Zeit nichts als Schikane, z. B. als ich von ihm für mein Studium notwendige Unterlagen für meinen BAföG-Antrag brauchte. Ich müsse nach Eisenach fahren und ihn treffen, wenn ich etwas von ihm wolle. Andernfalls würde er mir die Unterlagen verweigern. Ich sollte mich ihm entweder fügen oder kein Geld zum Studieren bekommen. In der Vorstellung meines Vaters stellen Schikane und Nötigung offenbar eine gute Grundlage zur Versöhnung dar. Diesen und andere Erpressungsversuche musste ich mit der Unterstützung verschiedener Instanzen abwehren: Ausstiegsbetreuer, Anwälte, Freundinnen und Freunde. Heute glaube ich ebenso wenig an ›mein Vaterland‹ wie an eine Aussöhnung mit meinem Vater.

Ich bin gemeinsam mit einem anderen Kameraden und sehr guten Freund ausgestiegen. Wir zogen später in Jena zusammen und versuchten uns bei unserem Ausstiegsprozess gegenseitig zu unterstützten. Dabei wurde mir schnell bewusst, dass jeder Deradikalisierungsprozess ein Unikat ist. Jede und jeder muss diesen Weg auf ganz individuelle Weise gehen. Das erfordert von der betroffenen Person ebenso wie von den Menschen, die ihr helfen wollen, Handlungsmöglichkeiten auszuloten, die auf den jeweiligen Kontext und die Lebensumstände zugeschnitten sind. Nichtsdestotrotz gibt es einige Aspekte dieses Prozesses, die sich bis zu einem gewissen Grad verallgemeinern lassen.

Gleich scheint für die meisten die Angst vor dem Ungewissen zu sein. Denn wie lässt sich mit der Komplexität der Welt umgehen, ohne dieser durch vereinfachte Erklärungsmuster immer schon Gewalt anzutun? Wie lässt sich eine Welt verstehen, in der alle bisherigen Orientierungspunkte nicht mehr selbstverständlich sind? Das sind Fragen, die Menschen für sich zu beantworten lernen müssen, wenn sie eine dogmatische Ideologie ablegen wollen. Zuvor war ich jeden Morgen aufgestanden und hatte gewusst, wer die Bösen sind und dass ich selbstredend zu ›den Guten‹ gehörte. Jetzt wusste ich – nicht allein durch mein Philosophiestudium – nur, dass ich nichts wusste, weil ich nach und nach alles, woran ich zuvor geglaubt hatte, einem mehr oder minder methodischen Zweifel aussetzte. Wo einst völlige Klarheit geherrscht hatte, entstand ein verworrenes Netz aus kognitiven Unwegsamkeiten. Meine Identität, die zuvor starr und unverrückbar gewesen war, geriet in Bewegung. Ich hatte das Gefühl, zu zerfließen und von scheinbar unendlich vielen neuen Möglichkeiten und Einflüssen überschüttet, ja förmlich erdrückt zu werden – meine neu gewonnene Freiheit überforderte mich zunächst. Ich wusste nicht, wie es nun weitergehen oder was aus mir werden sollte, nachdem meine Politkarriere als Berufsrevoluzzer in der Naziszene ein vorzeitiges Ende gefunden hatte.

Diese Furcht vor der Zukunft paarte sich bei mir schnell mit der Scham vor der eigenen Vergangenheit. Ein deutliches Anzeichen für Deradikalisierung findet sich im Erlernen neuer politischer Emotionen. Viele Aussteigerinnen und Aussteiger empfinden erstmals anhaltende Scham, sobald sie verstehen, in welchem Maße sie Verbrechen gegen andere und sich selbst begangen haben, während sie eine Ideologie auslebten, die schamlos alles vernichtet, was sich ihr nicht fügen will. Aber auch die Einsicht in das Ausmaß der eigenen Dummheiten und was man bereit war für diese zu tun, bereitet vielen Scham. Diese kann indes dabei helfen, sich von der eigenen Vergangenheit zu distanzieren und ein anderes Verhältnis zu sich selbst und seiner Umwelt aufzubauen. Es bedarf einer Sorge um sich selbst, die das eigene Leben und das anderer gleichermaßen wertschätzt. Das ist leichter gesagt als getan.

Der Scham folgt häufig ein Sturz ins Nichts, wenn Menschen nach und nach klar wird, wie sie das Leben anderer jahrelang verachtet und oft auch aktiv angegriffen oder zerstört haben – der Wegfall zuvor essenzieller Orientierungsmuster tut sein Übriges. Gewisse Formen der Depression scheinen hier fast notwendig, um diejenigen, die einst ein heroisches Selbstbild pflegten, von ihrem hohen Ross herabzuholen, von dem aus sie so lange dachten, gleichsam über den Dingen zu thronen, alles zu verstehen und in jedem Moment zum Angriff bereit zu sein. Trotzdem brauchen Aussteigerinnen und Aussteiger nicht unser Mitleid oder blindes Verständnis: Viel wichtiger wäre eine ehrliche Möglichkeit, sich durch harte Arbeit an sich selbst eine zweite Chance im demokratischen Zusammenleben verdienen zu können.

Und zu Furcht, Scham und Depression gesellt sich eigentlich immer die Angst vor der Rache der alten Kameraden, die einen nun als neuen Feind der schlimmsten Sorte betrachten: als Verräter. Wenngleich ich heute den mir von alten Freunden verliehenen Titel des »Volksverräters« mit gewissem Stolz trage, bin ich mir auch der Gefahr bewusst, die hieraus folgt. Ich versuche aber mir im Alltag darüber nicht allzu viele Gedanken zu machen, um nicht von der Furcht vor Angriffen paralysiert und somit handlungsunfähig zu werden. Denn dann wären die Einschüchterungsversuche meiner ehemaligen Kameraden und ihrer patriotischen Kumpane von Erfolg gekrönt.

Tatsächlich werden Opfer rechter Gewalt dies meist völlig willkürlich. Sie sehen in den Augen rechter Gewalttäter ›falsch‹ aus, sind ›am falschen Ort‹ geboren, lieben aus Sicht ihrer Peiniger ›die falschen Menschen‹ oder waren schlicht ›zur falschen Zeit am falschen

Ort‹. Diese völlige Willkür ist zugleich erschreckend und empörend. Auch hier gehöre ich zu einer durchaus privilegierten Menschengruppe: der Kategorie potenzieller Opfer, die sich dies hat ›hart erarbeiten‹ müssen. In der Hoffnung, dass die Kategorie »Opfer rechter Gewalt« irgendwann einmal der Vergangenheit angehört, bemühe ich mich heute um Aufklärung über die Ideologien und ihre Vertreter, die mein eigenes Leben und das vieler anderer noch immer bedrohen.

Dass man seine Meinung ändert, eine Weltanschauung in Teilen oder ganz ablegen und eine andere annehmen kann, ist für die weiterhin Festversponnenen gefährlich, da es den Absolutheitsstatus *ihrer* Wahrheit infrage stellt. Jemand hat das Licht gesehen, war erleuchtet und hat sich vom Weg der selbst ernannten Rechtschaffenden abgewandt. Die Botschaft von meinem Ausstieg sprach sich auch in der Szene schnell herum. Dort meinte man dann, ich sei ja ohnehin niemals richtig dabei gewesen – weil dies sonst ja bedeuten würde, dass jemand, der das Licht der Wahrheit erblickt hat, sich wirklich davon hat abwenden können. Das schmälert das Absolute, das doch nichts anderes neben sich gelten lassen kann. Deshalb musste ich in ihren Augen rückwirkend immer schon *ein Maulheld und Selbstdarsteller* gewesen sein. Einigen war ich *ja eh von Anfang an suspekt gewesen* und andere wollen *es immer schon gewusst* haben.

Die Metapher des Kokons als Bild der Verwandlung veranschaulicht noch etwas anderes: Man kann nicht alle im Kokon ablaufende Prozesse der Verwandlung verfolgen, wie man es vielleicht noch im Larvenstadium mit der sich einspinnenden Nazi-Raupe glaubte. Teile dieser Verwandlung bleiben der beobachtenden Umwelt notwendig unzugänglich. Aber das heißt nicht, dass es unmöglich würde, das Ergebnis zu bewerten. Leider schaffen es nur wenige, sich aus dem Kokon der selbstverschuldeten Unmündigkeit zu befreien, ohne ein dumpfer ›Zerschmetterling‹ zu werden. Gerade weil es so schwer ist, Menschen zu erreichen, die sich bereits in ihrem hermetischen Kokon eingesponnen haben, ist es umso wichtiger, früh zu versuchen, sie zu einer anderen Verwandlung zu bewegen. Im privaten Kontext lässt sich, ohne menschenverachtenden Ansichten eine Bühne zu bieten, mit deren Vertreterinnen und Vertretern das Gespräch suchen, sofern für die eigene Sicherheit gesorgt ist. In seltenen Fällen kann es dann passieren, dass es Erfolge zeitigt, mit Nazis und anderen Rechten zu reden. Zumeist sind sie aber bereits erkenntnisresistent und akzeptieren ausschließlich ihr eigenes Echo als ›vernünftiges‹ Argument.

Das aus dem Lateinischen stammende Wort »Radikalisierung« bedeutet in etwa Verwurzelung. »Deradikalisierung« ließe sich somit auch als Entwurzelung verstehen. Die eigenen Wurzeln und verhärteten Identitätsvorstellungen ablegen, ist aber nicht für alle Menschen gleichermaßen einfach. Mir ist klar, dass es leicht gesagt ist, sich von gesellschaftlichen Zuschreibungen zu lösen, oder sich mit diesen nur strategisch zu identifizieren. Wer jedoch die ganze Zeit als *Ausländer, Muslima* oder *Jude* angesprochen und angegriffen wird, muss sich auch als solche verteidigen. Wer aufgrund seines Äußeren besonders häufig von der Polizei kontrolliert wird, weil er ins Fahndungsraster des Racial Profiling passt, wird im Alltag immer wieder darauf verwiesen, dass die Altlasten einer angeblich überwundenen Zeit de facto bis heute fortwirken. Dass davon bei der ›weißen‹ Gesamtgesellschaft nichts ankommt, sollte eher zum Nachdenken über ein solches Glück anregen, anstatt dazu, aus den eigenen Privilegien eine Identitätspolitik der Vorteilsverteidigung zu konstruieren.

Werfen wir einen letzten Blick auf das Panorama der Figuren und Kollektivsymbole rassistischer und nationalistischer Anschauungen: Im deutschen Wald heulen Werwölfe die Schwarze Sonne an. Unweit dieser Wälder thront ein Drachen in seinem Hort des Bösen. Aus seinen Klauen will eine Unbefleckte vom letzten (Haken-)Kreuzritter befreit werden. Ein reißender Strom durchzieht die Landschaft. An einigen Stellen ragen Felsen wie versteinerte Soldaten aus ihm empor – die dunkelbraune Terrakottaarmee steht unverrückbar und harrt ihres Schicksals. Alles ist hell erleuchtet. Alles ist ursprünglich, natürlich, rein. Ein rauer Wind weht über den Wipfeln dieser germanischen Urwälder.

Die Deutschen Eichen wollen am fest angestammten Platz ihre Wurzeln schlagen. Das Blut, das ihre Wurzeln wässert, bestimmt für sie in letzter Instanz noch immer das Wesen eines Menschen. Im Wesen nichts Neues, so lautet bis heute ihr Credo. Die Blutsbande der Völker gilt ihnen als eine unüberwindbare Hürde – ganz so, wie sie sich ihre Landesgrenzen wünschen. Für diese Blutslinien (und ihre Reinhaltung) mussten in der Vergangenheit Unzählige ihr Leben lassen. Die Wurzeln, um deren Verlust sie so besorgt sind, sind vollgesogen von ihrem eigenen Blut und dem ihrer Opfer. Bei der Suche nach den eigenen Wurzeln stößt man häufig auf einen Keller voller Leichen.

Aus Realitätsblase und Körperpanzer auszubrechen war der wohl wichtigste Schritt meiner Verwandlung wie jeder gelungenen Deradikalisierung. An ihrem Ende steht die Auswanderung aus dem romantisierten deutschen Wald und seinen von Eichen umstellten Holzwegen. Wir haben unsere Wurzeln zu verlieren und eine Welt zu gewinnen.

# Postskriptum: Über den ›neuen‹ Patriotismus

Meine letzte Nazidemo war der sogenannte Gedenkmarsch in Dresden im Februar 2010 – eine Veranstaltung, auf der Björn Höcke zugegen war. Die nächste Generation von Nazis mit der nächsten Generation ihrer parlamentarischen Vertreter, vereint durch den eigenen Opfermythos. Die Autonomen Nationalisten nahmen damals ideologisch und strategisch schon viel vorweg, was heute zum Standardrepertoire bei den Neuen Rechten zählt. In der Zeit meines Rückzugs gab es die Identitären oder die Jugendorganisation der AfD, die Junge Alternative, noch nicht. Das sind Vereinigungen, denen sich heute alle anschließen können, die von der Rettung des deutschen Volkes träumen, aber sich in den Reihen der offen agierenden Nazis nicht wohlfühlen. Freilich werben der Nationalpopulismus und seine neofaschistischen Ableger auch neue Aktivistinnen und Aktivisten zur Verteidigung des Vaterlandes an, die keine Vergangenheit in der Naziszene haben. Zusätzlich dienen diese Gruppen aber als Auffangstationen für Nazis, die lieber *brave Patrioten* sein möchten. Dass nationalpopulistische Kreise Fakten wie diese gern unterschlagen oder ausweichende Scheinargumente vorbringen, passt zu ihrer Einstellung gegenüber einer faktenbasierten Berichterstattung: Sie glauben keinem Fakt, den sie nicht selbst geschaffen haben, keiner Quelle, die nicht Teil ihrer Paralleldiskurse ist. Diese Diskurse bestehen fast immer entweder aus zurechtgesponnenen Halbwahrheiten, frei erfundenem Unsinn oder unverhohlenen Lügen. Die gezielte Desinformation dient dabei der eigenen ›alternativen‹ Faktenlage des Volkswillens – die Welt als Wille und Vorstellung.

Ihre Illusion vollkommener Souveränität ist ebenso illegitim wie willkürlich: »L'État, c'est moi!« – »Der Staat bin ich!«, so scheinen sie zu denken und erklären dabei ihren gefühlten Volkswillen zur absoluten Entscheidungsinstanz. Ihr Demokratieverständnis gleicht demjenigen, das ich während meiner Zeit als Nazi vertrat: Volksherrschaft heißt direkte Selbstbestimmung des ›Volkes‹ – nicht Repräsentation, sondern Verkörperung des Volkes und seines Willens in den starken Männern, die die Geschicke der Politik lenken. Vertreter dieser Politik müssen nicht gewählt werden, denn Wahlen sind ohnehin nichts anderes als eine Zustimmung zu vollendeten Tatsachen. *Wenn Wahlen wirklich etwas ändern würden,* hieß es auch bei uns oft mit pseudoanarchistischem Zungenschlag, *wären sie verboten.* Anhängerinnen und Anhänger dieser Vorstellung können jedoch demokratische Prozesse auf formaler Ebene theatralisch mit Vereinsstatuten und Parteitagen nachahmen, um sich auf diese Weise als vermeintlich legitime demokratische Akteure zu inszenieren. Dies ändert jedoch nichts daran, dass ein Großteil von ihnen die plurale Gesellschaft verachtet und eine autoritäre Staatsform jeder repräsentativen Demokratie vorzieht.

Die Strukturen nationalpopulistischer und neorassistischer Politiken ziehen weite Kreise, wie man in investigativen Wikis wie dem »Diskursatlas Antifeminismus« nachlesen kann. Ihre Verstrickung mit anderen Formen autoritärer Weltanschauungen zu dokumentieren und zu analysieren, ist für eine kritische Gegenperspektive von besonderer Wichtigkeit. Zum Beispiel wird dabei verständlich, warum und inwieweit Allianzen mit verschiedenen christlichen Kirchengemeinschaften oder Abtreibungsgegnerinnen und Lebensschützern zustande gekommen sind und welche Akteure aus Industrie und Wirtschaft sich ihnen anbiedern. Zu ihnen gehören auch große Teile des alten Blutadels rund um die von Oldenburgs (wie Beatrix von Storch) und die Nachfahren des letzten deutschen Kaisers, die unter anderem hoffen, alte Privilegien und verlorene Ländereien durch eine Unterstützung nationalpopulistischer Strömungen zurückzuerlangen.

AfD und Neue Rechte werden oft als »Wölfe im Schafspelz« bezeichnet. Den nationalpopulistischen Alphamännchen und ihren Quotenfrauen wird der Schafspelz in letzter Zeit immer wieder vom eigenen Rudel heruntergerissen. Vielleicht wollen viele aber gar keine braven Schafe mehr sein und haben die Angst vorm bösen Wolf hinter sich gelassen. Auf einer Demo in Köthen im September

2018 äußerte sich einer der wichtigsten Neonazis aus Thüringen unmissverständlich zur aktuellen Migrationspolitik: »[Es ist] ein Rassenkrieg gegen das deutsche Volk, was hier passiert, und dagegen müssen wir uns wehren. Wollen wir weiterhin die Schafe bleiben, die blöken, oder wollen wir zu Wölfen werden und sie zerfetzen?« Da hilft es dann auch nicht, wenn sich führende AfD-Politiker und Politikerinnen von dieser oder jener Neonazigruppe distanzieren, während in den eigenen Reihen weiterhin offen rassistisch agitiert wird und Höcke Kontakte zu führenden deutschen Nazikadern wie Thorsten Heise unterhält, die in Verbindung zu Terrornetzwerken stehen. Es ist wichtig, Schafe mit Wolfsallüren als Wölfe, also *besorgte Bürger* und *brave Patrioten* als Nazis zu entlarven. Deshalb sollte man die neuen Nazis in und um die AfD auch als solche benennen und ihre Steigbügelhalter namhaft machen, die den Wölfen helfen, ihren Schafspelz überzustreifen. Dass sich unter ihnen vielleicht tatsächlich ein argloses Schaf befindet, ändert nichts – Naivität entschuldigt nicht die Komplizenschaft mit dem braunen Rudel.

Wir müssen Schafe im Wolfspelz ebenso erkennen können wie ihre Vorbilder mit oder ohne Schafspelzumhang. Sie sind auf verschiedene Weisen gefährlich. Die einen, weil sie aktiv töten, die anderen, weil sie deren Vorgehen durch ihre Handlungen unterstützen und legitimieren. Ob sie es wollen oder nicht. Sie schaffen die Infrastrukturen wie das Haus der Identitären in Halle an der Saale, das auch von der AfD genutzt wird. Sie bereiten den ideologischen Nährboden, auf dem rechte Terrorgruppen sich in letzter Zeit vermehrt dazu berufen fühlen, die Dinge in ihre eigenen Hände zu nehmen. Und sie würden es auch in ihre eigenen Hände nehmen, wenn man sie ließe. Orban, Trump, Erdoğan, Bolsonaro und Duterte: Sie sind die Reiter der selbsterfundenen Apokalypsen. Was für den einen die Fabel vom Untergang des Abendlandes, ist für den anderen die des White Genocide. Was für diese der Islam ist, sind für den nächsten Kurden und Israelis. Auch die Leitsprüche der letzten beiden ergänzen sich gut: »Gewalt muss mit Gewalt bekämpft werden« – »Kill them all!«

»Wir werden sie jagen!«, sagte Gauland nach dem Einzug seiner Partei in den Bundestag. Wir sollten uns von dem Eindruck nicht täuschen lassen, dass Gauland im Vergleich zu den ausgewachsenen

Nazi-Werwölfen eher wie eines der kleinen Jagdhündchen wirkt, die manchmal seine Krawatte zieren. Enttäuschte Bürgerliche und besorgte Konservative wie er bereiten die politischen und materiellen Infrastrukturen für die Neue Rechte. Mit ihrer hasserfüllten Sprache ebnen Politiker und Politikerinnen der AfD den Weg für die von ihnen beschworene »Tat-Elite«. Auch die Gaulands wünschen sich ein Gauland. Natürlich nicht genauso *wie früher,* aber eben doch gut völkisch, autoritär und antipluralistisch.

Im Kreise selbst ernannter Wölfe und Jagdhündchen macht man viel Theater, um sich als revolutionäres Subjekt zu inszenieren. Man probt den ›Volksaufstand‹, aber die autoritäre Revolte verschärft die Verhältnisse, in denen wir leben müssen, nur zusätzlich. Sie bietet nur einfältige Antworten auf falsche Probleme. Die Komplexität gesellschaftlicher Prozesse schrumpft auf monokausale Schuldzuweisungen und Moralisierungen. Jedes Wort, das sie sprechen, soll das letzte sein. Jede Lösung wird zur Endlösung. »Dem Faschisten lässt sich nicht gut zureden. Wenn der andere das Wort ergreift, empfindet er es als unverschämte Unterbrechung. Er ist der Vernunft unzugänglich, weil er sie bloß im Nachgeben der anderen erblickt.« Was von Horkheimer und Adorno für die erste Generation von Faschisten konstatiert wurde, gilt noch heute. Zeitgenössische Faschisten und Faschistinnen berufen sich die ganze Zeit darauf, die aus dem *gesunden Menschenverstand* entspringende *Stimme der Vernunft* zu sein, die für eine sagenumwobene *schweigende Mehrheit* spricht. Sie selbst sehen sich erneut als die einzigen ›Gesunden‹ und ›Vernünftigen‹, die im Namen jenes schweigsamen Volkswillens sprechen, der ihnen im Hinterkopf leise zuflüstert: *Ihr seid meine Verkörperung auf Erden: wir sind – das Volk.*

Aus all den beschriebenen und vielen nicht erwähnten Strömungen setzt sich jener imaginierte Volkskörper zusammen, der nicht einfach mit dem Untergang des Dritten Reichs verendet ist. Wenngleich ›nur‹ eine Idee, nimmt der Volkskörper in den Köpfen und Körpern seiner gläubigen Jünger bis heute immer wieder von Neuem Form an und erhält durch sie seine ›Wirklichkeit‹ – kopflose Trolle im virtuellen Raum und die gezielte Desinformation durch Fake News, der starke Arm des Gehetzes auf den Straßen und seine parlamentarischen Organe.

Aber wie würde das Panorama einer Gesellschaft aussehen, die aufrichtig und konsequent eine plurale Demokratie fördert? Die Konturen eines solchen pluralistischen Gemeinschaftsgebildes nehmen im Hinblick auf drängende Fragen unserer Zeit konkrete Formen an: Wie können wir uns streitbar gegen den ›Rechtsruck‹ engagieren, ohne unseren Mitmenschen gegenüber in unsolidarische Überheblichkeit zu verfallen? Wie können liberale Demokratien wehrhaft sein, um nicht nur ihre Eigentumsbestände, sondern auch ihre Ideale der Menschen- und Freiheitsrechte zu verteidigen? Wodurch ließe sich zum Beispiel wirkliche Chancengleichheit bei Bildung und auf dem Arbeitsmarkt erreichen? Bräuchte es hierfür nicht tatsächlich eine grundsätzliche Restrukturierung von Wirtschaft und Gesellschaft nach den Bedürfnissen und Fähigkeiten der Menschen und nicht nur zu Zwecken der Profitmaximierung? Wie können wir Orte schaffen, an denen es wirklich egal ist, woher jemand kommt oder in welchen Verhältnissen sie aufgewachsen ist, wen er liebt oder was sie mit ihrem eigenen Körper macht? Könnten dies Präventionsräume werden, die zumindest gegen die Probleme rassistischer und sexistischer Dummheiten immun wären? Dies würde aber über kurz oder lang grundlegende Veränderungen gesellschaftlicher Strukturen erfordern – nicht nur in Europa, sondern überall auf der Welt. Denn Rassismus, Sexismus, Behindertenfeindlichkeit, Klassenscham und andere Diskriminierungsformen sind strukturelle Probleme unserer Gesellschaft. Diesen Herausforderungen müssen wir uns aus einer spezifisch europäischen Perspektive mit unserem kolonialen Erbe und der historischen Verantwortung für den Nationalsozialismus stellen, um gemeinsam eine bessere Zukunft für alle zu realisieren.

Die politische Macht autoritärer Ideologien kommt nicht allein aus den Gewehrläufen, die sie auf ihre Feinde richten lässt. Ihre Macht wächst mit jedem Einzelnen, der ihr furchtsam oder indifferent gegenübersteht. Jede Einzelne von uns ist daher mitverantwortlich für den Aufstieg autoritärer Ideologien wie für ihre Bekämpfung.